AF484936

परमात्मा की ओर

शैलेश

A

BlueRose Publishers
DIY
NewDelhi • London

© Shailesh Kumar Yadav 2022

All rights reserved

All rights reserved by author. No part of this publication may be reproduced, stored in a retrieval system or transmitted in any form or by any means, electronic, mechanical, photocopying, recording or otherwise, without the prior permission of the author.

Although every precaution has been taken to verify the accuracy of the information contained herein, the author and publisher assume no responsibility for any errors or omissions. No liability is assumed for damages that may result from the use of information contained within.

First Published by

An Imprint of BlueRose Publishers

ISBN: 978-93-93899-93-4

BLUEROSE PUBLISHERS
www.bluerosepublishers.com
info@bluerosepublishers.com
+91 8882 898 898

परमात्मा

की

ओर

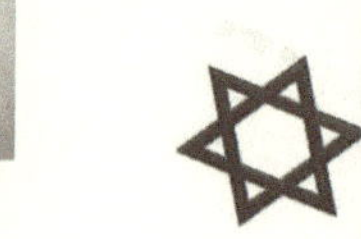

C

29 JUNE, 2019: आत्मीय पिताश्री, श्रीमती माताश्री, ज्येष्ठ भ्राताश्री, प्यारी भतीजी एवं शैलेश

D

समर्पण

हो गई प्रभु से मोहब्बत हो गई ।
प्रभु की मर्जी मेरी किस्मत हो गई ।।

शैलेश

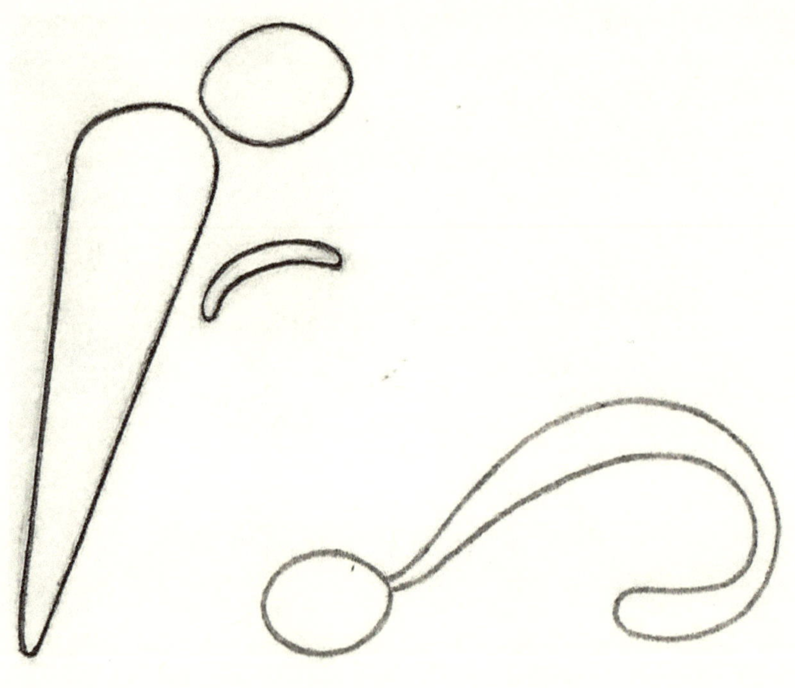

''तूं अगर बेनकाब हो जाए, तो जिन्दगानी शराब हो जाए।
तूं अगर साथ–साथ हो जाए, तो जिन्दगानी कामयाब हो जाए।।''

प्रिय पाठकों

"**परमात्मा की ओर**" पुस्तक पढ़ने के बाद आपके अपने व्यक्तिगत जीवन में पुस्तक से क्या लाभ हुआ। हमें हमारे **Online Platforms (Amazon and Flipkart)** पर अपने **Review**, सुझाव **(Suggestion)** व टिप्पणी **(Comment)** जरूर लिखकर भेजें तथा पुस्तक खरीदने या **Bulk Order** के लिये निम्न **ई-मेल पते** पर संपर्क करें- **E-MAIL-** lekhakshailesh@gmail.com

विषय-सूची

रेयांश राहुल

विशाल वेद

|| अभिवादन-आभार ||

मैं 'शैलेश' काया में काफी लम्बे अर्से से वो सम्भावनायें तलाश कर रहा था कि जिससे अनन्तकाल के लिये जनमानस का कुछ भला हो सके। इस दौरान अचानक एक दिन परमात्मा की ऐसी मौज उठी कि " परमात्मा की ओर" पुस्तक लेखन का कार्य सहज ही जब मुझसे शुरू होने लगा तो 171 पेज लिखने के बाद ही जाकर रूका।

में तो अनन्त जन्मों का कूड़ा – कबाड़ा पापी मनुष्य हूँ पर हाँ मेरे ' रब ' की मुझ पर इतनी रहमत जरूर हुई कि मेरे गुनाहों से उनकी मुझ पर माफी बड़ी है जो उन्होंने इस पापी शैलेश देह को मानव कल्याण के लिये चुना। अब इससे बड़ा पुरस्कार मुझे पूरी कायनात में कोई नहीं दे सकता, इसके लिये मैं परमात्मा का अनन्तकाल के लिये ऋणी रहूँगा।

तदोपरांत "परमात्मा की ओर" पुस्तक के मुख्य कवर पृष्ठ का खुद से रूहानी नक्शा तैयार कर गूगल (Google), यू– ट्यूब (You Tube), फेसबुक (Facebook) व अन्य सोशल मीडिया(Other Social Media) के माध्यम से अटूट प्रयास की खोज के बाद ईश्वर ने मुझे 'रेयांश राहुल' नाम के नवयुवा चित्रकार को इस महत्वपूर्ण कार्य की जिम्मेदारी को सौंपने के लिये संकेत किया और वास्तव में 'रेयांश राहुल' साहब ने " परमात्मा की ओर" पुस्तक चित्र पर पूरी लगन, ईमानदारी और सत्यनिष्ठा के साथ मेरे द्वारा बताई गई आध्यात्मिक प्रकृति को प्रकट किया।

अतः "परमात्मा की ओर" पुस्तक के मुख्य कवर पृष्ठ को अपने होनहार हाथों से संवारने वाले महान् चित्रकार (Artist –आर्टिस्ट) 'रेयांश राहुल, 174, कालिंदी कुंज, जिला- रायगढ़, राज्य - छत्तीसगढ़, पिन—496001' का हृदय से आभार प्रकट करते हुये मैं उनका शुक्रगुजार

करता हूँ कि जिन्होंने इस "परमात्मा की ओर" पुस्तक को प्रथम दृष्टया इतना आकर्षित बनाया।

साथ ही साथ "परमात्मा की ओर" पुस्तक प्रकाशन के लिये पुनः एक बार फिर मुझे गूगल (Google), यू–टयूब (You Tube), फेसबुक (Facebook), व अन्य सोशल मीडिया (Other Social Media) की सहायता से बहुत ही कोशिशों के बाद भगवान की विशेष कृपा से 'विशाल वेद' जैसे सुयोग्य नवयुवा लेखक, गायत्री कुंज, कान्हा रेजीडेंसी के सामने, भवानी मण्डी, जिला– झालावाड़, राज्य – राजस्थान, पिन - 326502 के मार्गदर्शन का परम सौभाग्य प्राप्त हुआ जिनकी वजह से में प्रथम पुस्तक "परमात्मा की ओर" व द्वितीय पुस्तक "तस्वीरें भी बोलतीं हैं" को आध्यात्म के जिज्ञासुओं तक पहुँचाने का कार्य सम्पन्न कर पा रहा हूँ।

अतएव मेरे लेखन कार्य के लक्ष्य को जनमानस तक प्रकाशित कराने वाले परमात्मा के प्यारे पुत्र 'विशाल वेद' साहब को मेरा शत्-शत् बार नमन्–

लेखक

प्रस्तावना

दुनिया में इस समय मूल रूप से 12 धर्मों (1.हिन्दू धर्म, 2.जैन धर्म, 3. यहूदी धर्म- इजराइल में, पेगन धर्म-जर्मन-यूरोप में, 5.वुडू धर्म-अफ्रीका में, 6. पारसी धर्म-ईरान में, 7.जेन या झेन धर्म-जापान में, 8.बौद्ध धर्म, 9. शिंतो धर्म–जापान में, 10. ईसाई धर्म, 11. इस्लाम धर्म, 12. सिक्ख धर्म) को मानने वाले अलग- अलग अनुयायी दुनियाभर में अलग–अलग देशों में फैले हुये हैं और इन 12 धर्मों के अनुयाईयों ने अब तक अपने– अपने धर्मों को लगभग **300 भागों** या सम्प्रदायों में बाँट रखा है लेकिन धर्म–सम्प्रदाय चाहे कितने ही क्यों न बन जाये पर **2 मूल बातों** पर सारे के सारे धर्म–सम्प्रदाय एकमत हैं–पहला– **“ईश्वर एक है”** कोई भी धर्म आज तक ये नहीं कहा कि ईश्वर एक नहीं दो हैं। और दूसरा- मनुष्य शरीर ईश्वर की बनाई दुनिया की **“सर्वश्रेष्ठ कृति या रचना”** है। यानि संसार में जितने भी कार्य हो रहे हैं वे सब के सब जनहित में ही हो रहे हैं। चाहे मिट्टी-कोयला निकाला जा रहा हो, चाहे बिजली बनाई जा रही हो, चाहे रेल–जहाज–मोटरगाड़ियाँ चल रहीं हों, चाहे अस्पताल– थाना– कचहरी–ऑफिसों में काम हो रहा हो, चाहे फसलें–सब्जी–फल– औषधियाँ उगाई जा रहीं हों, चाहे मछली–मुर्गे–बकरे स्वाद के लिये काटे जा रहे हों, चाहे पशु-पक्षियों से काम लिया जा रहा हो, चाहे कीट –पतंगे– रोगाणु मारे जा रहे हों, चाहे व्यापार हो, चाहे नौकरी हो, चाहे गोली– बारूद–बम आदि बनाये जा रहे हों। ये सारे के सारे तमाम कार्य मनुष्य शरीर की सुविधा और सुरक्षा के लिये हो रहे हैं, अगर और गौर करें तो आप देखते ही होंगे कि अपनी– अपनी सुविधा–सुरक्षा के लिये एक देश–दूसरे देश से आपस में लड़ाईयाँ तक लड़ जाते हैं पर उसी दुश्मन देश पर जब कभी कोई प्राकृतिक आपदा भूकम्प– तूफान–सुनामी जैसे संकट आतें हैं तो वही दुश्मन देश वहाँ के लोंगो को बचाने के लिये अपनी जी–जान से ताकत लगा देते हैं ताकि दुनिया में जन हानि न हो सके। इस प्रकार से देखा जाये तो **2** और बुनियादी बातें हर धर्म में एक समान घटित होती हैं पहला–दुनिया में सभी मनुष्यों के आने का रास्ता सिर्फ एक ही है **“माँ का गर्भ”** और दूसरा–दुनिया में मौत के बाद अपना शरीर सब के सब मनुष्य यहीं धरती पर छोड़कर चले जाते हैं। फिर आगे यदि और नजर डालें तो आप पायेंगे कि संसार का प्रत्येक मनुष्य जब से होश सम्भाला है और जब तक इस दुनिया में होश में रहता है

फिर चाहे वो आदमी हो या औरत, फिर चाहे वो अमेरिका का हो या इग्लैण्ड का, चाहे पाकिस्तान का हो या हिन्दुस्तान का, चाहे उत्तर–प्रदेश का हो या मध्य–प्रदेश का, चाहे झाँसी जिले का हो या सिंगरौली जिले का, फिर चाहे वो हिन्दू हो या मुस्लिम, चाहे सिक्ख हो या ईसाई ये सारे के सारे लोग केवल–केवल–केवल एक ही चीज की तलाश कर रहे हैं जिसका नाम हैं **'सुख की तलाश या आनन्द या शान्ति की खोज'** अब सवाल उठता है कि ये सब आखिर सुख की तलाश क्यों कर रहे हैं? क्योंकि ये सब परम तत्व सुख के अंश है और अंश प्राकृतिक रूप से सदा अपने अंशी की तरफ भागता हैं, जब तक अंश अपने अंशी में विलीन नहीं हो जाता तब तक उसको सच्चा स्थाई सुख नहीं मिल सकता। जिस प्रकार पानी सदा नीचे की ओर भागता है क्योंकि उसका अंशी पाताल है, और आग सदा ऊपर की ओर भगती है क्योंकि उसका अंशी सूरज है, इसी प्रकार मनुष्य **'आत्मा'** होने के कारण सदा अपने अंशी **'परमात्मा'** की खोज में स्थाई सुख प्राप्त करने के लिये तलाश करता रहता है क्योंकि वह स्थाई सुख के उस पार से माँ के गर्भ रूपी पुल या सेतु द्वारा अस्थाई सुख के इस पार की मायावी नकली दुनिया में आ गया और यहाँ आकर स्थाई सुख की तलाश में दर–दर भटक रहा है। कोई सन्तानों में सुख ढूँढ़ रहा है, तो कोई गाड़ी–बंगलों में, तो कोई धन–सम्पत्ति में, तो कोई सुन्दर स्त्री– पुरुष में। मगर अन्त में एक न एक दिन यही चीजें इंसान को दुखी कर देतीं हैं अब तुम्हीं देख लो कोई घर–परिवार के भविष्य को लेकर चिंता में है, तो कोई व्यापार में घाटा आ जाने से परेशान है, तो कोई जमीन–जायजादों के झगड़ों में फँसा है, तो कोई ईश्क–मुहब्बत में धोखा खा रहा है, तो कोई बीमारी को लेकर मरा जा रहा है यानि मनुष्य संसार की जिन–जिन चीजों में सुख खोजता फिर रहा है वही चीजें उसके सामने मुसीबतें खड़ा करतीं रहतीं हैं मतलब संसार से स्थाई सुख मिल पाना इंसान के जिंदगी की सबसे बड़ी भूल है। तो फिर आखिरकार इंसान को परमानेन्ट **(स्थाई)** सुख मिलेगा कहाँ? उसी पार जहाँ से आकर वह इस नकली सुखों की मायावी दुनिया में दाखिल हा गया। तो फिर वह उस पार जाये तो जाये कैसे? अब माँ के गर्भ रूपी पुल या सेतु से तो उसका

उस पार वापस लौट पाना असम्भव है? परन्तु ठीक से समझ लो बिना उस पार वापस लौटे तो कभी स्थाई सुख घटेगा की नहीं, इसलिये तुम्हैं अपने वतन वापसी के लिये पुनः एक पुल या सेतु की तलाश करना की होगा तभी तुम अपने स्थाई सुखों के परमात्मा रूपी घर में प्रवेश कर पाओगे। तो वो पुल कहाँ और कैसे मिलेगा? देखो उस पार पहुँचने के लिये तुम्हैं गुरू-रूपी गर्भ या सेतु या पुल के रास्ते जाना होगा, जो तुम्हैं तुम्हारे संचित, प्रारब्ध व क्रियमान सत्कर्मों के फल और तुम्हारी परमात्मा के प्रति तड़प व गुरू की दया-प्रेम पर ही मिल सकेगा। इसका मतलब संसार के उन गुरूओं को मत समझ लेना जो तुम्हैं देह के आयोजनों में सफलता के हुनर सिखाये, वे गुरू तो खुद ही संसार में डूब गये तो तुम्हैं क्या पार लगायेंगे? गुरू तो वही पार लगा सकेगा जो खुद उस पार गया हो। सच्चे गुरू का अर्थ होता है जो तुम्हैं अज्ञान से ज्ञान, असत्य से सत्य, अंधकार से प्रकाश, नकली से असली और अस्थाई सुखों से स्थाई सुख दिला सके उसी सच्चे जिंदा गुरू या सन्त या सूफी या सतगुरू या आध्यात्मिक महापुरुष-रूपी पुल या गर्भ से तुम अपने परम सुखों के लोक **(देश)** वापस लौट सकोगे। बिना गुरू के भवसागर को पार करना कलयुग में असम्भव है। इसीलिये आत्म ज्ञान के बिना मानव के सारे कार्यों का दुष्परिणाम जीवन संघर्ष में पराजय के रूप में होता है।

मेंने बचपन से ही देखा-सुना-पढ़ा है कि सारे धर्म परमात्मा के कण-कण में मौजूद होने की पुरजोर वकालत करते हैं। हम मंदिरों-मस्जिदों-गिरजाघरों-गुरूद्वारों, गीता-कुरान-बाईवल-गुरूग्रन्थसाहब आदि तमाम धर्म-शास्त्रों में परमात्मा की मौजूदगी के लिय भटकते रहते हैं पर हमारा उस रब से साक्षात्कार कहीं नहीं हो पाता है। इसका मतलब कण-कण में मालिक की मौजूदगी की गवाही देने वाले सारे के सारे धर्मावलंबी या तो कहीं न कहीं झूठे व गलत हैं या वो मनुष्य को गुमराह करके धार्मिक दुकानें चलाकर अपना भरण- पोषण मात्र कर रहे हैं। लेकिन आज विज्ञान के युग में कोई शिक्षित इंसान परमात्मा से मिले बिना उस एक सर्वशक्तिमान हस्ती पर आखिर दूसरों की कही-सुनी बातों पर कैसे विश्वास करे। अगर परमात्मा कण-कण में है तो फिर वो हमें दिखाई क्यों नहीं देता, वो हमसे बात क्यों नहीं करता या जिनको दिखा या जो अनुभव कर पुस्तकों में उसका विस्तारपूर्वक वर्णन कर गये, या तो हम उनकी बात को ठीक से समझ नहीं पाये या गहराई से जानने की कोशिश न करके सीधा-सीधा मानकर पाखण्ड और अंधविश्वास

करने लगे और जब कभी कोई बात आपे से बाहर हो गई तो बिना सोचे–विचारे ऊपर वाले के ऊपर थोप दिये कि अब ईश्वर ही जाने उनकी महिमा के बारे में, में क्या जानू? यानि अगर परमात्मा को बुद्धि मार्ग से खोजने की कोशिश की जाये तो अभी तक तो उसको मनुष्य अपने वश में करके नाच–नचाता साथ ही साथ अपने मन मुताबिक सारे फैसले अपने पक्ष में करवा लेता और यदि बुद्धू बनकर जानने का प्रयास किया जाये तो अब तक तो जगत के सारे बुद्धू भगवान से मिलाप ही कर लेते अर्थात् परमात्मा बुद्धि और बुद्धू का विषय है ही नहीं बल्कि परमात्मा हमारी तड़प **(प्रेम/भक्ति)** और सत्कर्म का वह रास्ता है जिस पर चलकर हम उसे जीतेजी हासिल कर सकते हैं जो जीतेजी अंधा हैं वह मरकर तो नहीं देख सकता। इसीलिए यदि हम जिन्दा रहते परमात्मा को ना खोज सके तो मरने के बाद परमात्मा से मिलने के वादों का क्या भरोसा ? अलग–अलग धर्मों की विविध भाषाओं के भिन्न– भिन्न धर्मशास्त्रों को समझने के लिये आपको वर्षों गहन अध्ययन करना पड़ेगा तब जाकर शायद कोई विरला उसकी मूल बातों को जान पायेगा जो सबके वश की बात नहीं है और फिर जिंदगी की भाग–दौड़ मे पेट पालते–पालते भविष्य सम्हालते–सम्हालते सारा का सारा जीवन संघर्षों में ही गुजर जाता है तो किसे इतना वक्त है, किसे इतनी फुरसत है जो धर्म की दीवारों के अन्दर वास्तविक सत्य को झाँक कर देख सके। मतलब जगत–माया में सुख–दुख, लाभ–हानि, जीत–हार, यश – अपयश के जोड़े में फँसे मन के कहे चलने वाले लोग यदि यज्ञ–जप–तप–पूजा–पाठ–कथा–आरती–प्रवचन–व्रत–परिक्रमा–स्नान–दान–पुण्य–नमाज–जकात–रोजा–लंगर–सेवा इत्यादि के लिये जो थोड़ा बहुत समय दे दें, तो ये ईश्वर–अल्लाह–वाहेगुरू–गॉड पर उनका बहुत बड़ा ऐहसान होगा और काश यदि इतने अमूल्य समय की आहूति देने के बाद भी कोई बड़ी मुसीबत आ गई या कोई बड़ा भारी नुकसान या हानि हो गई तो फिर तो वो जगत मालिक इन मनमुखों की चार बातें सुनने को सदा तैयार रहे। पर इन सब झगड़ों में उलझने से तो हम धर्म की असल सच्चाई को समझने से वंचित ही रह जायेंगे।

यकीनन परमात्मा के बारे में लिखे गये कठिन–कठिन श्लोकों, दोहों, चौपाईयों, कविताओं, आयतों, कलमों इत्यादि के अर्थों को समझने-समझाने की मेरी ताकत नहीं है पर परमात्मा का सच्चा पैगाम देने वाले पैगम्बरों–सन्तों–तीर्थंकरों–महात्माओं–सूफिओं–सतगुरूओं आदि की इन

सब शास्त्रों के मूल उद्देश्य की सहमति के प्रवचनों एवं उनकी सरलीकृत वाणियों के आधार पर परमात्मा प्राप्ति के लक्ष्य को आसान रूप में व्यक्त करने की कोशिश की है ताकि आम जन को हकीकत पहचानने में मदद मिल सके। इसमें किसी भी धर्म के ना तो प्रचार–प्रसार पर जोर दिया गया है और न ही किसी की निंदा–बुराई की गयी है बल्कि सारे धर्मों के साझा रूप **'सबका मालिक एक है'** का वर्णन किया गया है। यह एक आध्यात्मिक विज्ञान है जिसमें आत्मा को परमात्मा से मिलने के अध्ययन के बारे में जानकारी दी जा रही है।

प्रस्तुत पुस्तक में परमात्मा, आत्मा, सच्चे गुरू, भक्ति, मन, कर्म और मानव –काया के महत्व को स्पष्ट करने का प्रयास किया गया है। आशा है यह पुस्तक परमात्मा की यात्रा पर चलने वाले जिज्ञासुओं के आत्मकल्याण के मार्ग में आगे बढ़ने के लिये उपयोगी हो सकती है तथा मानव जीवन से व्यथित होकर अज्ञानतावश या नासमझी के कारण हत्या, आत्महत्या, नशा एवं तनावपूर्ण जिंदगी जीने वाले साधारण पाठक व स्रोता भी इससे अपनी मनोस्थिति बदल सकते हैं। यह पुस्तक किसी व्यक्ति, वर्ग, सम्प्रदाय, जाति, मुल्क की नहीं बल्कि यह सभी प्रकार की संकीर्णताओं से ऊपर उठकर सभी मनुष्यों को समान रूप से आत्म कल्याण का मार्ग दिखलाती है।

इस पुस्तक में समय–समय पर आये हिन्दू–जैन–पारसी–बौद्ध–ईसाई–इस्लाम–सिक्ख आदि तमाम सम्प्रदाओं के उच्च कोटि के सन्तों–मुनियों–बुद्धों–पीरों–सतगुरूओं के परमात्मा से सम्पर्क के समान अनुभवों के उपदेशों की व्याख्या पर प्रकाश डाला गया है जो हमारे रूहानी मार्गदर्शन के लिये सहायक सिद्ध हो सकते हैं किन्तु बिना जीवित वक्त के सतगुरू या मुर्शीद के परमात्मा की यात्रा करना नामुमकिन है। अतएव इसमें जीवित सच्चे गुरू के दर तक छोड़ने का प्रयत्न किया गया है पर अन्दर के रूहानी **(आत्मिक)** राज खोलने का अधिकार सिर्फ प्राप्त सच्चे गुरू को ही है जो उनके मिलने पर ही आपको उजागर हो सकते हैं। परमात्मा की व्याख्या शब्दों व लेखन में नहीं की जा सकती है फिर भी लेखन में जहाँ–कहीं कोई गलती या किसी की भावनाओं को किसी भी प्रकार से आघात या ठेस पहुँचती हो तो पाठकों व स्रोताओं से श्रद्धापूर्वक निवेदन है कि कोई इसे निजी तोर पर ना लेकर इस तुच्छ लेखक को क्षमा दान करने का **महानृतम कष्ट करें** –

धन्यवाद्

शैलेश

परमात्मा की ओर

संसार में दुःख है और दुःख के तीन रूप हैं–शारीरिक दुःख, मानसिक दुःख और आर्थिक दुःख ? और इन तीनों में से कोई एक या दो या तीनों तुमको किसी न किसी रूप में पकड़े हैं? किसी की देह को कष्ट है, तो किसी को सन्तान नहीं होती, तो किसी को खाने के लाले पड़े हैं? मतलब दुःख किसी ना किसी रूप में तुम्हारे पास खड़ा है। तुम दुःख से बचने के लिये सारा जीवन घिसते रहते हो पर वो है जो आखिरी साँस तक छूटने का नाम ही नहीं लेता। माँ दुःखी है कि बेटा जवान हो गया, उम्र निकली जा रही है, अब तक शादी नहीं हो पाई– लो शादी हो गई। की शादी को दस साल हो गये, अब तक तो सन्तान हो जाना चाहिए था– की बच्चा हो गया। पर क्या करें लड़की जो हुई, कम से कम लड़का होता तो आगे का वंश तो चल जाता? अब लड़का भी हो गया–लो फिर लड़का नालायक जो निकला। की सोचते –सोचते माँ जी उम्र के आखिरी पड़ाव पर जा पहुँची कि अफसोस एक दिन अन्तिम साँस चलते–चलते कम से कम नाती–पोतों का शादी–विवाह तो और देख जाते पर वहीं माँ जी की साँस अटक गयी और माँ जी सदा–सदा के लिये चल बसीं। ओह! ये क्या माँ जी के तो ख्वाब अधूरे ही रह गये? फिर तो सही ही कहा है किसी ने कि –

“मन ख्वाहिशों मे अटका रहा,
और जिंदगी हमें जी कर चली गई”

इसी तरह तुम भी अपने जीवन को सुख पहुँचाने के लिये किसी न किसी रूप में खून –पसीना एक किये पड़े हो पर सुख मिलता तो है लेकिन दुःख है जो उसका पीछा छोड़ता ही नहीं है। यही सब हमारे पूर्वज हजारों वर्षों से करते रहे हैं और उनके परिणामों की अनदेखी कर हम लगातार आगे बढ़ते ही जा रहे हैं। उन्होंने कितनी व्यवस्थायें बनायीं, कितने अनशन किये, कितनी हड़तालें कीं, कितने युद्ध लड़े, कितने सिर कटाये पर समस्यायें आज भी जस की तस बनीं हुई हैं और हमें भी उन्हीं के जैसीं व्यवस्थाओं, अनशन, हड़तालों, युद्ध और सिर कटाने की तैयारी करनी पड़ रही है और आगे भी यही सिलसिला जारी रहेगा। कारण? संसार अधूरा है, काश यदि पूरा होता तो वही कार्य हमें बार–बार क्यों दोहराने पड़ते ? माँ– बाप तुम्हें पैदा करते है, पढ़ाते–लिखातें है, रोजी – रोटी के काबिल बनाते हैं, शादी रचाते हैं

यानि माँ–बाप जीवन की यात्रा जहाँ से शुरू करते हैं वहीं से तुम्हैं भी जिन्दगी की शुरूआत करनी पड़ती है मतलब सिर्फ तुम्हैं रटा–रटाया काम करना पड़ रहा है, कोई नया काम तो तुम अपने से शुरू कर नहीं रहे हो और फिर मन मसोस कर कहते–फिरते हो कि –

"दुनिया में हम आये हैं, तो जीना ही पड़ेगा
और जीवन है अगर जहर, तो पीना ही पड़ेगा"

अरे भाई! तूं जहर पीकर रोजाना अपने जीवन को तसल्ली देकर मरता क्यों चला जा रहा है? तुझे तो अभी तक ये भी पता नहीं चल सका कि तूं आया कहाँ से है, क्यों आया है और तूझे जाना कहाँ है? राजू धरती पर अभी–अभी लेटा है–उसके माता–पिता, भाई–बहिन, रिश्तेदार, मित्र–यार, अड़ौसी–पड़ौसी बताते हैं कि अब राजू ना रहा वो सदा–सदा के लिये चला आया–इसका अर्थ? ओह! इस शरीर रूपी मकान में राजू रहा करता था अब खाली करके चला गया। कहाँ गया–किसी को कुछ पता नहीं? तब इस मकान में क्यों रहने आया था–नहीं मालूम? तो इस मकान को सँवारने में पैंतीस साल गवाँ दिये–फिर क्या मिला–कुछ भी नहीं? यही तो प्रतिदिन धरती के हर जीव का हाल हो रहा है? मनुष्य के नीचे के सारे प्राणी मूक हैं, वे बोल नहीं सकते, विचार नहीं कर सकते, तो कम से कम मनुष्य को तो इस विषय पर सोचना चाहिये कि आखिर मानव मकान में रहने का हमारा लक्ष्य अन्तोगत्वा है क्या? तुमने अपनी तर्क-शक्ति, विचार-शक्ति, बुद्धि-बल से हजारों–हजार चमत्कार किये, तुम जल–थल– वायु –अंतरिक्ष में बराबर अपनी ताकत का इस्तेमाल कर रहे हो कि दुःख का अन्त हो जाये पर कभी सफल न हो सके। सुख तो पाया पर दुःख ने साथ न छोड़ा तो तनिक सोचो जिसमें हम सुख की तलाश कर रहे हैं वहीं दुःख छिपा बैठा है। मान तो तुम सोचते हो कि बेटा हो जाये तो सुख आ जायेगा पर ये क्या क्यों दुःखी हो? क्या करें जन्म से ही उसके दिल में छेद है। समझे जिस चीज में तुम सुख की खोज किये कि उसी में दुःख छिपा बैठा था। ऐसे ही तुम जीवन में बार – बार बेवकूफ़ बनते रहते हो। कोई अस्पतालों के चक्कर काट रहा है, तो कोई थाना– कचहरी जा रहा है पर सुख कहीं नजर ना आ रहा है हर जगह अपमान ही अपमान है। तुम सोचते हो विधायक-सांसद-मंत्री बनोगे तो लोग पैर पूजेंगे, मालायें पहनायेंगे, जयकारे लगायेंगे लेकिन जनता जब जूते मारती है, पुतले फूँकती है तो

तुम्हारा सम्मान कहाँ चला जाता? सोचा था– आई0 ए0 एस0 बनेंगे तो जीवनभर सुखों की बौछार होगी पर ये क्या डी0एम0साहब आपसे कम पढ़ा-लिखा नेता आपको भरी सभा में बेइज्जत करता रहा और आप चुपचाप सुनते रहे–अरे आपको तो सुख का ताज मिला था पर आप तो महफिल में बेताज हो गये? समझे ना तो तुम औलाद पाकर खुश हुये और न ही कोई पद पाकर। तुम जहाँ–जहाँ हाथ– पैर मारे वहीं–वहीं दुःख पाये। कभी तुमने अपने आस-पास देखा होगा कि एक व्यक्ति जो अपनी जिंदगी में ना कभी किसी के लेन-देन में पड़ा, ना किसी की चुगली –बुराई में, अपने काम से काम मेहनत– ईमानदारी से दो जून की रोटी की जुगाड़ करने के साथ–साथ उचित वक्त पर जरूरतमंद लोगों की मदद करने वाला वह बेमिसाल इंसान ताउम्र अपने बर्बाद शराबी बाईजात बच्चों के कारण समाज में शर्मिंदा होता रहा और जब मरा तो कैंसर की बीमारी महिनों खटिया पर सड़ा–सड़ा कर प्राण ले गयी तो दूसरी तरफ एक आदमी ऐशो– आराम, इज्जत और अय्याशी भरी जिंदगी जीते हुये समाज में निर्दोषों पर मार–पीट, छीना–झपटी, गाली –गलौज, लूटपाट, अपहरण, हत्या, बलात्कार आदि जैसे संगीन अपराधों को आजीवन अंजाम देता रहा और जब मरा तो वो माफ़िया बिना किसी कष्ट के हँसते–हँसते चला गया? फिर तो आपने ये भी देखा होगा कि एक **110 साल** की बूढ़ी माता अपने परिवार पर बोझ बनी बैठी है और घरवाले उसके जाने का इंतजार कर रहे हैं तो दूसरी ओर उसी मुहल्ले में बड़ी मन्नतों के बाद पैदा हुआ पूरे खानदान का इकलौता राज दुलारा नौजवान चिराग एक रोड़ एक्सीडेण्ट में मारा जाता है। साथ ही साथ ये भी सुना होगा कि फॅला को छटबीं सन्तान होने जा रही है जबकि सामने वाले वर्षों से औलाद के लिये तरसे जा रहे हैं? देखा– ये सारी घटनायें कहीं न कहीं तुम्हैं ऊपर वाले की बेईमानी सी लगतीं होगीं। पर परमात्मा तो बेईमान नहीं होना चाहिए और यदि वो ऐसा होता तो अब तक तो मंदिर-मस्जिद– गिरजाघर-गुरूद्वारे बंद हो जाना चाहिए था? दरसल ये सारी घटनायें कभी न कभी, कहीं न कहीं तुम्हारे अपने किये हुए अच्छे–बुरे कर्मों का फल है जो अब तुम्हें बिल्कुल भी याद नहीं है और तुम रोज ऐसी घटनाओं को देखकर सुख– दुःख में तब्दील होते रहते हो पर इन परेशानियों पर जरा भी चिंतन करने की जरूरत तक नहीं समझते, यहाँ तक की अपने प्रयासों पर विफल होकर मालिक को दोष देते रहते हो, फिर मन के कहे करते रहते हो लेकिन सच को जानने

के लिये राजी नहीं होते और बार–बार इस भँवर में उलझते रहते हो। जैसे एक बार एक निःसंतान पति–पत्नि एक सिद्ध महात्मा के पास सन्तान की चाहे में रोते–रोते पहुँचे कि महात्मा जी आर्शीवाद दिये–जाओ आज से राम–राम कहो और अगले बरस तुम्हें एक सुन्दर बेटा होगा। की संतान पाने की खुशियों में एक दिन माँ–बाप बालक को प्यार से खटोले **(छोटी खाट या चारपाई)** पर सुला ही रहे थे कि उसी समय अचानक वही महात्मा जी आ पहुँचे और बोले बालक के खटोले के आगे के पैर पिता पीछे के पैर माता अपने कन्धों पर उठाकर बोले **'राम नाम सत्य है, सत्य बोलो भाई सत्य है '** कहकर सारे मुहल्ले में घुमायें। नहीं बाबाजी नहीं हम ऐसा नहीं कर सकते –ये तो मुर्दे को अर्थी पर लिटाकर शमशान तक के रास्ते में बोले जाने वाले शब्द हैं। अरे वाह ! जिस राम के नाम को पकड़कर तुम औलाद पाये आज उसी की सत्यता को अपनाने से मुकर रहे हो। जब–जब तुमसे सत्य की परीक्षा ली जाती है तब–तब तुम इसी तरह की बहानेबाजी करते रहते हो। जो सदा सत्य है उसे तुम मरने के बाद ही सत्य ठहराने का किसको धोखा दे रहे हो? तुम सुख– दुःख में परमात्मा को केवल अपने निजी स्वार्थ के लिये याद करते हो। किसी शुभ काम में उसे सदा आगे इसलिये कर देते हो कि कहीं कोई संकट आये तो प्यारे सम्भाल लेना और दुःख में तो उसे तुम भुलाये भी नहीं भूलते। वश तुम्हारे दुःखों की जड़ यहीं से प्रारम्भ होती है। तुम परमात्मा से परमात्मा को नहीं माँगते जो वास्तव में सुखों का सागर है बल्कि तुम उसकी बनाई संसार की अधूरी और अस्थाई वस्तुओं की भीख माँगते रहते हो। इसीलिए अधूरी–अस्थाई वस्तुओं का सुखद कार्यकाल समाप्त होते ही तुम्हारे सामने बार – बार दुःखों की समस्या प्रकट हाने लगती है और फिर तुम मन्दिरों– मस्जिदों की तरफ भागते रहते हो। असल में तुम परमात्मा से अपनी माँगों को लेकर सदा गलत तरीके का व्यापार करते रहे हो और इसी व्यापार के सिलसिले में तुम्हें पंडित– पुरोहित, काजी–मुल्ला आदि का हर बार शिकार होना पड़ता है, वे तुम्हें सुख के लालच में ठगते रहते हैं और ठाँठस बँधाते रहते हैं कि चिन्ता न करो अब ठीक हो जायेगा। अब– अब करके तुम्हारे ठीक होने की चाहत में ही तो उनकी दुकानें बराबर चलती ही जा रहीं हैं। तुम्हारी चाहतों के **तरीके** भी तो **चालाकी भरे हैं – 'माँ मुरादें पूरी कर दे, हलवा**

19

बाटूँगी' अच्छा !! तो हलवा तभी बटेगा जब मुरादें पूरीं हो जायेंगी। काश– यदि मुरादें पूरीं ना हुईं तो बदमाश तुम तो कभी हलवा हीं नहीं बाँटोगे? तुम भूखे पेट रोजा, बिना अन्न–जल के उपवास और नंगे पैर परिक्रमा इसीलिये ही तो करते कि जीवन में सुख–शान्ति बनी रहे, व्यापार में बरकत हो, बीमारी ठीक हो जाये, परीक्षा में पास हों जाये, नौकरी लग जाये, बेटी का ब्याह हो जाये आदि नाना प्रकार के सौदा शरीर को कष्ट पहुँचाकर करने का जो ड्रामा करते हो ताकि परमात्मा की भी रूह काँप उठे तो तत्काल अधूरे पड़े कार्यों का निपटारा हो जाये। तुम सरासर उस हस्ती से चतुराई भरी चापलूसी कर रहे हो जो पलक झपकते ही तुम्हैं मिट्टी में मिला सकता है। तुम्हैं नहीं पता कि तुहारे सारे कार्यों का लेखा–जोखा उस परमात्मा के **एफ0आई0आर0 (F.I. R)** रजिस्टर **(संचित कर्म)** में दर्ज होता चला जा रहा है तभी तो हर व्यक्ति के पैदा होते ही उस पर लगी कर्म धाराओं के खिलाफ मरते दम तक मुकदमें चलते रहते हैं। किसी पर प्रारब्ध कर्मों की टाडा एक्ट लगी है, तो किसी पर मकोका, तो कोई गैंगस्टर में फँसा है, तो किसी के खिलाफ पोटा लगा है, तो कोई **दफा 302** का अपराधी है जिनकी सजा काटते– काटते पूरा जीवन ही नष्ट हो जाता है इसीलिये तो जब से तुम होश सम्भाले हो तब से आज तक तुमने अपने आजू–बाजू, रिश्तेदारों–मित्रों, घर–परिवार आदि में से किसी एक भी व्यक्ति को पूरी तरह से सुखी पाया? यदि नहीं? फिर तो तुम्हारे दुःख का कुछ तो कारण है ही ? मान लो तुम जिन–जिन से प्रेम करते हो– कोई माँ से, कोई बाप से, कोई बीवी से, कोई पति से, कोई बेटा–बेटी से, कोई मित्र से, कोई रिश्तेदारों से, कोई मजनूँ **(आशिक)** से, कोई परदेशी से अर्थात् तुम्हारे इन दस–बीस प्रेमी सदस्यों का एक **'प्रेम गैंग'** बन जाता है जिनके तुम सरदार हो और इस गैंग के सारे सदस्यों के विरूद्ध अलग–अलग धाराओं में कर्मों के मुकद्दमें चल रहे हैं। जब–जब इनके या तुम्हारे खिलाफ वारंट रूपी संकट जारी होते हैं तब-तब तुम दुःखी होते रहते हो। अब तुम्हीं बताओ तुम्हारे सारे **'प्रेम गैंग'** के सदस्य साल के **365 दिन** तो स्वस्थ नहीं रह सकते या उन्हैं कोई परेशानी न आये या वो आपको कभी कोई धोखा न दें या आप उनकी सदा मदद कर पायें ऐसा भी नहीं हो सकता है। यही वजह है कि तुम्हारे या उनके किये कर्म ही तुम्हें सदा रूलाते रहते हैं। इसीलिये जहाँ देखो वहाँ तुम कहते फिरते हो–अरे वो नाती खेलते– खेलते सीढ़ियों से गिर गया, हड्डी

टूट गयी आजकल उसी में फँसे हैं, तो कहीं कहते क्या करें– बड़ा गम है उस रोज का जिस रोज पूरा मुम्बई शहर बाढ़ के पानी में डूबा था चारों तरफ से यातायात पूरा ठप्प था कि उसी वक्त सैकड़ों मील दूर गाँव में दिल का दौरा पड़ने से बाबूजी (पिताजी) की मृत्यु हो गयी मौके पर न पहुँच पाने के कारण खानदान और गाँव वालों ने मिलकर बाबूजी का अन्तिम संस्कार कर दिया और आखिरी वक्त मुझे बाबूजी का चेहरा देखने को भी नसीब न हो सका। जैसे–जैसे तुम इन दुःखद मुकदमों से बरी होते हो कि बरी होते ही फिर सुख पाकर अपराध शुरू कर देते हो और इस प्रकार से हिस्ट्रीशीटर बनते रहते हो। एक बार एक नर्सिंग होम में महिनों से बिस्तर पर बीमारी से तड़प रहे मरीज की पुकार को सुनकर रास्ते से निकल रहे एक मसीहा (मुक्तिदाता) ने ठीक होने की दया क्या की? कि कुछ दिनों बाद वही व्यक्ति एक मदिरालय में शराब पीते मसीहा को रंगेहाथों टकराया तो वे बोले राजन! में तो तुम्हें उस असाध्य बीमारी से इसलिये ठीक किया कि शायद स्वस्थ होने के बाद तुम परमात्मा की खोज करो पर तुम ये क्या कर बैठे? तो वो मासीहा से बोला इसमें तो सारा कसूर तुम्हारा ही है, अब तुम्हीं बताओ स्वास्थ का में क्या करूं? फिर मसीहा कुछ ही कदम आगे बढ़े कि एक चौराहे पर एक आदमी राह चलतीं युवतियों पर आँखों से अश्लील इशारे करते पकड़ाया गया, ये भी पुराना परिचित निकला। पूछा एक समय तुम अन्धे थे, भीख माँगते थे, तुम्हैं चलने– फिरने, काम–काज में दिक्कत थी तो रहम आया! की तुम्हैं देखने को आँखें दे दीं कि शायद आँख पाकर तुम परमात्मा की तरफ देखोगे पर तुमने ये क्या किया? वो भी मसीहा पर बिगड़ पड़ा तो सारी गलती तुम्हारी ही तो है, अब तुम्हीं बताओ आँख का उपयोग ही क्या है? जब तुम स्वस्थ होते हो तो मदिरालय और वैश्यालय की ओर दौड़ लगाते हो और जब संकट आते हैं तो परमात्मा का दरवाजा खटखटाते हो। तुम कितने धोखेबाज हो जो दुःख तुम्हें बिल्कुल भी पसंद नहीं उन्हैं ले जाकर बार–बार परमात्मा को परोसते रहते हो और जब–जब परमात्मा तुम्हारे गुनाहों पर रहमत क्या करते हैं कि तब–तब तुम उसकी रहमत पाकर पाप करके उसे बेवकूफ बनाते रहते हो और फिर रोते रहते हो कि भगवान सुनता नहीं है? तुम्हारी नासमझी ही भगवान तक तुम्हारे दर्द की बेहूदा पुकार को सुनने से रोकती रहती है जिसे तुम सही तरीके से अपने कर्मों में सुधार करके इन अस्थाई सुखों से हमेशा–हमेशा के लिये छुटकारा लेकर भगवान से सदा स्थाई आनन्द प्राप्त कर सकते हो जिसके लिये कुछ मूल

बातों को समझना तुम्हारे लिये नितांत आवश्यक है। चूँकि मानव देह कर्म योनि एवं भोग योनि का अखाड़ा है। इसका मतलब मनुष्य अपने पिछले जन्मों के अच्छे – बुरे कर्मों की मार्कशीट लेकर इस संसार रूपी पाठशाला में एडमीशन लेता है और जन्म लेते ही या तो पिछले कर्मों को भोगता रहता है या फिर नये–नये अच्छे–बुरे कर्मों का निर्माण करता रहता है। इसीलिये कोई जन्म से लूला, लंगड़ा, काना, कुबड़ा, बेहरा, अन्धा, गरीब, बीमार काया लेकर जीवन को भोगता रहता है तो दूसरे स्वस्थ होकर भी सुख–दुख पाकर अपनी गिनती की साँसों की पूँजी को खत्म करते रहते है। जबकि मनुष्य के नीचे के सारे जीव–जन्तु केवल भोग योनि में रहकर अपने जीवन को चलाते रहते हैं अब एक कुतिया को ही देख लो जो एक बार में **4–6 पिल्लों (कुत्ते के बच्चे)** से कम नहीं जन्मती और अपने जीवनकाल में कम से कम **12–18 बच्चे** तो पैदा करती ही होगी मगर जब वह कुतिया बूढ़ी होती है या उसे खाज जैसी कोई असाध्य बीमारी हो जाती है तो उस वक्त उसकी पैदा की हुई औलादों में से कोई एक भी सन्तान उसका साथ निभाने नहीं आती यानि ऐसी भारी मुसीबत में उसके पति का, उसके बेटा–बेटियों का कोई अता –पता ही नहीं होता कि कौन कहाँ है, और वो बेचारी बेसहारा खजैली कुतिया भूखी–प्यासी तड़पती इंसानी बस्तियों में डण्डे–पत्थरों को खाती–खाती बेमौत मारी जाती है। पर यदि मनुष्य के जीवन पर नजर डालो तो वह दूसरे जीवों की तुलना में तो बहुत महान है कि काश अगर उसकी अपनी औलादें भी साथ नहीं देतीं, यहाँ तक की सड़क, रेलवे प्लेटफार्म पर पड़ा हाथ–पैर कटा उसका अपना शरीर भी साथ नहीं निभाता तब पर भी वह अंजान लोगों व सरकारी दया–कृपा से जी – खा लेता है और तो और उसके मृतक शरीर के अन्तिम संस्कार तक की व्यवस्था हो जाती है तभी तो किसी ने **डेड बॉडी** के बारे में सही ही कहा है **कि—**

"मुर्दा को प्रभु देत है, कपड़ा–लकड़ा–आग"

परन्तु आप सवाल खड़ा करोगे कि एक साहब, मंत्री आदि के कुत्तों की तो राजसी बंगलों व शाही गाड़ीयों में शानोशौकत भरी जिंदगी गुजरती है तो वे मनुष्य के महान् जीवन से आखिर कहाँ पीछे है, इतनी सुख सुविधा तो हर व्यक्ति को नसीब नहीं हो पाती ? पर आपको क्या ख्याल कि गाड़ी– बगलों में रहने वाले कुत्ते–बिल्लियों की मनोदशा का क्या होता होगा जब वे गाड़ी में बैठकर शहरों में सैर–सँपाटा करते हुये सड़कछाप आवारा कुत्तों को कुतिया के साथ दिन–दहाड़े भरे चौराहों पर

बेरोक–टोक रंगरेलियाँ मनाते घूमते–फिरते देखते होंगें तो उनका भी मन कचोटता होगा, उनकी जवानी भी उन्हैं धक्का देती होगी, वे भी अपने मालिकों को कोसते होंगे कि जब अण्डा खाने का मन होता है तो ज़ालिम दूध पिला देता है और जब मुर्गा खाने का मन होता है तो ये ब्रेड खिला देता है। अब जंगल की रानी शेरनी का हाल भी सुन लो जिससे पूरा का पूरा जंगल ही थर्राया करता है किन्तु जब वह गर्भवती हो जाती है या किसी बीमारी में पड़ी होती है या उसके बुढ़ापे की बात हो, तो उस रानी को भी इन संकटों का सिर्फ अकेले ही सामना करना पड़ता है पर यदि कोई शादीशुदा नारी पेट से हो जाये तो नौ महिने पहले से ही घर–परिवार–समाज–डॉक्टर सर्तक होना शुरू कर देते हैं। कहीं पर भी जरा सी लापरवाही कानूनी मुसीबत खड़ा कर सकती है लेकिन जानवरों का क्या उनकी प्रसव पीड़ा पर उन्हैं कौन सम्भालने वाला? ऐसी कष्टदायक स्थिति में उनका अकेले क्या हाल होता होगा हम सोच भी नहीं सकते हैं, उन्हैं अपने से ही इन महामुकाबलों का बहादुरी से सामना करना पड़ता है, उनके पैदा हुये बच्चों पर दूसरे शिकारी पशु–पक्षियों की सदा बुरी नियत बनी ही रहती है। अब समुद्री कछुवे को ही देखो–एक समुद्री मादा कछुवा समुद्र के किनारे रेत में अपने अण्डे देकर समुद्र में वापस लौट जाती है और महिनों दिन बाद उन अण्डों से नन्हैं कछुवे निकल कर दिन के समय समुद्र की तरफ जैसे ही कदम बढ़ाते हैं कि उसी समय हजारों परभक्षी जीव–जन्तु अपना पेट भरने के लिये उन नन्हैं कछुवों की दावत उड़ाने आते हैं, इस तरह उन लाखों कछुवों में से कुछ ही नसीब वाले हजारों कछुवे बचकर समुद्र में पहुँच पाते हैं जबकि रात में निकलने वाले शिशु कछुवे दिनचर प्राणियों से जैसे–तैसे अपनी जान बचाकर समुद्र में घुसते हैं तो उनका मुकाबला समुद्री परभक्षी जन्तुओं से हो जाता है और फिर उनमें से भी कुछ बचे– कुचे सैकड़ों नन्हैं कछुवे ही अपने पूर्वजों की भाँति अपना जीवन सुरक्षित कर पाने में कामयाब हो पाते हैं और इस प्रकार से **20 साल** बाद इन्हीं में से बचे गर्भवती मादा कछुवे पुनः अपनी माँ की तरह अपने जन्म – स्थान पानी से बाहर जाकर समुद्री रेत में अण्डे देने में सफल हो पाते हैं तो इससे हमें पता चलता है कि बहुत सारे जीव अपने अपने माँ–बाप और माँ–बाप अपनी सन्तानों की शक्ल तक नहीं देख पाते हैं। तो इस तरह मानव से नीचे सारे जल–थल–वायु में रहने वाले जीव– जन्तुओं की इसी प्रकार से दुर्दशा होती रहती हैं, वे मुनष्य की तरह नित नित नये– नये अच्छे– बूरे कर्म नहीं बनाते यानि वे हजारों सालों से नंगे थे,

आज भी हैं, कल भी रहेंगे, वे मिट्टी–घास–फूस–माँस आदि जैसे पहले खाते थे आज भी वैसे ही खाते हैं। कहने का आशय ये है कि मनुष्य के कर्मों के विकास के आगे आजतक उन्होंने कोई तरक्की नहीं की। वे केवल–केवल भोगते रहे। उनकी आजादी पर हमला करके तुमने हमेशा उन्हैं गुलाम बनाकर रखा। कभी उनसे हल चलवाते हैं, तो कभी कोल्हू में घुमाते हैं, कभी सामान उठवाते हैं, तो कभी ताँगों में नवाते हैं, कभी सर्कस में दिखाते हैं, तो कभी मदारी नचाते हैं और तो और क्या उनके दुद्ध मुँहे बच्चों के मुँह का दूध छीनकर हम पी जाते हैं और बूढ़े होने पर उन्हैं कसाई को सौंप देते हैं और बदले में हमने उन्हैं क्या दिया हंटर, डण्डे और दो वक्त खाने को। खा तो वो हमारे बिना भी लेते। क्या तुमने कभी सोचा तुम्हारे इकलौते आँखों के प्यारे पुत्र को या तुम्हैं कोई नाजायज़ एक थप्पड़ भी मार दे तो तुरन्त थाना–कचहरी हो जाये पर बेचारे उनका क्या कसूर जब बकरे और मुर्गे के नौजवान बच्चे को काटकर तुम खा गये आखिर वे भी तो किसी के लाल हैं, वे शिकायत करें तो करें कहां? जो केवल दाना–पानी– पत्ती आदि पर अपना सारा जीवन गुजार देते हैं? इन निर्दोषों ने तुम्हारा क्या बिगाड़ा जो तुमने उन पर बड़े–बड़े जुल्म ढहाए? इस प्रकार उनका सारा का सारा जीवन दुःखों और कष्टों में निकल जाता है अर्थात् ये सब कहीं न कहीं, किसी न किसी रूप में अपने पूर्व के कर्मों का हिसाब तुम्हैं भोग कर दे रहे हैं तो इसका अर्थ ये नहीं कि तुम्हैं खुलेआम बेवजह उनकी हत्या करने का अधिकार प्राप्त है ? जीव हत्या करना एक महापाप है। यदि पाप है तो फिर शेर, चीता, सियार आदि बिना हत्या के क्यों नहीं अपना जीवन बिताते– हाँ, ये प्वाइंट वाकई नोट करने योग्य है– चूँकि शेर, चीता, सियार आदि के आहार का प्राकृतिक आकर्षण माँस है। गाय, भैंस, हिरण आदि उनके दुःश्मन नहीं बल्कि प्राकृतिक भोजन हैं वे भरे पेट पर हिरण, सुअर, गधा, घोड़ा आदि से नहीं बोलते जो उनके मुँह के सामने चरते रहते हैं। यदि आपको भरोसा ना हो तो आप भूखे शेर के सामने दाल, चावल, रोटी, सब्जी, दूध, घी, काजू, किसमिश, रसमलाई रख दें तो शेर भूखा मरना तो पसंद करेगा पर इन्हैं सूंघेगा तक नहीं यानि शेर पैदाईशी माँस खाने के लिये बना है जबकि गाय, भैंस, बकरी, ऊँट, हाथी आदि के सामने भूखे रहने पर चिकन–बिरयानी, मटन– कोरमा, कीमा, कबाब आदि मँहगे आइटम रख दो तो वे भी भूखे मरना तो कबूल करेंगे पर इन्हैं सूंघेंगे तक नहीं। समझे इस तरह गाय, भैंस,

बकरी आदि का प्राकृतिक आहार घास–फूस–पत्ती आदि है। वे शाकाहारी हैं, वे जन्म से ही पेड़–पौधों पर भोजन के लिये निर्भर हैं। ना तो हजारों सालों से माँसाहारी शेर, चीता, सियार आदि ने और ना ही शाकाहारी गाय, भैंस आदि ने अपने खाने के तरीके में बदलाव किया किन्तु यहाँ भी इंसान ने गड़बडी कर ली। वैसे तो तुम्हारा जन्मजात शाक–सब्जी–फल–फूल–दूध इत्यादि शाकाहार की तरफ खिंचवा होता, नहीं तो तुम फिर आम, जामुन, अमरूद के पेड़ से गिरकर अपनी टाँगें कैसे तोड़ लेते ? जब आम, जामुन, अमरूद, बेर आदि अपनी जवानी के ललाट पर होते हैं तो तुम कितने ही सुसभ्य, ईमानदार व संस्कारवान क्यों न हो पर सब कुछ भूलकर चोरी छिपे किसी के भी बगीचे से आम, जामुन, अमरूद, बेर तोड़कर खा ही लेते हो। ये सही भी है वे तुम्हें अपनी प्रकृति को ले जाने के लिये अन्दर से उकसाते हैं और तुम बिना किसी हिचकिचाहट के उनकी ओर स्वतः खिचे चले जाते हो, इसमें तुम्हारी कोई गलती नहीं है लेकिन तुम अपनी स्वभाविक प्रकृति को चकमा देकर वहाँ भी चले जाते हो जहाँ तुम्हारा कोई प्राकृतिक आकर्षण नहीं है, क्या तुम्हें कभी कच्चा माँस–मच्छी खाने की इच्छा होती है? यदि नहीं तो फिर तुम उसको मिर्च– मसालों में तल भूनकर जबरदस्ती खाने का क्यों प्रयास करते हो? क्या उसके बिना तुम बिल्कुल भी नहीं जी सकते ? माँस खाने वाले सारे प्राणी हिंसक होते हैं, वे आपस में मिलने पर भी एक–दूसरे से गुर्राते रहते हैं। शेर, चीता, कुत्ते, बिल्ली आदि बिना गुर्राये और लड़े बात नहीं करते जबकि इनसे बलशाली हाथी, गैंड़ा, ऊँट, घोड़ा, गाय, भैंस आदि आपस में मिलन पर शान्ति से पूँछ हिलाकर एक–दूसरे का अभिवादन करते हैं। यदि एक हाथी चाहे तो एक दिन में सारा का सारा गाँव नष्ट कर सकता है। एक गाय, भैंस तो इंसान को मिनटों में मार सकता है पर वे ऐसा बेमतलब नहीं करते। यानि माँसाहार का रास्ता हिंसा, मार–काट की तरफ जाता है जबकि शाकाहार का रास्ता अहिंसा और शान्ति की ओर जाता है।

माँस खाने वाला व्यक्ति जिसे वह खा रहा है उसके लिये वह साक्षात् काल ही तो है जो बेचारे अपना कसूर उससे पूछ तक नहीं सकते। ठीक है उन्होंने कुछ बड़ी गलतियाँ कीं होंगी अपने प्रारब्ध में, तो कम से कम अब तुम तो उन पर जुल्म करके गलती की शरूआत न

करो जब तक कि वो तुम्हें कोई नुकसान न पहुँचायें पर अफसोस का विषय है कि मनुष्य अपने घमण्ड का नाश करने के बदले, जो उसके और परमात्मा के बीच असली रूकावट है परमात्मा की रचना **(जीवों)** का विनाश करता है, वह मनुष्य के बनाये मंदिरों–मस्जिदों–गुरूद्वारों– गिरजाघरों की सुरक्षा करता हैं, पर स्वयं परमात्मा के बनाये मंदिरों **(जीवों)** का संहार करता है और फिर आश्चर्य तो यह है कि वह अपने को धर्म का रखवाला मानता है। अपने को पुजारी कहलाने वाले कितने लोग धर्म के नाम पर पशुओं का बलिदान चढ़ाते हैं। जान लो तुम प्रकृति से छेड़छाड़ करके बेहिसाब हिंसा का मार्ग पकड़े हो जो तुम्हारे दुःख की कहीं न कहीं वजह बनकर बैठा है। लोग माँस खाने को जायज साबित करने के लिये धर्म–ग्रन्थों के हवाले देते हैं। इसमें दोष धर्म– ग्रन्थों का नही, दोष धर्म– ग्रन्थों के मन–मर्जी के अर्थ करने वालों का है। अगर जीव–हत्या करना धर्म है तो फिर अधर्म क्या है और अगर जीव हत्या करने वाले लोग धर्मात्मा या मुनिवर होते हैं तो फिर कसाई की क्या परिभाषा है। जब सभी धर्म– शास्त्रों में कहा गया है कि सभी जीवों में एक ही खुदा का नूर है तो फिर लोग अपनी जुबान के स्वाद के लिये जीवों के गले काटना और धार्मिक जगहों पर बेजुबान जीवों की बलि चढ़ाने को उचित केसे कह सकते हैं आपने तो यहाँ तक कि हिन्दू माँसाहारी लोगों के मुँह से अक्सर यह कहते जरूर सुना होगा कि हम तो मंगलवार के दिन अण्डा–मीट–मच्छी छूते तक नहीं, क्योंकि मंगलवार हनुमान जी का दिन है, अरे वाह! अगर मंगलवार हनुमानजी का दिन है तो बाकी के दिन क्या आपके पिताजी ने बनाये और अगर सारे दिन भगवान के ही हैं तो बेईमान तुम तो फिर भगवान में ही आपस में झगड़ा करवा दोगे कि हनुमान जी सबसे बड़े हैं और बुद्ध– गुरू–शुक्र–शनि–रवि–सोम इनसे छोटे इसीलिये हनुमान जी के दिन से ही सबको डरना चाहिए। फिर तुम पूछते हो कि माँस–खाना, शराब– पीना अच्छा है या बुरा? देखो कसौटी भीतर है अगर माँसाहार से तुम्हारा परमात्मा में ध्यान बढ़ता हो तो अच्छा है और यदि माँसाहार से ईश्वर के ध्यान में बाधा आती हो तो बुरा है। फिर तुम कहते हो कि मुहम्मद तो माँसाहार करते थे, क्राईस्ट तो माँसाहार करते थे फिर भी परमात्मा को उपलब्ध हुये– अब बाहर से बहाने मत खोजो, ये बहाना है माँसाहार करना चाहते होगे तो बहाना खोज रहे हो कि मुहम्मद पहुँच गये तो में क्या नहीं पहुँच पाऊँगा? इस तरह अपने को समझाओ मत, परखो, प्रयोग

करो, प्रयोग के पक्षपाती बनो, तुम्हारा जीवन ही निर्धारक होगा। तुम अगर पाओ कि माँसाहार करने से चित्त शान्त होता है, क्रोध कम हो जाता है, हिंसा कम हो जाती है, ईर्ष्या कम हो जाती है, अहंकार कम हो जाता है तो फिक्र छोड़ो शाकाहारियों की, तुम माँसाहार ही करो और तुम अगर पाओ कि माँसाहार करने से द्वेष बढ़ता है, घृणा बढ़ती है, कामोत्तेजना बढ़ती है, जीवन में गलत उत्पन्न होता है, जीवन के सम्बन्ध विषाक्त होते हैं तो फिक्र अवश्य करो अपनी तुम जरूर पाओगे कि माँसाहार करने से अड़चन आती ही है। ऐसा नहीं कि माँसाहार करने वाला खुदा को प्राप्त नहीं हो सकता। प्राप्त हो सकता है लेकिन ऐसे समझो कि कोई आदमी पहाड़ पर चढ़ रहा है और गले से एक भारी पत्थर बाँधे है, चढ़ सकता है ऐसी कोई अड़चन नहीं है, कोई असम्भव नहीं हो गई बात। पत्थर–बाँध कर भी कोई चढ़ सकता है तो इसका मतलब तुम भी पत्थर बाँध के चढ़ो, यह तो कोई तर्क न हुआ। अपना ही तो बोझ चढ़ा लो फिर पत्थर और किसलिये बाँधते हो। रहा होगा कोई क्राइस्ट जैसा कि छाती पर पत्थर तुड़वा लिये होंगे लेकिन तुम्हारे पास वैसी छाती है, पत्थर शायद ही टूटें, छाती जरूर टूट जायेगी। हो सकता है मुहम्मद के समय शाकाहार जैसी व्यवस्थाओं में कुछ समस्यायें रहीं हों शायद वक्त की नजाकतता को देखते हुये उन्हैं अपनेआप को उस परिस्थिति में ढालना उचित लगा हो। फिर व्यक्ति–व्यक्ति के व्यक्तित्व अलग–अलग हैं, उनके पिछले जन्मों के साथ आये सत्संगों– साधनाओं की कमाई भी अलग–अलग है। अब अष्टावक्र का शरीर आठ जगह से टेढ़ा था, कहीं न कहीं ऊँट जैसे रहे होंगे तभी तो उनका नाम अष्टवक्र पड़ा, पर तुम अपने शरीर को आठ जगह से टेढ़ा तो न करो। ऐसा नहीं कि अष्टा– वक्र नहीं पहुँचे, जरूर पहुँचे होंगे, मगर ये फिजूल की झंझट किसलिए लेनी है, फले–चंगे पहुँच सकते हो, तो आठ जगह से शरीर तिरछा क्यों कर रहे हो। जहाँ आसानी से पहुँचा जा सके, वहाँ व्यर्थ की बाधायें क्यों खड़ी करना। शराब पीने वाले भी पहुँच जाते हैं, इससे शराब पीने मत लग जाना। शराब पीने वाला पहुँचता है, शराब पीने के कारण नहीं, शराब पीने के बावजूद। माँसाहारी भी पहुँचता है, माँसाहार

के कारण नहीं, माँसाहार के बावजूद! अष्टावक्र भी पहुँचते हैं, आठ जगह से टेढ़े होने के कारण नहीं, आठ जगह से टेढ़े होने के बावजूद! आठ जगह से टेढ़े हाने के कारण तो हजार तरह की अड़चनें आतीं हीं हैं, तुम सौभाग्यशाली हो अगर उन अड़चनों से बच जाओ। ऐसा नहीं कि जिसने माँसाहार खाया वो पहुँच ही नहीं सकता, नहीं तो रामकृष्ण परमहंस भी नहीं पहुँचेंगे क्योंकि बंगाली घर में मछली तो चलेगी ही, बिना मछली के कहीं बंगाली का भोजन होता है। फिर तो बहुत कम लोग पहुँचेंगे, सारी पृथ्वी तो लगभग माँसाहारियो से भरी पड़ी है लेकिन तुम तकदीर वाले हो अगर शाकाहारी होने की सुविधा हो क्योंकि शाकाहार तुम्हारी देह को निर्मल रखेगा, मन को ताजा और स्वच्छ रखेगा, शाकाहार तुम्हें हल्का–फुल्का रखेगा ताकि परमात्मा की यात्रा में तुम भारी न हो सको। ध्यान रखो क्योंकि तुम जो भी कर रहे हो उसके परिणाम **(रिजल्ट)** हैं। एक आदमी है, किसी पशु की हत्या करके भोजन कर रहा है, ये भोजन बहुत महँगा हो गया। पशु की हत्या करने में इसे कठोर तो हो ही जाना पड़ेगा फिर चाहे कोई और इसके लिये करे, इसे पता तो है ही कि ये हत्या मेरे लिये की जा रही है, एक प्राण नष्ट किया जा रहा है, एक देह खण्डित की जा रही है। तुम कर पा रहे हो सिर्फ भोजन के लिए और जबकि भोजन और ढ़ंग से भी हो सकता था, जरूरी नहीं थी ये हत्या, ये बचायी जा सकती थी। तो तुम कठोर हो रहे हो, अब इस कठोर हृदय में करूणा केसे पैदा होगी। ये ऐसा ही हो गया कि झरने के मार्ग में चट्टान रख दी हो, कभी-कभी झरना चट्टान को तोड़कर भी बह आता है, ऐसा ही मुहम्मद में हुआ होगा–झरना चट्टान को तोड़कर बह आया लेकिन सदा ऐसा नहीं होगा। मुहम्मद के कई जन्मों की साधनाओं का झरना बड़ा रहा होगा, छोटी–मोटी चट्टान की परवाह नहीं की। अब कौन जाने तुम्हारा झरना कितना बड़ा है, हो सकता है छोटा–मोटा झरना हो पत्थर रोक ही दे सदा को, झरना बंद ही रह जाये बहे ना, पहुँचे न परमात्मा के सागर तक?

यद्यपि इंसानी तन नये अच्छे–बुरे–भक्ति वाले कर्मों के निर्माण के गुण की योग्यता रखने के कारण प्रभु भक्ति वाले विशेष कर्म करके प्रभु को पाने का हकदार हो सकता है जबकी इसके नीचे के सारे प्राणी अपना कोई भी नया अच्छा–बुरा–भक्ति वाला कर्म ना बना पाने के कारण प्रभु की प्राप्ति से वंचित हैं, उनके शरीर में परमात्मा से मिलने

का रास्ता मालिक ने नहीं रखा है, जब कभी उनके प्रारब्ध कर्मों के भोग फल पूरे हो जायेंगे और उन्हें मनुष्य जामा नसीब होगा तभी वे ईश्वर से मिलने की काबिलियत रख सकेंगे, इसीलिये कभी भी वे भगवान की तलाश नहीं करते और ना ही इसकी कोई जरूरत समझते हैं और न इसकी परवाह करते, उनकी कोई इच्छायें भी नहीं होतीं तभी तो वे मंदिरों मस्जिदों –गिरजाघर–गुरूद्वारों के सामने कभी भी अपना सिर नहीं झुकाते यहाँ तक कि चींटियाँ–चमगादड़ –चूहा उनके सिर पर बैठकर अपनी गंदगी और फैलाने का काम करते रहते हैं क्योंकि उनके पास मनुष्य की तरह सभ्यता और तमीज नहीं होती। वे जहाँ बैठते हैं वहीं टट्टी–पेशाब करते और उसी जगह बैठकर खाते–पीते भी रहते हैं। तुमने तो अपने जीवनकाल में अपने होशो–हवाश में कभी आज तक पेशाब करते वक्त एक बिस्कुट का छोटा सा टुकड़ा तक ना खाया होगा और तो और पशु– पक्षी अपने बड़े–बुजर्गों के सामने बेपर्दा यानि नंगे घूमते रहते हैं और सारीं मान–मर्यादाओं को ताक पर रखकर बाप–बेटी, माँ–बेटा, भाई– बहिन, सास–बहू, सास–दामाद, नाती–पोते सब आपस में एक–दूसरे से सभी के सामने सम्भोग करते रहते हैं अर्थात् तमीज और सभ्यता के बलबूते ही मनुष्य शरीर का स्थान इन सब से सदा ऊँचा रहा है। इस प्रकार से तो अब आप अच्छी तरीके से समझ ही चुके होंगे कि मनुष्य को छोड़कर सृष्टि के सारे जीव अच्छे-बुरे–भक्ति वाले कोई कर्म नहीं करते हैं, वे तो सिर्फ और सिर्फ अपने पूर्व जन्मों के बुरे कर्मों की सजा को भोगते रहते हैं मतलब न तो वे अपने आप की अक्ल से किसी भूखे को रोटी व प्यासे को पानी पिलाकर परोपकार जैसा कोई **'अच्छा–कार्य'** करते, न ही वे किसी की निंदा–बुराई–चुगली और नाहक ही किसी को तंग करने जैसा कोई **'बुरा–काम'** करते और न ही वे भगवान से मिलने की चाहत जैसा कोई **'भक्ति रूपी कर्म'** करते हैं? अर्थात् कर्मों के आपसी लेन–देन के कारण ही संसार का हर प्राणी अपने जन्म स्थान से दूर–दूर तक यहाँ तक की सात समुन्दर पार तक अपना कर्म हिसाब चुकाने या वसूलने के लिये चला जाता है तभी तो तुम्हारी कहीं जन्मभूमि, तो कहीं कर्मभूमि, तो कहीं मृत्युभूमि बनती रहती है इस पर कबीर साहेब कहते हैं –

**"कबीर कमाई आपनी, कभऊँ न निष्फल जाय
सात समुन्द्र आड़ा पड़े, मिले अगाड़ी आय"**

कि हे मनुष्य जो तुमने अपने जीवन में अच्छे–बुरे–भक्ति वाले कर्मों की कमाई की है तुम्हारी वह कमाई कभी बेकार नहीं जायेगी फिर चाहे तुम सात जन्म ले लो और फिर चाहे सात समुद्र पार करके चले जाओ तब पर भी तुम्हारी वह कमाई तुम्हारे पहुँचने से पहले तुमसे आगे खड़ी होकर तुम्हारा इंतजार कर रही होगी। इस तरह नाना प्रकार के जीव-जन्तुओं, नाना प्रकार के लोगों से आपस के कर्म रूपी कर्ज का हमेशा आदान–प्रदान होता रहता है– कभी मवेशी तुम्हारे लहलहाते खेतों को उजाड़ देते हैं, तो कभी तुम हरे–भरे पेड़ों को काट देते हो, तो कहीं कॉकरोच–दीमक–चींटी–चूहे आदि तुम्हारी कीमती चीजों को खा जाते हैं, तो कभी कोई जानवर तुम्हैं चोटिल कर देता है, तो कहीं शौक के लिये आजाद पक्षियों को पिंजड़े में पालने की सजा देते हो, तो कभी साँप–बिच्छू–छिपकली से डर जाते हो, तो कहीं तुम उन्हैं मार डालते हो, तो कभी तुम्हैं कोई पागल कुत्ता काट लेता है। तो कहीं दूसरे गाँवों–शहरों में जाकर अनायश ही अजनबी लोगों से रिश्ते–नाते बना लेते हो, तो कभी रोजगार की तलाश में मिलों दूर परदेश निकल जाते हो। कभी–कभी तो तुम्हैं किसी अपरिचित को देखकर दया आ जाती है और तुम बिना किसी स्वार्थ के उसकी मदद कर बैठते हो, तो कभी किसी को देखकर अकारण ही तुम्हैं परेशानी और घबराहट हाने लगती है उदाहरणार्थ जब कभी रेल के जरनल डिब्बे या सिटी बस से यात्रा करते समय तुम अपनी जगह या सीट किसी अनजान स्वस्थ महिला–वृद्ध –बच्चे को उसकी बिना मदद माँगे उसके कष्टों के बोझ को अपने ऊपर उठाकर खुशी महसूस करते हो और कभी सड़क या प्लेटफार्म पर पड़े हाथ-पैर कटे भिखारी–कोढ़ी–अन्धे की चीख– पुकार सुन कर भी तुम उसे मुड़कर भी नहीं देखते यानि जो बिना किसी की मदद के अपना काम आसानी से कर सकते हैं उस पर तुम ध्यान लगाते हो और जिसे वास्तव में तुम्हारी दया की जरूरत है उसे तुम अनदेखा करते हो ये तो तुम्हारे सब अनीतिगत कार्य हुये पर क्या करोगे ईश्वरीय विधान पर तुम विवश हो क्योंकि इंसान को दया और दुत्कार उसके कर्मों पर ही भगवान के द्वारा बख्शी जाती है फिर दूसरी तरफ देखें तो कभी किसी अनाथालय से गोद लिया बच्चा तुम्हारी पूरी जायजाद का वारिस हो जाता है, तो कभी तुम अपनी बेवफा– आवारा औलादों से तंग आकर उन्हैं अपनी सारी सम्पत्ति से हमेशा–हमेशा के लिये बेदख़ल कर देते हो, तो कभी अपने **बूढ़े माँ–बाप** की **आखरी साँसों** तक **श्रवण कुमार जैसा**

पुत्र बनकर जी–जान से सेवा करते हो, तो कभी कोई झगड़ालू अत्याचारी बहु ससुराल में आग लगाकर आत्म हत्या का प्रयास करके मजिस्ट्रेट के सामने झूठा बयान देकर अपने निर्दोष पति–सास–ससुर– देवर–ननद को आजीवन कारावास करवाकर दुनिया से चली जाती है, तो कभी गैर जाति में प्रेम विवाह के कारण लोग अपनी झूठी शान में नाक के सवाल के लिये प्रेमी युगल की बेरहमी से हत्या कर डालते हैं।

फिर से यहाँ हमें एक बार गौर करने की बेहद आवश्यकता है कि इंसानी आत्महत्या और हत्या करना एक सबसे बड़ा महापाप है जिसका महादण्ड भोगने के लिये तुम्हें अनन्त काल तक भटकना पड़ेगा, चूँकि मनुष्य का चोला सिर्फ तुम्हें परमात्मा को पाने के लिये ही सौंपा गया है और तुम इसे बिना सोचे–समझे अपनी मूढ़ता से नष्ट करके सीधा–सीधा भगवान से शत्रुता कर रह हो जिसमें तुम्हारी हर हाल में दुर्गति होना सुनिश्चित है, तुम्हें इस कायराना हरकत करने की वो कड़ी से कड़ी सजा दी जायेगी जिसका हिसाब अदा करने के लिये तुम्हें करोडों करोड़ बार चौरासी लाख जेलखानों में अनन्त काल के लिये सड़ाया जायेगा और अन्ततः घिस–पिट कर मनुष्य देह के अवसर को तरसना पड़ेगा ताकि तुम परमात्मा की दरगाह में पेश होने के लायक बन सको पर तुम ऐसा नहीं करते और प्रतिदिन पाप के संचित बैंक में इन दुष्कर्मों को निरंतर जमा करते चले जाते हो और फिर तुम अपने इन पाप कार्यों को तर्क पूर्ण ढ़ंग से सिद्ध करने की कोशिश करते हो कि अनाज के दाने में भी तो रूह (**आत्मा**) होती है तभी तो अनाज का दाना पौधा बन जाता जिसे हम आयेदिन खाते रहते हैं जिसके जीवन की हत्या करते हैं तो फिर हम बिना हत्या किये आखिर केसे जीयें? देखो दुनिया में न केवल जल में बल्कि थल में भी जीवों को जीव खा रहे हैं! चूँकि प्रकृति ने कुछ ऐसा प्रबंध किया है कि जीव-जीव को खाता है, जहाँ ऐसा कानून हो वहाँ अमन–चैन केसे ? आलोचक कहता है कि जब प्राकृतिक नियम ही ऐसा है कि जीव–जीव को खाये तो फिर माँस खाने से क्यों मना किया जाता है जैसे एक सड़कछाप भिखारी और एक राष्ट्रपति को थप्पड़ मारने की सजा में अन्तर होता है इसी तरह जीवों की ताकत के अनुसार हमें उनके मारने का पाप जरूर लगता है–एक मनुष्य

को मारने का जो महाअपराध है, वो गधे या घोड़े को मारने का नहीं, जो गधा–घोड़ा को मारने का पाप है, वो बकरा–मुर्गा की जान लेने का नहीं, जा बकरा–मुर्गा को मारने का पाप है, वो मछली या मेढ़कों को मारने का नहीं, जो मछली–मेढ़क को मारने का पाप है, वो कीट या पतंगों को मारने का नहीं, जो कीट–पतंगों को मारने का पाप है, वो चींटी या मच्छरों को मारने का नहीं, जो चींटी–मच्छर को मारने का पाप है, वो खीरा–खरबूजा–बैंगन–भिण्डी तोड़ने का नहीं, जो खीरा–खरबूजा काटने का पाप है, वो अनाज–दाल–चावल खाने का नहीं अर्थात् अनाज–दाल–चावल में ना के बराबर जीने के तत्व हैं इसीलिये इन्हैं खाने से कम से कम पाप का बोझ उठाना पड़ता है। जहाँ इस तरीके के जुल्म व सितम के नियम हों तब तो हमें वहाँ से कम से कम पापो का बोझ उठा कर दुनिया में निर्वाह कर लेना चाहिए और इस चौरासी लाख योनियों की भूल–भुलैया से निकल लेना चाहिए क्योंकि मनुष्य शरीर में ही हमें निकलने का यह अवसर मिला है कि अपनी आत्मा को किसी सन्त के मार्गदर्शन में जीते– जी परमात्मा में विलीन कर लें। तुम्हें खबर नहीं कि यह तुम्हारा देश नहीं। यह देश तो काल और माया का देश है। तुम्हारा देश तो सतलोक है। चॅूकि तुम्हैं यहाँ एक बात और अच्छी तरह समझ लेना है कि तुम जिस लोक में रहते हो वहाँ पाप करने से तो तुम पूरी तरह किसी भी कीमत पर अपने आप पर नियंत्रण रख कर एक पल के लिये भी नहीं बच सकते। एक किसान फसलों पर खतरनाक जहरीले कीटनाशकों से छिड़काव करके असंख्य कीटों को मारकर बाजार में मनुष्य के लिये खाने योग्य अन्न–फल–शाक–सब्जियाँ आदि ला पाता है जिन्हैं हमें रोज शरीर को चलाने के लिये खाना पड़ता है, साथ ही साथ तमाम जानलेवा रोगों से मनुष्य शरीर को बचाने के लिये कई प्रकार की दवाईयाँ व ऑपरेशन अनगिनत मेंढ़कों–खरगोशों–गलहरियों–चूहों– बिल्लियों–बंदरों–घोड़ों आदि की कुर्बानियों पर प्रयोग के बाद ही मानव शरीर पर सफल हो पाते हैं। यहाँ तक कि तुम्हारे साँस लेने, चलने– फिरने, काम–काज करने मात्र में लाखों–करोड़ों कीटाणु हर क्षण मारे जाते हैं पर उनका मरना स्वभाविक और पाप नगण्य है। तुम्हैं जानबूझ कर बड़े पाप नहीं करना चाहिए। जब पाप किये बिना तुम यहाँ एक सेकण्ड भी नहीं रह सकते तो तुम्हें छोटे से छोटे पाप को चुनना चाहिए। जब तुम्हारे सामने शाक–सब्जी की व्यवस्था है तो फिर तुम माँस

–मच्छी अण्डा क्यों खाते जिसके लिये तुम्हैं ज्यादा पाप ढ़ोना पड़ता है। जब तुम्हारे सामने दो बुराईयाँ आ जायें तो छोटी बुराई चुनने में ही बुद्धिमानी है– मान लो अति तीव्र गति से चलती एक ट्रेन के सामने रेल–पटरियों पर अचानक से एक छोटा पाँच साल का बच्चा आ जाये और उस ट्रेन में एक हजार यात्री बैठे हैं यदि ट्रेन ड्राईवर बच्चे की जान बचाता तो उसके साथ एक हजार यात्री मारे जायेंगें और यदि वो यात्रियों को बचाता तो बच्चा मारा जायेगा। तब तो ऐसी स्थिति में ड्राईवर को बच्चे पर गाड़ी चढ़ाकर छोटी ही बुराई चुन लेनी चाहिये। फिर तुम्हारे सामने तुम्हैं डसने के लिये एक जहरीला नाग आ जाता है तो तुम्हैं भी उसे मार कर मानव देह बचानी चाहिये। इसी तरह मान लो तुम्हारा ऐसे समुद्री टापू या रेगिस्तान में जन्म होता है जहाँ शाक–सब्जी– फसलें ही पैदा नहीं होती तो तुम्हें वहाँ के समुद्री जन्तु या रेगिस्तानी जानवरों आदि को खाकर ही मानव जीवन के अस्तित्व की रक्षा करनी चाहिए। इसके साथ–साथ परमात्मा की यात्रा पर निकलने वाल जिज्ञासु का उस राष्ट्र के संवैधानिक कानून का भी पूरा–पूरा पालन करने का अथक प्रयास करना चाहिये जिस राष्ट्र की धरती का वह नमक खाता हो यानि अन्न–जल–वायु ग्रहण करता हो ताकि वह ना के बराबर **(नगण्य)** कानूनी उल्लंघन पर माँफी काबिल बन कर परमात्मा प्राप्ति के अपने लक्ष्य में आगे बढ़ सके। वैसे तो किसी भी देश के कानून का प्रयोगात्मक रूप में शत–प्रतिशत पालन नही हो पाता है, अगर कानून का प्रैक्टिकल एप्रोच में **100** प्रतिशत पालन कराने–करने की कोशिश की जाये, तो सड़क पर चलने वाले **99** प्रतिशत वाहनों का पहिया वहीं का वहीं थम जायेगा। किसी की गाड़ी का धुँआ निकल रहा है, तो किसी का बीमा नहीं भरा, तो किसी का लाइसेंस नहीं है, तो कोई ओवरलोड गाड़ी है, किसी के पास हेलमेट नहीं है, तो कोई गाड़ी सर्वेऑफ हो गई है, तो किसी का साइड शीशा टूटा पड़ा है आदि तमाम मामूली सीं कमियों पर परिस्थितिनुसार ट्रेफिक पुलिस हिदायत देकर कभी–कभार माँफ करके छोड़ देती है इसी तरह दूसरी ओर यदि किसी सरकारी–प्राइवेट बस या रेल में कम से कम दूरी की यात्रा का न्यूनतम **किराया 10 रूपये** है अथवा किसी गवर्नमेंट –प्राइवेट हॉस्पिटल के बाह्य रोगी विभाग **(O.P.D)** में दिखाने का निर्धारित **पर्चा शुल्क 10 रूपये** लगता है लेकिन मान लो कार्यरत् कंडक्टर **(टिकट परीक्षक)** या पदस्थ चिकित्सक का वही यात्री अथवा मरीज एक ही थाली में खाने वाला बचपन का लंगोटिया यार है या कोई यात्री अथवा मरीज बेहद गरीब दशा में फटे– चिथड़े कपड़े पहने

उसके सामने यात्रा करने या ईलाज कराने के लिये आ खड़ा है, या कोई गुण्डा—माफिया टाइप का यात्री अथवा मरीज बिना रसीद के कंडक्टर या डॉक्टर को यात्रा करने अथवा चिकित्सा करने की धमकी देता है तो ऐसी कंडीशन में वह कार्यरत कंडक्टर अथवा पदस्थ चिकित्सक पहला प्रेमवश, दूसरा दयावश और तीसरा भयवश कानून को तोड़कर भी इन तीनों तरह के यात्रियों अथवा मरीजों को निःस्वार्थ भावना से विवश होकर ही सही पर यात्रा या इलाज में सहयोग कर सकता है जिसका उपरोक्त कर्मचारी —अधिकारी पर न के बराबर **(नगण्य)** पाप करने का असर होता है जो माँफी काबिल हो सकता है किन्तु इन नगण्य गलतियों से बड़े पाप करना देशहित में तुम्हारी गद्दारी होगी जो क्षमा योग्य नहीं मानी जायेगी।

फिर तुम आत्महत्या अथवा आत्मदाह जैसा दुस्साहसिक कदम संसार से ऊब जाने के कारण बिना सोचे— विचारे उठा लेते हो कि लोग तुम्हैं ना पहचान सके कि तुम भी कुछ थे? जो एक हत्या से भी बड़ा घिनौना कृत्य है। तुम किसी पर खरा नहीं उतर पाये या तुम्हारे तरीके को, तुम्हारी भावनाओं को, तुम्हारे कार्यों को, तुम्हारी मेहनत को, तुम्हारी ईमानदारी को लोग ना जान सके या तुमसे कोई जानबूझकर या किसी धोखे में या उत्तेजना में या किसी के प्यार में या लालच में या किसी माँग को लेकर जिद्द में   या किसी के बहकावे में कोई बड़ी गलती हो गई तो समाज का, कानून का सामना करने की बजाय कि जग में क्या मुँह दिखायेंगे के डर—आवेश में ईश्वर की बनाई सबसे महत्वपूर्ण काया को खुद से खत्म कर लोगे, तुम्हारी ये मूर्खतापूर्ण हिम्मत, तुम्हें धोर नरकों में सजा भुगतना पड़ेगा। आत्महत्या ईश्वर के प्रति अपराध है और परिस्थिति कैसी भी क्यों न हो इसका तो विचार तक नहीं आना चाहिये। आप समझ लें कि जो भी कोई अपने वर्तमान जीवन की समस्याओं को हल करने के लिये आत्महत्या का सहारा लेता है, वह भविष्य में दुःख और पीड़ाभरे हजारों जन्मों की नींव उसी क्षण डाल देता है। एक कम उम्र की महिला, जिसके पति की हाल ही में मृत्यु हुई थी, दुःख में इतनी डूबी हुई थी कि उसने सद्गुरू से विनती की कि उसे उठा लें। उसने कहा, **'गुरू जी में मरना चाहती हूँ** सद्गुरू ने जबाव दिया **' आपकी मौत क्या आपके उन कर्मों को खत्म कर देगी जिनकी वजह से ये दुःख आया है '**? नहीं। आपके वे कर्म दूसरे जन्म में भी साथ

जायेंगे। फिर कर्मों के इस कर्ज को अभी क्यों न चुका लिया जाये, बजाय इसके कि कर्मों के भारी कर्ज में एक और पाप सबसे बड़ा महापाप आत्महत्या जोड़ा जाये। सोचो जरा एक लूला–लंगड़ा–कुबड़ा–अंधा– गरीब– बीमार– भुखमरा व्यक्ति भी अपने घोर कष्टों को सहते हुये दूसरों के आसरे पर रहकर अपनी जिंदगी की जैसे–तैसे गुजर बसर करके अपनी अन्तिम साँस तक बहादुरी से जीने का पूरा प्रयास करता है और तुम स्वस्थ–सम्पन्न होकर भी जरा–जरा सी बातों के पीछे आत्महत्या जैसा कायराना कदम उठा लेते हो, थोड़ा सा अगर सब्र कर लेते तो समय बीतने के बाद तुम्है पता चल जाता कि अपने प्राण प्रिय इकलौते जवान पुत्र के मर जाने पर भी माँ–बाप समय के साथ–साथ बीते कल को भूलकर जी लेते हैं। अरे दुनिया में तो सात जन्म तक साथ निभाने की कसमें खाने वाले पति–पत्नि सारा जीवन एक–दूसरे को नहीं समझ पाते तो दुनिया तुम्है जानने में क्या खाक दिमाग लगायेगी और तुम उस चक्कर में चले गये जो इसी जग में तुम्हारे अन्दर मौजूद था, फिर तुम्हैं घूमफिर कर मानव शरीर में आने की प्रतीक्षा करनी पड़ेगी तभी तुम उस अजर–अमर–अविनाशी तत्व को जान पाओगे। जिससे तुम्हारा सदा– सदा के लिये उद्धार हो सकेगा। अच्छा! तो ऐसा मानव शरीर में क्या रहस्य है जिसके बखान वेद–पुराण–गीता–कुरान–बाइबल–गुरूग्रन्थसाहब आदि पवित्र धार्मिक ग्रन्थों में जमा हैं? यहाँ तक कि हजारों बेकसूरों का कत्ल करने वाले खूँखार आतंकवादी– अपराधी को सर्वोच्च न्यायालय के मृत्युदण्ड के अन्तिम फैसले के बाद भी अपनी **'मानव देह '** बचाने के लिये राष्ट्र के स्वामी राष्ट्रपति के समक्ष दया याचिका का एक स्वर्णिम अवसर दिया जाता है। तुम्हें नहीं पता कि तुम जिस मानव शरीर में आये हो वही उस परवरदिगार की अन्तिम सर्वश्रेष्ठ रचना है, यह परमात्मा द्वारा बनाया गया जगत का सबसे बड़ा महामंदिर है जिसमें स्वयं परमात्मा के साक्षात् दर्शन हो सकते हैं। चौरासी लाख योनियों में सर्वश्रेष्ठ योनि मानव योनि है इस शरीर को ब्रह्माण्ड के सारे जीव चाहते हैं, क्यों चाहते हैं इसलिये कि केवल मानव शरीर से ही हम अपना आत्म कल्याण कर सकते है–ये मानव शरीर इतना महत्वपूर्ण तो जरूर है किन्तु क्षणिक भी है, अगले क्षण का भरोसा नहीं। इसीलिये महापुरूषों ने बताया है कि –

"दो बातन को भूल मत, जो चाहत कल्याण,
नारायण एक मौत को, द्वजो श्री भगवान"

मनुष्य को सदा सर्वप्रथम मृत्यु को याद करना चाहिये, मृत्यु को याद करने से ही भगवान को याद करने की प्रवृत्ति बनेगी। मनुष्य लापरवाह है, पहले तो मानव देह मिलना ही दुर्लभ है फिर अगर करोड़ों मनुष्यों में किसी को ये सौभाग्य प्राप्त हो जाये कि उसे कोई परम सन्त मिल जाये और मनुष्य किस लिये संसार में आया है ये लक्ष्य और उसकी साधना समझा दे और समझ में भी आ जाये तो भी लापरवाही के कारण हम इतने बनाव बन जाने पर भी उस परम सत्ता को पाने से चूक जाते हैं अतएव मृत्यु को याद करने पर हमें ये सोचना पड़ेगा अगला क्षण मिले न मिले अतः उधार नहीं करना चाहिए और करना क्या है केवल हरि— गुरू से प्रेम, हरि तो प्राप्त नहीं है किन्तु गुरू प्राप्त है— हमारा अन्तिम लक्ष्य भगवत प्राप्ति है इसीलिये भगवत प्राप्ति के लिये गुरू के पास ही समर्पण करना होगा। तुम्हारा मन बिगड़ा हुआ है अनन्त जन्मों से, वह संसार में ही जाने का और संसार में ही सुख माँगने का आदि हो चुका है इसलिये इसको अपना शत्रु समझना चाहिये इसके बहकावे में नहीं आना चाहिए और जितना भी संसार से कम से कम सम्पर्क हो उतने में काम चल जाये जीवन जीने आदि का, उसके अतिरिक्त एक क्षण भी संसार को नही देना चाहिए और ये सोचना चाहिए कि आज का भी दिन चला गया ये खुशी का सवेरा नहीं हैं ये तो जितने सवेरा हमको मिलता जा रहा है वो सब सवेरे हमारे लिये ये आदेश दे रहे हैं कि जल्दी करो समय थोड़ा है इन सब बातों को मस्तिष्क में रखकर हमें दिनभर कर्मयोग करना चाहिए। तभी तो प्रत्येक धर्म के प्रकाण्ड विद्वान, सन्त, महात्मा, रसूल, दरवेश, सतगुरू मानव तन के महत्व पर बार— बार विस्तार पूर्वक व्याख्या करते रहे पर तुमने हमेशा उन्हैं अनसुना किया तो अब फिर कान खोल कर सुन लो—इस मानव देह में कई दरवाजे हैं जैसे दो आँखें, दो कान, दो नाक, एक मुख का सुराख व दो नीचे की इन्द्रियाँ आदि जो बाहर संसार की तरफ खुलते हैं जबकि दो आँखों के बीच भृकुटी **(भौंहों)** के मध्य एक गुप्त दरवाजा है जो बंद है जिसे तीसरा नेत्र या तीसरा तिल या दशम द्वार या हरि का द्वार **(हरिद्वार)** या मोक्ष द्वार कहते है जो सीधा परमात्मा की तरफ ऊपर की ओर खुलता है जिसका वर्णन धरती पर समय —समय पर आये महापुरूषों ने अपने—अपने ढंग से किया है। लेकिन हम कैसे मानें कि तीसरी आँख होती भी है—तो सोते वक्त बाहर की आँखें बंद हो जाने पर ही तो तीसरी आँख का अक्स नीचे की दुनिया में चले जाने से सपनों की नाटकशाला शुरू हो जाती है जिसमें तुम

कोई ना कोई पात्र बनकर अपनी भूमिका निभाते रहते हो। पर ये नेत्र ऊपर की दुनिया क्यों नहीं देख पाता जबकि तुम तो कहते हो कि परमात्मा कण–कण में है फिर ये ऊपर–नाचे का क्या चक्कर है? तो सुनो जब तक आपको अपने भक्ति कर्म से अलौकिक दृष्टि नहीं मिल जाती तब तक आप उस परम हस्ती को कण–कण में नहीं देख सकते और ऊपर की दुनिया देखने के लिये तुम्हैं होश में आना होगा जबकि नीचे के सारे नजारे बेहोशी में देखे जाते जो सही– गलत दोनों हो सकते हैं तभी तो तुम स्वप्न में कई बार ऐस गलत काम कर बैठते हो जिसको बताना मानव समाज में तुम्हें शर्मसार कर सकता है। तो जागने पर तो हमारा होश बना रहता है तब तीसरी आँख ऊपर के दिव्य मण्डलों को क्यों नहीं देख पाती? क्योंकि वो परमात्मा का मार्ग है जो बेहद जटिल, दुर्गम और कठिनाई भरा है, उसके लिये तुम्हें उस जिंदा व्यक्ति की तलाश करनी होगी जो इस रास्ते रोज आता–जाता हो इस रूहानी मार्ग का फाटक उस काबिल जानकार की कृपा और तुम्हारे नेक भक्ति कर्मों की पूँजी के बल पर ही खुल सकते हैं। हाँ जब कभी ये देखने में जरूर आता है कि समाज में किसी बच्चे या व्यक्ति में अचानक तीसरा नेत्र खुल जाने से उसे कुछ दिव्य चीजें दिखने लगतीं हैं जो सत्य साबित हो जाती हैं, ऐसी ही दृष्टि कभी–कभी जेम्स वॉट, न्यूटन, एडिसन, आइंस्टीन आदि जैसे विश्व वैज्ञानिकों में कहीं न कहीं उनके प्रारब्ध भक्ति कर्मों के फलस्वरूप लीक **(LEAK– रिसाव)** होने लग जाती हैं और वे चमत्कारिक भौतिक खोजें जगत के लिये कर डालते हैं किन्तु ऐसे विज्ञानियों के वर्तमान जीवन में उन्हैं परमात्मा की अधूरी पड़ी पिछले जन्मों से की गई यात्रा को आगे बढ़ाने वाला कोई आध्यात्मिक पूर्ण गुरू न मिल पाने के कारण उनकी खुली हुई अलौकिक दृष्टि धीरे–धीरे समय गुजरने के साथ–साथ स्वतः विलुप्त हो जाती है। पर हमें इस कठिन परमेश्वर के रास्ते पर चलने की क्या जरूरत है? हाँ जरूरत है ताकि तुम इस मायावी दुनिया के अस्थाई सुख– दुःख की बेड़ियों के कारण जन्म–मरण के चक्र से हमेशा–हमेशा के लिये छूट सको और यह आत्मा रूपी बूँद परमात्मा रूपी आनन्द के सागर में जाकर एक हो जाये जहाँ कभी काम–क्रोध–लोभ–मोह– अहंकार–ईष्या– इच्छा–बीमारी–दुःख–हानि–पराजय–अत्याचार–अपराध–जन्म–मृत्यु आदि का नामोनिशान तक नहीं होता। वहाँ सिर्फ सुख ही सुख, आनन्द ही आनन्द और शान्ति ही शान्ति है, इसी को मुक्ति या मोक्ष कहते हैं। किन्तु

हम हैं जो इस सांसारिक माया के जेलखाने में अनादि काल से अपने अच्छे–बुरे कर्मों की सजा काट रहे कैदी के रूप में बन्द हैं। यदि जेलों में जाकर कैदियों को कभी कोई व्यक्ति बिस्कुट–नमकीन–मिठाई –फलों आदि के खाद्य पैकेट बाँटता है, कोई कम्बल बाँटता है, कोई स्वास्थ शिविर लगाता है, कोई समाज सुधारक सत्कर्मों पर व्याख्यान देता है, कोई योग सिखाता है, कोई जादू दिखाता है, कोई धार्मिक कार्यक्रम कराता है, तो क्या वे कैदी कभी पूरी तरह खुश हो पायेंगे? हाँ कुछ वक्त के लिये मनोरंजन वश प्रफुल्लित तो हो सकते हैं पर उनका कारावास उन्हैं सदा दुःख पहुँचाता रहता है, वे तो तभी पूरी तरह से खुश हो पायेंगे जब कोई उन पर दया कर उनकी सजा माँफ करके उन्हैं सदा–सदा के लिये जेल से छुडवा दे। ठीक इसी तरह तुम्हारा हाल है तुम भी मालिक से बीच–बाच में सफलता–लाभ–नौकरी–सन्तान– सम्मान आदि पाकर तो प्रसन्न जरूर होते रहते हो पर असफलता–हानि –बेरोजगारी–अपमान आदि पाकर तुम्हैं हमेशा दुःख रूपी सजा का कष्ट बना रहता है, इसीलिये तुम्हें भी इस कैदखाने से हमेशा–हमेशा के लिये छूटने की आवश्यकता है तभी तुम्हें सच्चा सुख, परम स्थाई आनन्द मिल पायेगा। पर इस चौरासी के जेलखाने से मनुष्य को मुक्त करवाने के लिये वो महापुरुष कहाँ मिलेगा, हम उसे कैसे जानेंगे कि वो मुक्तिदाता है और हम उस पर कैसे भरोसा करें कि वहाँ तक ले जाने की उसकी ताकत या पकड़ है? जब बूँद सागर में घुल कर सागर हो जाती है तो वो बूँद रूपी महापुरुष सागर से एकीकार होकर परमात्मा का भौतिक देहधारी चिन्ह होता है जिसे तुम अपनी बुद्धि से कदापि नहीं पहचान सकते। वो तो बिजली के तार जैसा होता है जिसमें ईश्वर के पॉवर हाउस से आ रही सुपर हाई वोल्ट करंट रूपी ईश्वरी धारा बह रही होती है। यही वजह है कि वो देखने में तो विद्युत तार की तरह आम सा लगता है जो तुम्हारे व्यस्ततम लोगों की भीड़भाड़ में कहीं रहता है किन्तु तुम्हारे कर्मों पर उसकी क्षमा के और तुम्हारी उससे मिलने की तड़फ भक्ति के बिना उसकी दया तुम पर नहीं हो सकती। काश यदि तुम्हारे गुनाहों पर उसकी रहमत हो गई तो वो शक्तिशाली विद्युत तार अपनी महाशक्ति के करंट की अनुभूति तुम्हैं करा देगा और उसकी साधारण सी दिखने वाली शक्ल में तुम्हैं उस महापुरुष की महाशक्ति का बोध हा जायेगा। इसी को तड़प मार्ग या प्रेम मार्ग या भक्ति

मार्ग कहते हैं। ठीक उसी वक्त तुम्हारी सारी काम–क्रोध–लोभ– मोह–अहंकार रूपी इन्द्रियाँ धीरे–धीरे शान्त होना शुरू हो जायेंगी जिसे तुम अपने बल पर कभी नियंत्रित ही ना कर सके और बाहर की ओर खुलने वाले शरीर के सारे दरवाजों से मुड़कर मन अन्दर की ओर रस लेना प्रारम्भ कर देगा और तुम्हें परमानन्द का स्वाद मिलना चालू हो जायेगा। पर ये तुम्हारे अपने ज्ञान के बल पर कभी नहीं हो सकता। तुम्हारा ज्ञान ही तो तर्क–वितर्क करके तुम्हैं अहंकारित करता रहता है और अन्दर के वास्तविक सुखानन्द में जाने नहीं देता। जब तक तुम्हारी ज्ञानेन्द्रियाँ पूर्ण समर्पण नहीं करेंगी तब तक तुम बाहर के बाहर ही भटकते– परेशान होते रहोगे।

महाभारत काल में, ज्यों ही द्रोपदी को भरी सभा में दुशासन साड़ी खींचकर निर्वस्त्र **(नग्न)** करने लगा त्यों ही द्रोपदी साड़ी का छोर अपने दाँतों में जोर से दबाकर मन ही मन द्वारिकाधीश भगवान श्री कृष्ण को पुकारती रही–द्वारिकाधीश–द्वारिकाधीश– द्वारिकाधीश ? की प्रभु जो हैं आने का नाम ही नहीं लेते। जैसे ही दाँतों का बल छूटा कि द्वारिकाधीश वहाँ तुरंत आ पहुँचे और द्रौपदी की आबरू बचा ली। इस पर द्रोपदी नाराज होते हुये द्वारिकाधीश से बोली–आपने आखिर आने में यहाँ इतनी देर क्यों लगा दी, तब तक तो हमारी मर्यादा ही लुट जाती? देखो द्रोपदी तुम्हें जब पता है कि मैं तो कण–कण में मौजूद हूँ पर तुम हो जो मुझे द्वारिका पहुँचा दी, अब द्वारिका से आने में थोड़ा टाइम तो लग ही जाता! खैर–भगवान ने द्रोपदी को समझाया कि जब तक तुम्हैं अपने दाँतों के बल का अहंकार रहा तब तक में नहीं आ सकता था, जब तुम्हारे दाँतों का घमण्ड टूटा और तुमने पूर्ण सरेंडर **(समर्पण)** कर दिया तो में तत्काल तुम्हारे लिये प्रकट हो गया। समझ लो, जीवित सद्गुरु पाने के लिये तुम्हैं भी इसी तरह सरेंडर करके तड़पना होगा, तुम्हारे ज्ञान का अहंकार उसे एक क्षण के लिये भी नहीं बुला सकता ? जब तुम संसार की पहली कक्षा में **अ आ क ख ग** .... **ABCD**.................. शब्दों से लेकर **1 2 3 4**.................आदि अंकों को सीखते हो तब तुम कभी भी अपने शिक्षक से ये नहीं पूछते कि **गुरुजी अ या A या 1** की शक्ल जो आपने मुझे सिखायी है इन शक्लों को में क्यों मानूं और में जो इन सब की अपने ढ़ंग से दूसरे प्रकार की शक्लें बनाकर दिखा रहा हूँ उन्हैं आप क्यों नहीं मान लेते? पर आप ऐसा सवाल कभी खड़ा नहीं करते और शिक्षक के पाठक्रम की सारी बातों पर सरेंडर करके उन्हैं सीखकर भौतिक जगत की वस्तुओं का लाभ उठाकर आगे बढते रहते हो

किन्तु जब कोई परम पुरुष तुम्हैं परमात्मा के बारे में बताये तो तुम्हारा मन उनके वचनों पर सरेंडर करने की बजाय हजारों तर्क और विरोध शुरू कर देता है जिस कारण तुम उस परम आनन्दमयी सत्ता को पाने से बार–बार चूक जाते हो, जब तक तुम पूर्ण गुरू के समक्ष उनके वचनों पर अपना सम्पूर्ण समर्पण नहीं करोगे तब तक वह गुरू भी तुम्हारा उस परमपिता परमात्मा से सुलह नहीं करवा सकता? सोचो जरा! अगर तुम डॉक्टर–इंजीनियर–कलेक्टर–जज बनने का लक्ष्य बनाते हो तो तुम्हैं दो बातों का विशेष ध्यान रखना पड़ेगा– पहला अनुशासन यानि त्याग और दूसरा मेहनत यानि पढ़ाई अथवा दूसरे शब्दों में यदि तुम बीमार हो और तुम्हैं स्वस्थ होने की जरूरत है तो परहेज और दवा दोनों ही बातें माननी पड़ेंगी। इसी तरह तुम्हें केवल परमात्मा ही चाहिये तो उसकी तड़प और अपनी मेहनत–ईमानदारी की कमाई पर गुजारे का पालन करने तथा माँस–मदिरा से परहेज रखने के अनुशासन की जरूरत होगी अन्यथाः दूसरों की कमाई पर गुजर–बसर करने और नशा –माँस आदि के सेवन से उस महान् हस्ती के पट खुलना असम्भव हो सकता है ? संत रैदास जी **(रविदास)** न जीवन भर जूतियाँ गाँठ–गाँठ कर अपना भरण– पोषण किया, हाँलाकि राजा पीपा तथा मेवाड़ की महारानी मीराबाई आपके शिष्यों में से थे। एक बार मीराबाई एक कीमती हीरा जबरदस्ती आपकी झोपड़ी में छोड़ती हुई आपसे कह गयीं कि इसे बेचकर आराम से जिंदगीभर गुजारा करें। आप यह जो मोची का काम करके अपना निर्वाह करते हैं, इसके कारण मुझे लोगों के ताने सुनने पड़ते हैं और बड़ी शर्म महसूस होती है। पर काफी समय के बाद वह जब फिर अपने गुरूदेव से मिलने आयी तो देखा कि वही झोपड़ी है और वैसे ही जूते–चप्पल सिलने का काम जारी है, हीरा वहीं का वहीं पड़ा था जहाँ पर रख गईं थीं। उसे हैरान और दुःखी देकर रविदास जी ने कहा कि बेटी–मुझे जो कुछ भी मिला है, जूतियाँ गाँठ–गाँठ कर गुजारा करते हुये ही मिला है, अगर तुझे मेरे पास आने में बेज्जती लगती है तो घर बैठे ही भजन –सिमरन कर लिया कर। इसी तरह संत नामदेव जी ने सारी उम्र कपड़े सिलकर दर्जी का काम करके अपना व अपने परिवार का गुजारा किया। तो संत कबीर भी बुनकर **(जुलाहा)** का काम करके अपना भरण – पोषण किये। फिर तुम कहोगे कि बुद्ध के पास तो सब कुछ था फिर उन्हैं सन्यास लेकर दूसरों की भिक्षा पर निर्भर होकर अपनी आजीविका चलाने की क्या जरूरत पड़ गई ? अब तुम्हें क्या पता कि उनके पूर्व जन्मों के कर्मों का लोगों से कितना लेन– देन बचा था ? जब भी कोई

महापुरूष को अपनी देहिक जीविका चलाने के लिये दूसरों पर आश्रित होना पड़ जाये तो समझ लेना कि जरूर उनके प्रारब्धों का कुछ बाकी लेन-देन था जो उन्हैं मुक्ति से पहले इस तरह हिसाब खत्म करके जाना पड़ गया। इसके अलावा यहाँ एक बात और ठीक से समझ लें कि मेहनत-ईमानदारी की कमाई पर गुजारा ना करने से तुम्हें पराया अन्न खाना पड़ जायेगा तो पैसा चढ़ाने वाले और माथा टेकने वाले तुम्हारे अन्दर की दौलत (शक्ति) लूट ले जायेगें यानि उनके कर्जों को चुकाते-चुकाते अन्दर का रूहानी मार्ग बंद हो जाने से फिर तुम बाहर सड़क पर लौट आओगे और फिर दोबारा इस जनम में अन्दर आध्यात्मिक मार्ग पर जा पाना बहुत ही मुश्किल को जायेगा। यद्यपि अन्दर के रूहानी दरवाजे खुलते ही तुममें परमात्मा की अपार शक्ति का संचार होना शुरू हो जाता है अगर तुम चाहो तो दिन को रात और रात को दिन कर सकते हो। कई लोग अधूरा गुरू पाकर इन ताकतों का प्रयोग संसार में करने लगते हैं और चमत्कार दिखाकर कोई निः संतान को संतान दे देता है, तो कोई ना ठीक होने वाले रोगों को जड़ से मिटाने लगता है जिसका पूरा गुरू बिल्कुल भी आदेश नहीं देता वरना वह मालिक ऐसा करने पर आधे रास्ते से ही इस आध्यात्मिक यात्रा पर रोक लगा देता है। हाँ चमत्कार सिर्फ उन पर किये जायेंगे जिन-जिन आत्माओं को इस भौतिक जेल-खाने से छुड़ाने का हुक्म है, तभी तो धरती पर अवतरित हुये समय- समय पर ऐसे पूर्ण सन्तों ने जगह-जगह जाकर चमत्कार तो किये पर हर जगह इन चमत्कारों को दिखाने पर पाबंदी रखी।

दूसरा यहाँ मेहनत की कमाई से आशय ये नहीं कि तुम भ्रष्ट-चोर-अपराधी-जुआरी आदि बनकर अपना पेट पालो। चोरी-जुआरी आदि से पेट पालने में जो भारी कष्ट उठाने पड़ते है, चोर-जिुआरी को रात में जगकर, अपनी जान जोखिम में डालकर लोगों की मार -पीट और अपमान सह कर जो कड़ी मशक्कत और मेहनत करनी पड़ती है शायद ही इतनी कठिनाई किसी और पेशेवर को उठानी पड़ती हो लेकिन इस प्रकरण में एक पक्ष को नुकसान और दूसरे पक्ष को फायदा पहुँचता है जिस वजह से मनुष्य के कर्म खाते में ऐसे अनीतिगत कार्य पापों के रूप में संचय होते जाते हैं। अतः ईमानदारी एवं परिश्रम से भरण-पोषण करने वाले वे सारे कानूनन कार्य जिनको करने से दोनों पक्षों को न्यायिक लाभ होता है मेहनत के कार्य कहलाते हैं। इस प्रकार रोजी-रोटी

कमाने के हजार रास्ते हो सकते हैं। तो फिर क्या जरूरत कि तुम कसाई या जल्लाद बनकर अपना पेट भरो? क्यों न तुम कम से कम होने वाले पापों के पेशे को चुनकर अपना जीवन यापन करो? किसी ने सही कहा है कि—

"जीव है फिर उसे जीने की जीविका तो चाहिए, और जीविका ही नहीं, तो फिर जीव केसे जीना चाहिए"

आखिर पेट की जुगाड़ तो तुम्हें जीने के लिये करना ही पड़ेगा जो तुम्हारे जीवन की मूलभूत आवश्यकता है—किसी का घर द्वार ना हो—चलेगा, किसी की शादी ना हो—चलेगा, किसी के औलाद ना हो—चलेगा पर खाने की जुगाड़ ना हो तो जीना बेकार हो जायेगा, तभी तो लागों के पास सुन्दर, स्वस्थ बीबी—बच्चे होने के बावजूद खाने की तंगी जीवन को बर्बाद कर देती है और वे आगे का जीवन चलाने में असमर्थ होने के कारण अपनी जीवन लीला समाप्त कर लेते हैं। आपने देखा होगा कि दुनिया में सबसे ज्यादा खून खराबा जीविका को लेकर होता है और ज्यादातर मुकद्मे जीविका को लेकर ही कोर्ट—कचहरी में चल रहे हैं। यहाँ तक कि एक माँ—बाप अपने एक बेटे को बड़े ही लाड़—प्यार से पालते—पोषते —पढ़ाते—लिखाते हैं और जब बड़ा होकर वही बेटा करने कमाने लायक होने लगता है इसके बाद भी वह कुछ धन्धा-पानी न करके सिर्फ पिताजी के होटल **(कमाई)** पर पड़ा—पड़ा फ्री की रोटी तोड़ता रहे तो उसी तरह वह बाप लात मार कर अपने बेटे को घर से बाहर निकाल देता है जिस तरह कोई गाय अपने बछड़े को लाड़—दुलार—पुचकार के बड़े ही प्यार से दूध तो पिलाती है किन्तु जब बछड़ा बड़ा होकर जवान हो जाता है और फिर वह अपनी माँ के थनों **(स्तनों)** पर मुँह लगाने लगता तो वही प्यारी गाय माता उसे लात मार कर भगा देती है कि हट नालायक शर्म कर कम से कम अब तो अपना चरना—खाना सीख। इसीलिये मेहनत—ईमानदारी की जीविका अन्दर की रूहानी चढ़ाई में तुम्हें बहुत बरकत देगी। जहाँ तक गुरू की बात है तो गुरू तो तुम्हें आजीवन मिलते रहे पर सच्चा गुरू एक भी ना मिला जो तुम्हें सदा सुख दे सके। तुमने दूसरे गुरूओं से भौतिक आनन्द तो पाया पर तुम्हें मजा न आया और बारम्बार दुःख पाया। जब तुम पैदा हुये तो माता— पिता, भाई—बहिन, दादा—दादी, नाना—नानी इत्यादि परिवार के रूप में कई गुरू मिले जिन्होंने तुम्हें खाना—पीना, उठना—बैठना, चलना— फिरना

आदि के गुर सिखाये, थोड़े बड़े हुए कि स्कूल के गुरूजनों ने पढ़ना–लिखना बताया, की जवान हुए तो यारों मित्रों ने जवानी के राज खोले और जब खाने–कमाने की बारी आयी तो अनुभव से भरे उस्ताद मिले पर वे सब चली आ रहीं परम्पराओं पर संसार में जीने के हुनर दिखाये लेकिन धरती पर आने की सही– सही खबर तुम्हें कभी न दे पाये। जिस तरह तुम कोई जरूरी काम के सिलसिले में कुछ दिनों के लिये परदेश जाकर किसी होटल में कमरा लेकर ठहरते हो तो तुम्हें उस कमरे में वे सभी आवश्यक दैनिक चीजें मिलतीं हैं जिनके इस्तेमाल की तुम्हें रोज जरूरत पड़ती है। ठीक इसी तरह तुम इस संसार रूपी धर्मशाला में परमात्मा की प्राप्ति का लक्ष्य लेकर कुछ दिनों के लिये मानव कमरे में रूकने को आये हो तो तुम्हारी जरूरत के लिये ये रिश्ते–नाते–पैसा –मकान– गाड़ी रूपी सामान मालिक ने तुम्हें बख्शे हैं जिनसे दैहिक काम निकाल कर अपने मूल कार्य अपनी आत्मा को परमात्मा से मिलाने के लक्ष्य में जुट जाओ परन्तु तुम सब अपने वास्तविक काम परमात्मा को छोड़कर बेटा–बेटियों, जमीन –जायजाद आदि भौतिक सामान में उलझ जाते हो जो तुम्हारे असल साथी नहीं हैं, ये सारे साथी यहीं छूट जाते हैं, अन्तिम समय इनमें से कोई भी तुम्हारे साथ न जायेंगे पर सच्चा गुरु तुम्हारा साथ कभी नहीं छोड़ता अर्थात् **"सच्चा गुरू या सच्चा सन्त या सच्चा साधु या सद्गुरू या पूर्ण माहत्मा या कामिल मुर्शिद या पीर या औलिया मनुष्य के चोले में दिखाई देने वाला वह साधारण सा इंसान होता है जो अपनी मेहनत–ईमानदारी की कमाई पर गुजारा करके, नाश–माँसाहार से बचते हुये अपने मन की ताकतों काम–क्रोध–लोभ– मोह– ईर्ष्या– अहंकार आदि को जीत कर सीधा परमपिता परमात्मा से जुड़ा तीनों कालों भूत–वर्तमान–भविष्य का स्वामी आध्यात्माज्ञानी पथप्रदर्शक होता है जो अनायास ही करामतें नहीं दिखाता और अपने जैसा चौरासी लाख योनियों में जनम –मरण के चक्र से मुक्त होने का संदेश देता है लेकिन वह गुरू संसार के सुधार के लिये नहीं बल्कि आजादी (मोक्ष) के लिये तड़प रही।"**

"जीवात्माओं के उद्धार (के छुड़ाने) के लिये संसार में अवतरित होता है" तभी तो **कबीर साहेब** ने कहा है कि–

"परमार्थ के कारने, साधुन धरा शरीर"

43

मतलब सन्त सिर्फ जीवों के आत्मिक उद्धार के लिये संसार में शरीर धारण करके आते हैं। गुरु के इस विषय पर एक सुप्रसिद्ध श्लोक जिसे धर्म–शास्त्र–विद्वान अनादिकाल से कहते चले आ रहे हैं जिसमें ब्रह्माण्ड से लेकर पार ब्रह्म तक गुरु की क्या सामर्थ्य है ये श्लोक उनके सारे आध्यात्मिक रहस्यों से इस प्रकार पर्दा उठा रहा है –

"गुरू ब्रह्मा गुरू विष्णु, गुरू देवो महेश्वरा
गुरू साक्षात् पर ब्रह्म, तस्मे श्री गुरूवे नमः"

अर्थात् गुरु ब्रह्मा बनकर परमेश्वर के लिये तड़फ रही आत्माओं के ज्ञान का नवनिर्माण करता है–ब्रह्मा सृष्टि करता है न, ऐसे की गुरू मनुष्य को ध्यान –ज्ञान देता है नया और विष्णु बनकर के ज्ञान की रक्षा करता है, विष्णु का काम क्या है रक्षा करना, अगर ज्ञान का रक्षण नहीं होगा तो ज्ञान गायब हो जायेगा तब संसार वाले अपने भौतिक लाभों के लिये आपके ज्ञान को लूट ले जायेंगे इसलिये गुरु हमें बार–बार उपदेश देगा, बार–बार हमारी खोपड़ी में भरेगा तब तो ज्ञान सुरक्षित होगा और जब ज्ञान सुरक्षित होगा तो फिर शंकरजी बनकर के हमारे अज्ञान का नाश कर देगा और जब हम इस प्रकार से परमात्मा की चौखट तक पेश होने के लायक बन जायेंगे तो हमें ब्रह्म के पार हमारे असली परमपिता परमात्मा से हमें सदा–सदा के लिये मिला देगा। तो इस तरह हमारा अपना काम बन जायेगा फिर ऐसे गुरुदेव को तो हमें अनन्त कोटि नमन करना चाहिए। किन्तु पिछली जनगणना के अनुसार भारत में अपने को साधु–सन्त कहने वालों की संख्या लगभग **50 लाख** है लेकिन यदि सच्चे साधु–सन्त की खोज की जाये तो शायद **5** भी ना निकलें। परन्तु लाखों में एकाद किसी विरले व्यक्ति को छोड़ किसे सच्चे साधु–सन्त की जरूरत है। लोगों के मन की इच्छाओं की इतनी जबरजस्त डिमाण्ड **(माँग)** है कि बाजार में मनोकामनाओं की पूर्ति के लिये जगह–जगह मान्यता प्राप्त मठों, मन्दिरों, मस्जिदों, मजारों, पण्डा, पुजारियों, मुल्ला, मौलवियों, तांत्रिक, बाबाओं, योगियों, मुनियों, भंतों आदि की अनगिनत भीड़ लगी है जिन्होंने कभी ईश्वर–अल्लाह का दीदार ना किया, जो कभी अन्दर ना जा सके– वे अधूरे मुल्ला–महात्मा तुम्हें पूरा सुख कभी कैसे दे सकते हैं। काश यदि तुम्हारी कोई मनोकामना पूरी ना हुई– लापता लड़का वापस घर ना लौटा, गरीबी आ गयी, व्यापार में घाटा हो

44

गया, मुकदमा हार गये, बीमारी लम्बी खिंच गयी, प्रतियोगी परीक्षा में सफलता न मिल सकी तो कहते हैं छोड़ो ऐसे महात्मा को, छोड़ो ऐसे मन्दिर – माजारों को अब उस जगह की सिद्धि न रही। वाह रे वाह, मतलब यह कि जिस दुकान पर नकली डालडा मिलता हो वहाँ से शुद्ध देशी घी खरीदना चाहते हो, यह सौदा सन्तों के पास नहीं। पर आजकल तो लोग चाहते हैं कि गुरू उनकी दुनियावी तकलीफें दूर करें– वे धन, सन्तान, कीर्ति, स्वर्ग, वैकुण्ठ आदि भौतिक इच्छाओं से भक्ति करते हैं। वास्तव में वे भक्ति नहीं करते वह तो एक प्रकार का सौदा करते हैं इसीलिये सन्तों का मत नगद सौदा है उधार नहीं, यदि जीव को जीते जी अपने अन्दर ईश्वर के दर्शन न हो सके तो मरने के बाद मुक्ति या परमात्मा की प्राप्ति का क्या भरोसा है, जो जीते जी अनपढ़ है वह मरकर विद्वान और पण्डित तो नहीं बन सकता। संसार में अक्सर यह देखा जाता है कि कई लोग जिनको सन्त गति तो नसीब नहीं, ऐसा बाहरी आडम्बर रच रखते हैं जिससे वे सन्त कहलाने लगते हैं दूसरी ओर एक सचमुच संतगति का स्वामी साधारण सा जीवन व्यतीत करता है तथा अपना रूहानी भेद दूसरों पर प्रकट नहीं करता। सन्तों की पहचान केवल तभी हो सकती है जब वे स्वयं की दया करके अपने आप को किसी पर प्रकट करें। अन्धा आँखों वाले को किस प्रकार पहचान सकता है, हमारी अन्दर की आध्यात्मिक आँख बंद है जब तक वह खुलती नहीं हम सन्तों की दिव्यता को नहीं देख सकते। कभी–कभी सन्त–सतगुरु अपने आप को इतनी सावधानी से छिपाये रहते हैं कि उनको पहचान पाना बहुत ही कठिन हो जाता है। सन्तों को हुक्म है कि जो मनुष्य भगवान के प्रेमी और विरही हैं उसको लाओ बाकियों को छोड़ दो। केवल पूर्ण संत या कामिल मुर्शिद का संग करना चाहिए। सच्चा साधू सिर्फ देता है मुरीद या भक्त से कभी कुछ लेता नहीं। गुरू का काम मनुष्य को भगवान के सम्मुख करना है, मनुष्य को अपने सम्मुख करना, अपने साथ सम्बंध जोड़ना गुरू का काम नहीं है। जैसे संसार में कोई माँ है, कोई बाप है, कोई भतीजा है, कोई भाभी है, कोई फूफा है, कोई मामा है, ऐसे ही अगर गुरू के साथ एक और सम्बंध जुड़ गया तो इससे क्या फायदा? पहले अनेक बंधन थे ही अब एक और बंधन को गया। तो हमारा काम भी ईश्वर के साथ संबंध जोड़ना है जिसमें गुरू उस भूले हुये सम्बंध की हमें याद कराता है। अधूरे, भेषी या दम्भी साधु के निकट भूलकर भी नहीं जाना चाहिए क्योंकि **अधूरा गुरू** तो **खुद** ही **कर्मों** के

बंधन में फँसा है, वह किसी दूसरे की मुक्ति का साधन कैसे बन सकता है। दुनिया में सच्चे सन्त थोड़े हैं और बगुले भक्त अनेक हैं। जब बगुला एक टाँग पर खड़ा होकर भक्त होने का पाखण्ड करता है तो संसार में अनेक दंभी साधू जप–तप, पूजा–पाठ, ग्रन्थों–शास्त्रों के ज्ञान, हठ कर्मों की कठोर साधना आदि का नाटक करके मनुष्यों को अपनी ओर खींचतें है। जिस तरह बगुले की नजर सदा मछली पर रहती है उसी प्रकार इन अधूरे कपटी साधुओं की नियत शिष्यों की धन–दौलत और संसारिक मान–बढ़ाई पर होती है। कभी भूले–भटके भी ऐसे पाखण्डी गुरुघंटालों के निकट नहीं जाना चाहिए। सच्चे सन्तों की देखा–देखी बगुले भक्त भी अपनी ताकत से भवसागर से तरने की कोशिश करते हैं पर वे गोते खाते हुये इसमें ही डूबकर मर जाते हैं, वे खुद तो डूबते ही हैं, उनका सहारा लेने वाले भक्त भी साथ ही डूब जाते हैं मौत के बाद ऐसे कच्चे साधु व शिष्यों की आत्मा को किये हुये कर्मों का फल भोगना पड़ता है। पीर में इतनी रूहानी ताकत **(आत्मा को परमात्मा से जोड़ने की शक्ति)** होनी चाहिए कि वह मुरीद की रूह के सब जंग उतार सके और उसके दिल के शीशे **(कर्मों के भार)** को पूरी तरह साफ कर सके जो ऐसी ताकत का मालिक नहीं उसके लिये अच्छा है कि किसी को अपना मुरीद न बनाये। जो खुद भटका हुआ है, वह दूसरों को रास्ता केसे दिखा सकता है इस प्रकार कामिल मुर्शिद **(परम सन्त)** अपने मुरीदों **(भक्तों)** के सामने इंसानियत और रूहानियत की जिन्दा मिसाल होता है। जब तुम्हें अपने किये हुये कर्मों का परिणाम स्वयं ही भोगना पड़ता है तो बुरे कर्मों से बचने में ही समझदारी और भलाई है। क्षणिक लोभ में पड़कर गलत काम नहीं करना चाहिए, बल्कि दूरदर्शिता **(दूर की सोचकर)** से काम लेना चाहिए। मन में ऐसे गलत कामों का लालच नहीं होना चाहिए जिनसे दुनिया में तो सफलता मिल सकती हो पर परमात्मा के समक्ष सजा भोगनी पड़े। हमेशा ऐसी उत्तम रहनी अपनानी चाहिए जिससे तुम कुल मालिक के सामने मंजूर हो सको। पर क्या करें तुम्हारा मन तो इतना जबरदस्त आवारा है कि वह तुमसे पल–पल परिवर्तन माँगता रहता है, काश यदि धोखे से तुमने मन को रोकने की जरा सी हिम्मत जुटाई तो वह विद्रोह कर बैठता है, वह बार–बार तरह–तरह की बदल –बदल कर कामनाओं की इच्छायें करवाता रहता है पर मन की मुरादें पूरी करते–करते तुम आज तक उसे सन्तुष्ट ना कर सके। इस पर **कबीर साहेब कहते हैं –**

कि तुम अपने इस आवारा मन को इतना पटक-पटक के मारो ताकि उसके टुकड़े-टुकड़े हो जायें क्योंकि इस मन ने ही अनन्त काल से तुम्हारे जीवन में वह विष बो रखा है जिसे आज तुम्हें अपने कर्मों की सजा भोगकर पछताना पड़ रहा है अर्थात् मन ने तुम्हैं हमेशा ठग कर इस माया के कर्म-जाल में फँसाये रखा है। मन एक गंदा कपड़ा है तमाम जन्मों का, हमको उसे साफ करना है, साफ करने के लिये निर्मल पानी चाहिए और निर्मल पानी माने भगवान और गुरू- ये दो निर्मल हैं इनको लाओगे जितनी बार मन की गंदगी शुद्ध होगी और अगर गंदी बातें लाओगे मन में और गंदा होगा बड़ी सीधी बात है तो पाँच मिनिट सोने से पहले सब लोग सोचा करो रोज कि आज हमने गंदी बात कहाँ-कहाँ सोची, क्यों सोची, दूसरे में गंदगी सोची इसका मतलब इतना अधिक गंदा मन है हमारा कि हमको फुर्सत है दूसरे की गंदगी सोचने की और आ जा हमारे मन में अभी कम पाप जमा है। वहाँ कीर्तन भी कर रहे हैं, गुरूजी की पूजा भी कर रहे हैं और ये भी किये जा रहे हैं चोरी-चोरी यानि दो पैसा कमाया और एक पैसा खर्च कर दिया और फिर हम सत्संग करते हैं। घर छोड़ के बैठे हुए लोग ऐसे पाप करते हैं जिनका जीवन हम तो त्यागी हैं-सन्यासी हैं-भगवत विषय में ही रहते हैं लेकिन हमारा मन गंदगी में ही डूबा रहता है, हमारे मन को हर समय ये इच्छा होनी चाहिए-कोई भगवत विषय सुनावे, न सुनावे तो हम खुद सोचें या करें, उसके खिलाफ कोई बात करे तो सुनना नहीं, सुना कि वश हमारा मन प्रमाण युक्त कि हमारा मन बहुत पापी हैं, क्यों सुना- सुनने में अच्छा लगा-हाँ अच्छा लगा और पक्का सबूत-वो लड़का ऐसा है-वो लड़की ऐसी है-वो उसका करैक्टर खराब हैं-वो बड़ा गिरा हुआ आदमी है-हेय अरे माया का जगत है यहाँ तो सब खराब है ही लेकिन तुमको तो मन की खराबी को साफ करना है और एक्सट्रा **(अतिरिक्त)** लाना नहीं है बाहर से जो अन्दर पहले से है उसको निकालना है पर तुम तो उल्टी दवा कर रहे हो, गंदगी का चिंतन कर रहे हो तो अगर हमारा मन बार-बार ये चाहे आज भगवान की चर्चा नहीं सुना- नहीं सोचा, अरे चलो महापुरूषों की किताबें पढ़े उससे चिंतन होगा, नहीं कम से कम गंदगी से बचें तो। एक व्यक्ति अगर हमको गंदी चीज देता

है तो संसार में उसको हम लेते हैं क्या? खाने के लिये कोई हमको गोबर का लड्डू दे तो हम क्या कहेंगे बत्तमीज और ये दूसरे की दी गई गंदगी हम खाये जा रहे हैं चाव से और ऊपर से सत्संगी भी हैं, महाराज जी के साथ रहते हैं, उनके साथ रहकर और पाप किये जाते हैं, मरने के बाद क्या कहोगे भगवान से– अरे हम महाराज जी के साथ रहे हमेशा लेकिन जैसे कमल के पत्ते पर जल रहता है उस कमल के पत्ते से उसका सम्बन्ध नहीं रहता है लुड़कता रहता है जल, ऐसे की हम महाराज जी के पास रहे, कोई न हमने विषयों पर कन्ट्रोल किया, न ही इन्द्रियों पर, न मन पर, जुबान पर भी कन्ट्रोल नहीं, सोचा ही नहीं कि इन्द्रियों पर कन्ट्रोल करना चाहिए वश ऐसे ही टाईम बीता जा रहा है, **30 साल** के हो गये, **50 साल** के हो गये, बीता जा रहा है आगे नहीं बढ़ रहे हैं। एक दिन फट्ट यमराज का ऑडर हो जायेगा चलो– ये मानव देह गया, सब अहंकार चूर हो गया, चलो नरक में खूब मनमाना किया था, न शास्त्र की बात माना, न गुरु की बात माना, अपने मन से चले परिणाम भोगो। तो मन बिगड़ैल और इसके पाँच बिगड़ैल यार–वो भी मक्कार, तो पाँच मक्कार बिगड़ैल यारों की टीम को मन कहते हैं –

1. पहला बिगड़ैल मक्कार यार–काम (Sex)

काम पर कबीर साहेब कहते हैं कि **'कामी का गुरु कामिनी'** जब तुम्हें काम वासना उठती है तो उसकी ताकत तुम्हारे ख्याल को इतना नीचे गिराकर रख देती है कि जब तुम मन्दिरों–मजारों–गिरजा– गुरूद्वारों आदि धार्मिक स्थलों पर प्रार्थना करते हो तो उसी वक्त सामने से निकल रहे किसी सुन्दर जवान स्त्री–पुरुष को देख तुम्हारा ख्याल प्रार्थना से उचटकर उसकी ओर चला जाता है। इसी पर आगे फिर कबीर साहेब फरमाते हैं–

> **"कामी कुत्ता तीस दिन, अंतर होय उदास,**
> **कामी नर कुत्ता सदा, छैः ऋतु बारह मास"**

कि कुत्ता वर्ष के बारह माह में से सिर्फ एक माह यानि तीस दिन ही कामक्रीड़ा में हिस्सा लेता है बांकि के दिनों **11 महिनो** तक उसे संभोग में कोई दिलचस्पी नहीं होती जबकि कामोत्तेजी मानव कुत्ता साल के **365 दिनों** यानि **बारह महिने चौबीसों घण्टे** किसी भी वक्त सदा कामक्रीड़ा के लिये तैयार बना ही रहता है। इसीलिये **गीता में कहा गया है कि–**

मात्रा स्वस्त्रा दुहित्रा वा न विविक्तासनो भवेत् ।
बलवानिन्द्रियग्रमो विद्वांसं अपि कर्षति ।।

और तो क्या जवान मनुष्य को अपनी माँ, बहन और पुत्री के साथ भी अकेले एक आसन पर सटकर नहीं बैठना चाहिए। कामेन्द्रियाँ इतनी बलवान हैं कि बड़े–बड़े विद्वानों को भी विचलित कर देती हैं। यहाँ तक कि मिया–बीवी के एक साथ रहते हुये भी दोंनो का मन परायी स्त्री, पराये मर्द में भटकता रहता है जिसका जिक्र एक वैश्या के इस कथन से स्पष्ट होता है कि –

**"एक तवायफ़ ने अपनी आत्मकथा लिखना क्या शुरू की,
की शहर के सारे शरीफों ने आत्महत्या कर ली"**

अब तुम उन सच्चे मुनि–महात्मा–साधु–सन्त आदि पर सवाल खड़ा करने लगते हो कि जब कामवासना की शक्ति इतनी ज्यादा प्रबल है कि वह किसी भी मनुष्य को नहीं बख्शाती तो फिर सन्यासी कामहीन कैसे बने रहते हैं?– जिस कामोत्तेजना शक्ति से असंख्य बच्चे पैदा हो सकते हैं, सन्तजन उस महाशक्ति को संसार से परमात्मा की ओर मोड़ करके उस परमपिता परमात्मा रूपी परमशक्ति को प्राप्त कर लेते हैं जबकि दुनियादार इसी ताकत को व्यर्थ ही भौतिक संसार में बहाकर पछताते रहते हैं जिसकी पुष्टि कबीर साहेब का यह दोहा इस प्रकार से कर रहा है–

**"बुंद खिरी नर–नारी की, जैसी आत्मघात,
अज्ञानी मानै नहीं, येहि बात उत्पात"**

कि नर और नारी के मिलन के बाद गिरी रज–वीर्य की बूँदें उस नर–नारी को अपने आप पर हीनभावना का आत्मघाती हमले जैसे पाश्चाताप कर देतीं हैं लेकिन इसके पश्चात् भी अज्ञानी व्यक्ति वैसी ही गलती बार–बार दोहराकर अपने जीवन में उत्पात मचाते रहते हैं जो इंसान के दुखों का असलीकारण है।

2. दूसरा बिगड़ैल मक्कार यार–क्रोध

क्रोध पर **कबीर साहेब कहते हैं** कि **'जहाँ क्रोध, तहाँ काल है'** जब भी तुम्हें क्रोध आयेगा उसी वक्त काल **(मृत्यु)** तुम्हारे सामने खड़ी होकर

तुम्हारे फैसले का इंतजार करने लगेगी। क्रोध की आग **(शक्ति)** तुमसे हमेशा झगड़े पैदा करवा देती है जो कभी–कभी व्यक्तियों, संगठनों, जातियों, धर्मों, देशों की आपसी लड़ाईयों और मार–काट तक फैल जाती है।

3.   तीसरा बिगड़ैल मक्कार यार–लोभ

लोभ के बारे में **कबीर साहेब कहते** हैं कि **'लोभी का गुरू दाम'** यानि लोभ का बल तुम्हें संसारभर को लूटने में लगा देता है इसके अधीन मनुष्य सारी दुनिया को हथिया लेना चाहता है इसीलिये भौतिक लालचियों पर किसी विद्वान ने सही ही कहा है कि –

"बहुत गजब का नजारा है इस अजीब सी दुनिया का,
लोग सब कुछ बटोरने में लगे हैं, खाली हाथ जाने के लिये"

4.   चौथा बिगड़ैल मक्कार यार–मोह

मोह की पॉवर सांसारिक शक्लों पोता–पोतियों, बेटा–बेटियों और दुनियावी पदार्थों धन–सम्पत्ती आदि से इतनी गहरी प्रीति कर लेता है कि वह इनसे बिछड़ना सहन नहीं कर सकता। जिस पर कबीर साहेब कहते हैं। कि –

"एक बूँद के कारनै, रोता सब संसार,
अनेक बूँद खाल गए, तिनका नहीं विचार"

स्त्री–पुरूष के अण्ड–बीज के मिलन की एक बूँद से बना इंसानी शरीर जिसके चले जाने की मोह–ममता में रो–रो कर पूरा संसार **(घर– परिवार –रिश्तेदार–मित्र आदि)** शोक–विलाप करता है जबकि ऐसी ही अनेकों बूँदें तुमने अपने भोग विलास में मनमाने ढ़ंग से जगत में बेकार ही बहा दीं, जिनका विचार करके तुम कभी नहीं रोये?

5.   पाँचवा बिगड़ैल मक्कार यार–अहंकार

कहते है कि अहंकार की सामर्थ्य तुमसे आगे किसी और को कुछ भी समझने नहीं देती–इसके बारे में किसी महापुरुष ने सही ही कहा है– कि

"इस संसार में हर किसी को अपने ज्ञान का घमंड है,
परन्तु किसी को भी अपने घमंड का ज्ञान नहीं है"

इसीलिये अपने घमंड के भविष्य का परिणाम निम्नलिखित पंक्तियों में जरूर देख लें–

मेंने हर रोज जमाने को रंग बदलते देखा है

उम्र के साथ–साथ जिंदगी को ढ़ंग बदलते देखा है

वो जो चलते थे तो शेर के चलने का होता था गुमान

उनको भी पाँव उठाने के लिये सहारे को तरसते देखा है

जिनकी नजरों की चमक देख सहम जाते थे लोग

उन्हीं नजरों को बरसात की तरह रोते देखा है

जिनके हाथों के जरा से इशारे से टूट जाते थे पत्थर

उन्हीं हाथों को पत्तों की तरह थर–थर काँपते देखा है

जिनकी आवाज से कभी बिजली के कड़कने का होता था भ्रम

उनके होंठों पर भी जबरन चुप्पी का ताला लगा देखा है

ये जवानी, ये ताकत, ये दौलत सब कुदरत की इनायत है

इनके रहते हुए भी इंसान को बेजान हुआ देखा है

अपने आप पर इतना ना इतराना मेरे यारों

वक्त की धारा में अच्छे–अच्छों को मजबूर हुआ देखा है

तो इस प्रकार से मन के इन पाँच मक्कार यारों में से ' **काम** ' सबसे अधिक शक्तिशाली बिगड़ैल यार है। इसके साथ–साथ ये पाँचो मन के मक्कार बिगड़ैल यार आखिरकार तुमसे सोते–जागते वक्त कुछ न कुछ अपराध करवाते ही रहते हैं। इसलिए अगर मन के खिलाफ मुकदमे लिखना शुरू होने लगें तो शायद ही धरती पर दो–चार विरले लोगों को छोड़ लगभग सभी मुल्जिम बनकर जेल चले जायेंगे तभी तो किसी बुद्धजीवी ने सही ही कहा है–

"मेरे ऐब तो जमाने से उजागर हैं,
फ्रिक तो वो करें, जिनके गुनाह पर्दे में हैं"

परन्तु कलयुग में मनुष्य की आयु कम होने के कारण जाने–अनजाने में मन से सोचे या केवल मन में किए वे सारे अपराध जिनका असर किसी पर कुछ भी न पड़े, मालिक द्वारा बख्श दिये जाते हैं।

मन का उपचार या मन का इलाज

मन वो धोखेबाज कुत्ता है जिसकी पूँछ सीधा करने के लिये यदि उसे सीधे पाइप में छैः महिने डाला जाये तो छैः महिने बाद भी उसकी पूँछ तो टेढ़ी की टेढ़ी ही निकलेगी, इसके साथ—साथ वह सीधे पाइप को भी टेढ़ा कर देगी इसीलिये मन का दुनिया में ऐसा कोई भौतिक इलाज नहीं है कि वह पूर्णतः शान्त हो जाये, दुनिया में आजतक ऐसा कोई विज्ञान, ऐसा कोई उपकरण, ऐसा कोई डॉक्टर, ऐसी कोई दवा, ऐसी कोई सर्जरी नहीं है जो किसी के मन का उपचार कर सके? मन का ईलाज तो सिर्फ और सिर्फ किसी पहुँचे हुये सन्त के मार्गदर्शन में आध्यात्म के रास्ते पर चलकर ही सम्भव हो सकता है। हाँ ये जरूर है कि तुम मन के चंगुल से बचने के लिये अपनी बुद्धि से थोड़ा बहुत उपाय अवश्य कर सकते हो अन्यथा ये मन तुमसे जुल्म करवा ही लेगा । मान लो तुम्हारे समाने कोई नशा कर रहा है और उस नशे की ओर तुम्हारा खिंचाव हो रहा है या तुम्हैं कोई मीट— मच्छी— मुर्गा खाने का ऑफर दे कर तुम्हारी माँसाहार खाने की इच्छा बढ़ा रहा है या किसी दुःश्मन के अचानक सामने आ जाने पर उसे देखकर तुम्हारे अन्दर प्रतिशोध की आग सुलग उठती है तब ऐसी स्थिति में सबसे बेहतर तरकीब ये है कि तुम वहाँ से तत्काल हट जाओ क्योंकि मन तो एक ही है और मन को पल—पल बदलने की आदत भी है इसलिये मन को एक ओर ज्यादा देर तक टिकने का शौंक नहीं होता, इस तरह मन थोड़ी देर में दूसरी तरफ भाग जायेगा और तुम कोई बड़ी वारदात करने से बच निकलोगे। जब मन का वेग आये तो उस पर ध्यान न दें तो वह थोड़े समय बाद चला जायेगा क्योंकि जो जन्मा है वह नष्ट भी होगा इसलिये अगर वेग की उत्पत्ति हुई तो वह मरेगा भी। मन बहुत प्रबल और चंचल है यह स्वाद और लज्जतों का आशिक है। यह बेतहाशा इंद्रियों के भोगों और विषय—विकारों की तरफ दौड़ता है, जब तक इसे इन्द्रियों के भोगों और विषय—विकारों से ऊँची लज्जत नहीं मिल जाती, तब तक यह इन्हैं छोड़ने के लिये राजी नहीं होता। इसीलिये सन्त समझाते हैं कि मन को वश में करने के लिये इसे अन्दर में अद्भुत अमृत पिलाकर तृप्त करना होगा तभी यह सदा के लिये इंद्रियों के भोगों और विषय— विकारों की ओर से कुदरती तोर पर मुँह मोड़ लेगा। इसके अन्दर के काम—क्रोध—लोभ—मोह—अहंकार जैसे बिगड़ैल मक्कार यार निकल जायेंगे और शील—क्षमा—संतोष—विवेक और नम्रता स्वतः ही पैदा हो जायेंगे। देखो आत्मा और मन की गाँठ बँधी है, **आत्मा परमात्मा** के अधीन

है और मन काल भगवान के। जब–जब मन अच्छे और बुरे कर्म करता है, तब –तब आत्मा को सुख–दुःख भोगने के लिये चौरासी के इस कैदखाने में बार– बार आना होता है अर्थात् कर्म और फल का नियम ही आवागमन को जन्म देता है। जब तक आत्मा संसार में किये गये हर कर्म के प्रभाव से मुक्त नहीं होती, यह कभी भी काल के दायरे से आजाद नहीं हो सकती और परमात्मा से मिलाप नही कर सकती। एक ओर तो पुण्य कर्म स्वर्ग, वैकुण्ठ या जन्नत में स्थान देते हैं, जहाँ केवल इच्छा मात्र से मन चाहे भोग मिल जाते है और जब श्रेष्ठ कर्मों का फल पूरा हो जाता है तो जीवों को स्वर्गों से फिर इस मृत्युलोक में वापस भेज दिया जाता है। दूसरी ओर बुरे कर्मों के लिये तो नरक प्रसिद्ध है ही। चूँकि काल ने आत्मा को परमात्मा से मन के द्वारा बाँधकर रखने के लिये इसमें कर्म और कर्मों के फल का विधान या कानून लागू किया हुआ है जो चौरासी के चक्र का कारण है। एक जन्म में किये सभी कर्मों को उसी जन्म में भोग सकना असम्भव है– जिसकी आज हमने हत्या की है, वह आज ही जिन्दा होकर तो हमारी हत्या नहीं कर सकता है। इसलिये अच्छे– बुरे कर्मों का फल भोगने के लिये बार– बार जन्म लेना पड़ता है। जब तक कर्मों का चक्र नहीं टूटता, जीव कभी काल भगवान की केद से आजाद होकर वापस अपने निज–घर नहीं लौट सकता पर इस लेन– देन के हिसाब को सदा–सदा के लिये खत्म करने की सन्त–महात्माओं में परमात्मा की वह महाशक्ति होती है जिसकी कृपा मात्र से अत्याचारी, चोर, भ्रष्ट, ठग, बेईमान, हत्यारे, रिश्वतखोर, बलात्कारी, माफिया, गरीब, धनवान, ईमानदार, राजा, चरित्रवान आदि जीते जी एक ऐसी अद्भुत दुनिया से जुड़ जाते हैं जहाँ हमेशा सुख, अजर–अमर – अविनाशी जीवन और प्रेमानन्द के सिवाय कुछ भी नहीं है। अब प्रश्न उठता है कि यदि इंसान पुण्य करे तो फँसे और पाप करे तो फँसे, ऐसी स्थिति में तो मनुष्य भ्रमित और निराशावादी होगा ? जब दान – पुण्य बिना किसी भौतिक स्वार्थ के अपनी मेहनत–ईमानदारी की कमाई करते हुये केवल परमात्मा को पाने की तड़फ रखकर किये जायें तो इसका फायदा परमात्मा की यात्रा के लिये अन्दर की रूहानी चढ़ाई में जरुर मिलता है, पर मेहनत–ईमानदारी से कमाकर जब संसारिक लाभ की कामना से दान–पुण्य किये जायें तो इसका फल प्राप्त करने के लिए स्वर्ग–बैकुण्ठ – मृत्युलोक में जाना पड़ता है किन्तु यदि चोरी– बेईमानी– भ्रष्टाचार–

अत्याचार आदि से पैसा कमाकर स्वार्थवश दान–पुण्य किये जायें तो ऐसे धन बाँटने वाले दान–दाताओं और जानबूझकर धन–दान लेन वाले दोनो ही पापों के भागीदार बनते हैं। इस प्रकार तुम दुनिया में तो रहो पर दुनिया के ना बनो और शरीर के असल लक्ष्य को पहचानने की भरपूर कोशिश करो क्योंकि बाहर से ना आज तक किसी को ईश्वर मिला और ना ही मिलेगा जिसको भी मिला वह केवल पूर्ण सतगुरू के बताये रास्ते से अन्दर में ही प्रकट हुआ। फिर सवाल उठता है कि परमात्मा और काल भगवान में क्या अन्तर है? काल– भगवान की मायावी दुनिया को छोड़कर परमात्मा के परमधाम **(सचखण्ड)** में हमें वापस क्यों लौटना चाहिए? इससे हमें क्या लाभ मिलेगा? देखिये चाहे इंसान को संसार के सभी सुख मिला जायें निरोगी काया, सुन्दर पत्नी, नेक सन्तान, धन– दौलत और अनेक मान– बढ़ाईयाँ प्राप्त हो जायें फिर भी उसे अपने अन्दर कोई कमी और बेचैनी महसूस होती रहती है। उसके अन्दर अकेलेपन का अहसास सदा बना रहता है। यह आत्मा के अपने असल से मिलाप के स्वभाविक आकर्षण के कारण है, जब तक यह आकर्षण मिलाप में नहीं बदलता, आत्मा हमेशा बेचैन बनी ही रहती है। अंश सदा अपने अंशी की तरफ भगता है जैसे पानी का खिंचाव पाताल की ओर नीचे तथा आग का खिंचाव सूरज की ओर ऊपर होता है इसी तरह आत्मा भी हमेशा अपने अंशी परमात्मा के लिये तड़पती रहती है। अतएव महापुरूषों के श्रीमुखों से बताये गये प्रसंग के अनुसार आज से अनन्त काल **(बहुत– बहुत–बहुत समय)** पहले आत्मा रूपी बूँदों से परमात्मा रूपी अमिट समुद्र लबालब भरा था और सारीं की सारीं आत्मायें इस सुख के अमिट सागर में शांत, प्रसन्नचित और आनन्दित थीं। दु:ख–दर्द, चिन्ता–अशांति, इच्छाओं–कामनाओं आदि की वहाँ कोई जगह न थी, न है और न रहेगी लेकिन एक दिन **(समय)** अचानक कुछ आत्माओं ने मिलकर एक फिल्म बनाने का विचार सबके सामने रखा और जिन–जिन आत्मायें को इसमें अभिनय **(एक्टिंग)** करने की इच्छा है वे सब इसमें भाग ले सकते हैं का प्रस्ताव रखा गया तथा इस फिल्म का नाम **'जगत माया '** होगा जो अनन्त काल तक चलती रहेगी जिसके निर्देशक **'काल भगवान'** होंगें और इस तरह आत्मा परमात्मा के अधीन होगी एव शरीर–मन काल भगवान के अंडर में कार्य करते रहेंगें अर्थात् काल शरीर–मन के भगवान हैं और परमात्मा आत्मा–शरीर–मन व काल भगवान सब के पिता हैं। तो इस प्रकार से अलग–अलग आत्मा रूपी पात्रों को अलग–अलग शरीर रूपी कपड़े **(चोले)** पहना करके, मन की ताकत देकर अलग–अलग

काम सौंपे जायेंगे फिर अपने-अपने कामों की जिम्मेदारी के परिणामों के आधार पर एक-दूसरे शरीरों में बार-बार स्थानान्तरण या बदली होती रहेगी। काल भगवान को आत्मा को नष्ट करने की शक्ति या इजाजत परमात्मा से रत्तीभर नहीं मिली परन्तु शरीर को जब चाहे खत्म करके अच्छे-बुरे कर्मों के अनुसार एक से दूसरे शरीर में **(नये जीव शरीर में)** ट्रान्सफर **(शिफ्ट)** करने व अस्थायी सुख देने की पूरी- पूरी स्वतन्त्रता है। इसीलिये आत्मा अजर-अमर-अविनाशी है **जिसकी पुष्टि भगवतगीता के एक श्लोक में इस प्रकार से है –**

**"नैनं छिन्दन्ति शस्त्राणि नैनं दहति पावकः।
न चैनं क्लेदयन्त्यापो न शोषयति मारूतः।।"**

यानि आत्मा को ना तो कोई शस्त्र **(तलवार, गोली, बारूद, बम आदि)** काट या मिटा सकते हैं, न आग इसे जला सकती है, ना पानी इसे गला सकता है और ना हवा इसे सुखा सकती है। ऐसे तो फिर काल भगवान के इन अधिकारों से काल की माया नगरी से आत्मायें अपने मूल अंशी परमात्मा के पास कभी कैसे वापस लौट सकेंगी? नहीं! जब परमात्मा ने काल भगवान को **'जगत माया'** फिल्म में रोल **(भूमिका)** निभाने के सिलसिले में आत्मायें सौंपी तो काल भगवान ने परमात्मा से तीन शर्तों की मंजूरी लेकर समझौता किया। पहली शर्त– किसी भी आत्मा को अपने पिछले जन्मों के सारे संचित कर्म याद ना रहें, नहीं तो याद आ जाने पर वह आत्मा बार- बार कर्मों के चक्कर में नहीं फँसेगी और माया के देश को छोड़ने के लिये आंदोलित होने लगेगी तभी तो तुम्हें अपने पुराने जन्मों के कर्म बिल्कुल भी याद नहीं रहते, नहीं तो तुम कभी बुरा काम ही ना करो। दूसरी शर्त– जिस आत्मा को जो भी शरीर मिले वह उसी शरीर में खुश रहे और मानव देह की लालसा के लिये कतई ना तड़पें, नहीं तो मानव देह से अपने निजधाम सतलोक निकलने की जानकारी हो जाने पर वह आत्मा दूसरे शरीरों में रहना जरा भी पसंद नहीं करेगी–तभी तो कोई भी प्राणी अकारण ही अपनी देह को नहीं त्यागना चाहता, हर जीव अपने शरीर को बचाने का भरसक प्रयास करता रहता है; गन्दगी में रहने वाला सूअर जिसे गंदगी की बदबू में खुशबू आती है वह दूसरों का पाखाना खाने के लालच में अपने शरीर को छोड़कर दूसरे शरीरों में नहीं जाना चाहता है, तो दूसरी ओर प्राणी जगत में हीनभावना से देखा जाने

वाला निष्काम बेशर्म का पौधा भी बार–बार उखाड़ फेंकने पर पुनः बेशर्म पौधे के रूप में ही उगना पसंद करता है। तीसरी शर्त–आपसे मिलने की अत्यन्त उत्सुक बिरही आत्मायें जिन्हैं आप अपने संदेशवाहक मनुष्य शरीर धारण किये संत–सतगुरू–पीर–पैगम्बर के रूप में आत्माओं को लेने के लिये **'जगत माया'** में भेजेंगे तो वे सत्पुरूष सब आत्माओं पर अनायास चमत्कार न दिखायें वरना सभी की सभी आत्मायें अपने वतन **(सतलोक)** वापसी के लिये जाग्रत होकर ये जगत माया का मुल्क छोड़ने के लिये तैयार हो जायेंगीं। फिर तो ऐसे अनन्त काल **(बहुत लम्बे समय)** तक चलने वाला यह मायावी देश वीरान ही हो जायेगा? नहीं! जब–जब तुम अपने परमपिता परमात्मा से मिलन की याद में तड़पने लगोगे तब–तब काल भगवान तुम्हारे सामने तुम्हारे ही कर्मों के बहीखाता से या तो कोई विध्न –बाधा पैदा कर भ्रमित करके या तुम्हें कुछ सुख–सामग्री का प्रलोभन देकर सचखण्ड जाने से रोकने की पूरी–पूरी कोशिश करते रहेंगे, काश अगर काल भगवान ऐसा न करें तो उनके मायावी देश से सब की सब आत्मायें पलायन करके अपने मूल निवास स्थान परमधाम चली जायेंगी तो अनन्त काल तक चलने वाला यह जगत माया का देश आखिर फिर किसके सहारे चलाया जायेगा। इसीलिये काल भगवान के देश को छोड़ने से पहले तुम्हैं काल से कर्मों के हिसाब की पाई–पाई के भुगतान का महामुकाबला किसी सच्चे गुरू की मध्यस्थता में रहकर ही हल करना होगा अन्यथः परमात्मा की चाहत रखने वाले जिज्ञासु बिना किसी सच्चे आध्यात्मिक गुरू का साथ लिये परमात्मा की इस महान् यात्रा पर धोखे से भी कदम न रखें वरना काल भगवान तुम्हें अपने इस मायावी जेलखाने में बेड़ियों से और जकड़ देंगे। किन्तु कोई सच्चा परमात्मा का आशिक किसी पूरे सन्त की यदि दया पा जाता है तो ऐसे परमात्मा के आशिक पर नजर उठा पाना काल के वश में नहीं होता। इसीलिये तो किसी पहुँचे हुए जानकार को पकड़ लो क्योंकि परमेश्वर ने अपने मिलाप का रास्ता केवल मनुष्य चोले में ही रखा है जो किसी जिन्दा पूर्ण संत की रहमत के बिना मुश्किल ही नहीं बल्कि नामुमकिन है नहीं तो मनुष्य शरीर का असल उद्देश्य बर्बाद होता चला जा रहा है परमात्मा ने इस शरीर के लिये बनाया है यह संसार और हम धोखे में हैं कि आत्मा का आनन्द मिल जायेगा– ये देखो, ये सुनो, ये सूँघो, ये खाओ, ये बोलो तो आनन्द मिल जायेगा भागे जा रहे हैं सब उद्योगपति, राजनेता, अभिनेता, कलेक्टर, कमिश्नर,

जज आदि बनने को लेकिन एक पॉइन्ट **(Point)** भूल गये कि तुम किसका मतलब हल करना चाहते हो शरीर का, तो शरीर तो तुम्हारा है ही नहीं वो तो एक दिन तुम्हैं धोखा दे जायेगा या फिर कि आत्मा का, तो आत्मा माने तो अपना और अपना माने तो होता है में का और में माने होता है जीवात्मा–तो जीवात्मा को जब तक परमात्मा का आनन्द न मिल जायेगा तब तक जीवात्मा माया के इस जगत में भटकती ही रहेगी जिसे परमानन्द **(परमात्मा)** तक पहुँचन के लिये किसी जीवित सच्चे संत की शरण में जाना होगा फिर चाहे ऐसे महात्मा का जन्म किसी भी कौम या मजहब या मुल्क में ही क्यों न हुआ हो। अगर आज कोई सोचे कि बीते जमाने का कोई ख्याति प्राप्त वकील मेरे मुकदमे की पैरवी कर दे, गुजरे वक्त का नामी–गिरामी डॉक्टर आकर मेरा इलाज कर दे और भगवान बुद्ध, भगवान महावीर, जरथुस्त्र, हजरत ईशा, मोहम्मद साहब, गुरूनानक, संत कबीर आदि जगतगुरू शंकराचार्य जैसे महापुरूष आकर मुझे ईश्वर से मिलने का भेद बता दें तो ये सरासर असम्भव है। हाँ पिछले संतों, मुनियों, महात्माओं, पीरों, पैगम्बरों के उपदेश आपको सही–गलत की पहचान व परमात्मा के मार्ग पर चलने की तैयारी में मदद जरूर कर सकते हैं पर वक्त का जिंदा वकील ही मुकदमे की पैरवी कर सकेगा, मौजूदा डॉक्टर ही इलाज कर पायेगा और वर्तमान का जीवित संत ही हमें भवसागर से पार करेगा। ना पहले प्रसिद्ध डॉक्टर की, ना नामचीन वकीलों की और ना काबिल महात्माओं की कमी थी, ना अब है और ना आगे ही रहेगी वश तुम्हारा उन तक पहुँचने का रास्ता सही होना चाहिए ताकि तुम जन्म–मरण से छुटकारा पाकर स्थायी आनन्द प्राप्त करने में सफल हो सको। लेकिन तुम डर जाते हो कि जिस मजहब में हम जन्म लिये तो दूसरे धर्म में पैदा हुए मुनियों, महात्माओं, सन्तों, सूफियों को आखिर कैसे अपनायें? यहाँ यह बात जरूर विचार करने योग्य है। चूँकि समय–समय पर धरती पर उथल– पुथल और भौगोलिक परिस्थितियों के कारण अलग–अलग मजहब –सम्प्रदाय अस्तित्व में आये जो आज हिन्दू, जैन, यहूदी, पेगन, वुडू, पारसी, झेन, बौद्ध, शिन्तो, ईसाई, इस्लाम, सिख आदि धर्मों के रूप में मौजूद हैं जिनमें वर्षों से हमारे पूर्वजों के समर्पण भाव से लेकर बचपन से हमारे होश सम्भालने तक धर्म के संस्कारों की हमें ट्रेनिंग दी गयी है, मतलब जो व्यक्ति वर्षों से ठण्डे बर्फ के पहाड़ों पर पला – बड़ा हो, वह

गर्म रेतीले रेगिस्तान में कैसे रह सकता है इसी प्रकार जिस धार्मिक माहौल में आपका लालन–पालन हुआ है तो दूसरे धर्म के वातावरण में अपने–आपको ढ़ालना आपके लिये बेहद ही मुश्किल– भरा हो सकता है। लेकिन जिस तरह किसी एक स्थान पर पहुँचने के लिये कई मार्ग जैसे जल–थल–वायु हो सकते हैं ऐसे ही परमात्मा तक पहुँचने के लिये नाना प्रकार के धर्म रूपी रास्ते हो सकते हैं जो आपको उचित, आसान और सही लगे आप उसी मार्ग पर चलकर अपने लक्ष्य ईश्वर तक पहुँचने का भरपूर प्रयास करें। अन्ततः तो सारीं नदियाँ जाकर समुद्र में ही मिल जातीं हैं, इसी तरह सारे धर्मों का सार **'सबका मालिक एक ही है'** जहाँ तक सम्भव हो सके तो उस परवरदिगार को संसारिक लोकापवाद से बचने के लिये तुम अपने ही पैदायशी धर्म में रहकर धर्मिक पाखण्डों में न पड़ते हुए केवल सच्चाई को पकड़ के बहुत समझदारी के साथ तुम्हारे सन्त–महात्मा–गुरू –पैगम्बर ने जैसा मार्ग बताया भक्ति करने का उसी के अनुसार चलो, किसी और मार्ग– मजहब की बुराई न करो लेकिन उससे दूर रहो जिससे तुम्हें कोई आध्यात्मिक लाभ नहीं परन्तु सदा याद रखना जिस प्रकार से अपने शरीर के इलाज के लिये तुम डॉक्टर की जाति, उसका धर्म, उसका देश कभी नहीं पूँछते तो फिर सच्चे गुरू में इस प्रकार के भेद को कभी मत देखना क्योंकि उसके द्वारा ही तुम्हारे जन्म–जन्मांतर का उद्धार **(मुक्ति)** होना तय है। यद्यपि पूर्ण सन्त जगत गुरू होते हैं, उनका उपदेश सारे संसार के लिये साझा होता है, पूर्ण सन्त न किसी को एक धर्म अपनाने के लिये कहते हैं, न दूसरा त्यागने के लिये। सभी सन्त अपने समय में प्रत्येक धर्म और जाति के लोगों को समान रूप से चाहते हैं, पर उन सन्तों के जाने के बाद कुछ लोग उनके उपदेश को अपने तक सीमित रखने का प्रयास करते हैं। वे उस महात्मा को केवल अपनी जाति, अपने धर्म का महात्मा सिद्ध करने के जोश में यह भूल जाते हैं कि इससे वह महात्मा और उसका उपदेश छोटे से दायरे में बंद हो जायेगा, जो उस महात्मा और उसके उपदेश के प्रति ही नहीं बल्कि सम्पूर्ण मानवता के प्रति घोर अन्याय है। लोग समझते हैं कि जायजाद की तरह धर्म भी पूर्वजों से विरासत में मिलता है। इसलिए जायजाद की तरह ही इस विचार से उनका अहंकार जुड़ जाता है, वे कुल और पूर्वजों की मान–मर्यादा को छोड़कर सत्य की खुले दिल से खोज करने की कोशिश नहीं करते।

इसके लिये बहुत हिम्मत और हौसले की जरूरत है, जो मनुष्य परमात्मा को पहचान करने में कामयाब हो जाता है तो फिर वह धार्मिक रीति– रिवाजों और कर्मकाण्डों में कैद नहीं होता बल्कि हर तरफ उसका ही जलवा देखता है। इसीलिये सन्त–महात्मा बाहरमुखी साधनों जैसे सिर मुँडाना, नदियों–सरोवरों में स्नान करना या कर्मकाण्ड यज्ञ, जप, जप बगैरह का खण्डन, केवल खण्डन या बेवजह विरोध करने के लिये नहीं बल्कि इंसान को सब भ्रमों से मुक्त करके प्रभु–प्राप्ति के सच्चे रास्ते पर लाने के लिये करते हैं जो चीज एक पैसे की है पर अज्ञानता में एक रूपये की समझी जा रही है, उसे एक पैसे की कह देना उसकी कीमत गिराना नहीं, बल्कि उसकी सही कीमत आँकना है। पर कुछ सम्प्रदाय आजकल गुरू परम्परा को अपने बेटा– बेटियों –रिश्तेदारों में पीढ़ी दर पीढ़ी बढ़ाते चले जा रहे है, जिससे उनकी गद्दियों पर ऐसे वारिसों का अधिकार हो जाता है जो केवल नाम के गुरू–पीर होते हैं, ऐसे नकली गुरू–पीरों में भेष तो सिलसिले या गद्दी पर पहले हो चुके सच्चे गुरूओं–पीरों वाला धारण किया होता है परन्तु अन्दर से रूहानियत के प्रति कोरे होते हैं, जो स्वयं भवसागर से पार नहीं गये वे दूसरों को पार कैसे ले जा सकते हैं। वह मीठी वाणी बोलकर ग्रन्थों–शास्त्रों के हवाले देता है लेकिन उसके हृदय में लोभ की छुरी छिपी होती है तथा उसका मन लालच के अंधकार से भरा होता है। ऐसे समझो जैसे एक स्कूल में एक शिक्षक अपने बेटे सहित कक्षा के तीस **(30)** छात्रों को एक समान शिक्षा **(पढ़ाता–लिखाता)** देता है तो जरूरी नहीं कि अध्यापक का बेटा ही क्लास **(CLASS)** टॉप करे उसमें से कोई भी होशियार–मेहनती छात्र कक्षा में अव्वल आ सकता है, इसी तरह आध्यात्मिक वंश परम्परा चलाने वाले गुरूओं का कोई भी सच्चा भक्त गुरू–गद्दी का आध्यात्मिक उत्तराधिकारी बन सकता है अन्यथः अपने खून के रिश्तों में गुरू–गद्दी देना दूसरे प्रेमी शिष्यों के साथ गुरू का अन्याय हो सकता है। तो क्या जरूरी है कि सन्तों– सतगुरूओं को अपनी आध्यात्मिक दौलत परमात्मा के किसी सच्चे दीवाने को वारिस के रूप में सौंपकर जाना चाहिए? वैसे गुरूओं–पीरों की गद्दियाँ चलना तो आध्यात्मिक रोगियों **(मालिक की तड़प रखने वाले)** के रूहानी इलाज के लिए बहुत आवश्यक है परन्तु वह परमपिता परमेश्वर के संदेशवाहक पीर–पैगम्बर–सन्त–मुनि–महात्मा–गुरू अपनी मौज के मालिक होते हैं और कभी – कभी कोई **सन्त साहिबान** बिना आध्यात्मिक उत्तराधिकारी

बनाये ही अपना शरीर छोड़कर परमधाम को लौट जाते हैं किन्तु ऐसे सूफी–सन्तों के जाने के बाद कुछ तथाकथित (संदिग्ध) लोग उनकी रूहानी गद्दियों के झूठे दावेदार (मालिक) बन बैठते हैं तथा परमात्मा की तड़प वाली भोली–भाली जनता को ठगते रहते हैं, इस तरह के धोखेबाजों से तुम्हें हमेशा सावधान रहना चाहिए।

सुप्रसिद्ध **सूफी सन्त हजरत ख़्वाजा ग़रीब नवाज मोईनुद्दीन चिश्ती अजमेर शरीफ** शरीर छोड़ने से पहले अल्लाह के आशिकों को हजरत ख़्वाजा कुतुबुद्दीन बख्तियार काकी के रूप में अपने उत्तराधिकारी का आध्यात्मिक दीपक जलाकर नया सूफी नये भक्तों को दे गये जिनके नाम से उस वक्त के शासकों द्वारा दिल्ली के महरौली इलाके में इनकी दरगाह के समीप ही उस जमाने की दुनिया की सबसे ऊँची इमारत **'कुतुबमीनार'** बनाई गई। फिर हजरत बख्तियार काकी रहमतुल्लाह अलैह ने हजरत ख़्वाजा फरीदुद्दीन गंजशकर शेख फरीद यानि बाबा फरीद को नया सूफी के रूप में रोशन किया जिनके नाम से आज भारत के पंजाब प्रान्त में **'फरीदकोट'** नाम का एक बड़ा शहर है और इन्हीं बाबा फरीद की सिखों के धर्मग्रन्थ **'श्री गुरुग्रन्थ साहिब'** में पवित्र वाणी दर्ज है। कहते है कि बाबा फरीद जब खुदा की मौज में आकर किसी को दुआ देते थे तो बोलते थे **"जा तुझे इश्क हो"** फिर **बाबा फरीद रहमतुल्लाह अलैह, हजरत ख़्वाजा निज़ामुद्दीन औलिया** के नाम से नया सूफी चिराग जला गये जिनकी दरगाह के समीप ही दिल्ली में आज भारत का प्रसिद्ध **'हजरत निजामुद्दीन रेलवे स्टेशन '** बना है फिर **निजामुद्दीन औलिया रहमतुल्लाह अलैह, अमीर खुसरो** के रूप में नये सूफी का जग में उजयाला किये। आज अमीर खुसरो की मजार उनके **गुरू निज़ामुद्दीन औलिया** की दरगाह के पास ही दिल्ली में स्थित है। **खुसरो** कुछ इस तरह **रूहानियत** का संदेश देते हैं कि–

**"खुसरो पाती प्रेम की, बिरला बाँचे कोय
वेद, कुरान, पोथी पढ़े, प्रेम बिना का होय"**

**"खुसरो दरिया प्रेम का, उल्टी वा की धार
जो उतरा सो डूब गया, जो डूबा सो पार"**

इस तरह आज से लगभग हजार साल पहले सूफियाना परम्परा में ये उच्चकोटि के महान् सूफी–सन्त उस वक्त के लोगों को इस दुनिया में

मिले। ऐसे ही भगवान महावीर, भगवान बुद्ध, हजरत अब्राहम, पैगम्बर जरथुस्त्र, ईसा मसीह, मोहम्मद साहब, गुरूनानक साहिब, संत रविदास, राबिया बसरी, मीराबाई आदि जगतगुरू, संत कबीर, सरमद शहीद, शाई बुल्लेशाह, मंसूर हल्लाज, शाह लतीफ, दादू साहेब, पलटू साहेब, संत तुकाराम, संत नामदेव, चैतन्य महाप्रभु, राधास्वामी आदि जैसे महापुरूष धरती पर समय–समय पर अवतरित होते रहे हैं और जब उन्हौंने जगत को सच की गवाही दी तो जग ने उन्हैं खूब सताया–हजरत ईशा को सूली पर चढ़ा दिया, तो मंसूर को अनगिनत कोड़े मारे, सरमद का सिर काटा, तो पलटू साहब को जिंदा जला दिया, तो रैदास को अछूत कहा, तो मीराबाई को ताने मारे, तो कबीर को बांट लिया, तो बुद्ध पर पागल हाथी छोड़े और जब वे चले गये तो कितने आश्चर्य की बात है कि उनके जाते ही लोग उन्हीं की मूर्तियाँ व समाधियाँ बनाकर उन्हैं पूजना शुरू कर दिये पर उन सन्तों के उपदेश के अनुसार आत्मा को परमात्मा के साथ जोड़ने के सीधे और सहज मार्ग पर चलने के लिये कतई तैयार नहीं हुए यानि जीसस जिन्दा तो मारो, वे मर जायें तो फिर पूजो। आज एक तिहाई दुनिया जीसस को मानती है और जिस दिन जीसस को सूली लगी थी उस दिन तुम्हैं पता है तीन (3) आदमी भी स्वीकार करने को राजी ना थे कि हम जीसस को मानते हैं और जब जीसस को गोल गोथा की पहाड़ी पर उनके कन्धे पर वजनी सूली को लेकर चढ़ाया गया तो वो तीन (3) बार रास्ते में गिरे लेकिन एक भी आदमी ने ये न कहा कि लाओ में साथ दे दूँ, कि चलो में तुम्हारी सूली ढ़ो दूँ और उन दिनों येरूशलम में ऐसी सूली लगती थी कि इंसान एकदम नहीं मरता था उसे छैः (6) घण्टे, बारह (12) घण्टे, कभी–कभी चौबीस (24) घण्टे लग जात थ मरने में, क्योंकि सूली का ढ़ंग बेहूदा था। हाथ–पैरों में कीलें ढोककर लटका देते थे आदमी को, हाथ–पैर से खून बहेगा–बहेगा–बहेगा, घण्टों लगेंगे मरने में, भरी दोपहरी सूली को ढ़ोकर लाया जाना, पहाड़ी पर चढ़ना, जीसस प्यासे, उनके हाथ–पैरों में कीले ठोक दिये गये, वे कहते हैं कि मुझे प्यास लगी, कोई पानी दे दो, मगर उन एक लाख इकठ्ठे लोगों में से किसी एक व्यक्ति ने हिम्मत न की कि कह देगा कि लो में पानी ले आऊँ तुम्हारे लिये। मरते जीसस को तुम पानी न दे सके। लोगों ने उन पर पत्थर फेंके, सड़े छिलके फेंके, गालियाँ दीं, सब तरह के अपमान किये। मरते जीसस को तुमने शान्ति से

भी न मरने दिया, मरते जीसस को लोगों ने भाले चुभा–चुभा कर पूछा कि क्या हुआ चमत्कारों का, क्या हुआ तुम्हारे परमात्मा का, तुम तो कहते थे कि तुम तो ईश्वर के बेटे हो अब कहाँ है तुम्हारा पिता, आये और प्रमाण दे। ये तो तुमने जीसस के साथ व्यवहार किया और फिर तुमने कितने गिरजाघर बनाये जीसस के लिये, इतने तुमने किसी के लिये नहीं बनाये। दुनिया का सबसे बड़ा धर्म बन गया ईसाईयत। ये तो तुम्हारा एक पागलपन ही है कि जिन्दा सन्त तुम्हें कबूल नहीं होते और फिर मुर्दों पर तुम विश्वास करते हो। क्या तुम कभी अपने दिमाग पर जोर डालकर न सोचे कि जिस कबीर ने कभी कागज नहीं छुआ और कलम को हाथ तक ना लगाया हो वो अनपढ़ ढ़ाई अक्षर प्रेम के जानकर आज बड़े–बड़े प्रकांड विद्वानों को परास्त किये हैं, उनके कहे दोहों पर शोध करके आज लोग पीएचडी **(Ph.D)** कर डॉक्टरेट की उपाधि ले रहे हैं, कई बार उनके दोहों का सहारा लेकर आज विश्वभर कीं न्यायपालिकायें अपने न्यायिक फैसले दे रहीं हैं, तो जरा सोचो वो कोई आम आदमी ना रहे होगें, वह मानव काया में साक्षात् परमात्मा की परछाई थे। इसी तरह **'श्री गुरुग्रन्थ साहिब'** जिसमें पूर्व के सन्तों–महात्माओं संत रैदास **(रविदास)**, संत कबीर, राजा पीपा, संत नामदेव, सूरदास, रामानन्द, बाबा शेख फरीद, भाइ मरदाना, गुरु नानक साहिब आदि सिख सम्प्रदाय के तमाम सद्गुरूओं की पवित्र वाणी दर्ज है जिसे लाखों लोग रोज अपना शीश नवाते। क्या तुमने इनकी कही बातों की असलियत को कभी खँगालने की कोशिश की? बाहर के मंदिर–मस्जिद –मक्का–गुरूद्वारे–गिरजाघर जाकर तुम जरा सा भी ख्याल नहीं करते **कि—**

परमात्मा हमसे बोलता क्यों नहीं है? अगर हर तरफ उसका ही वजूद है तो धर्म–स्थलों पर जाकर समय नष्ट करने की आखिर क्या ज़रूरत है? जान लो जब भी परमात्मा तुम पर अपना भेद खोलेंगे तो तुम्हैं सारी कायनात में उनका ही नूर नजर आयेगा। बिना भेद मिले तुम बेकार ही तीर्थ–यात्राओं, मक्का–मदीने, गिरजा–गुरूद्वारों में मन को टहलाते रहोगे और इत्तेफाक़ से तीर्थों में कभी कोई होनी–अनहोनी घट गई तो तुम उस ईश्वर को सदा कोसते ही मिलोगे। इसीलिये अपने शरीर में किसी साधू–सन्त के अधीन जीतेजी तीर्थयात्रा करो तो तुम्हारा जग में आना सफल होगा। इस पर **कबीर साहेब ने फ़रमाया है कि—**

लेकिन जब तुम परमात्मा की यात्रा पर जाने का मन बनाते हो तो तुम्हारे सामने हजारों बहाने आना शुरू हो जाते हैं कि यह तो बुढ़ापे का विषय है, अभी तो जवानी है, बाजार में बहुत रस है इसे भोग लें, फिर आये बुढ़ापा तो देखेंगे ? अरे जब बुढ़ापे में शरीर चुग जायेगा, खाल लटक जायेगी, कमर झुक जायेगी, हाथ-पैर काँपने लगेंगे, आँख–कान–जुबान काम करना बंद कर देंगे, बगल में रखा पानी का गिलास कोसों दूर लगेगा और जब अम्मा को सुबह का खाया शाम याद न रहेगा तो बहु गुस्सायेगी कि सास दिनभर तो खाती है फिर भी पड़ोसभर में हल्ला करती कि बहु खाना नहीं देती, अब बूढ़ी माई का क्या दोष जो उसे उसका दिमाग ही धोखा दे गया यानि जब तुम्हारी बुद्धि ही सठिया जायेगी तब तुम ऐसी मरणासन्न अवस्था में दुनिया–ब्रह्माण्ड की सबसे अनमोल ईश्वरीय सत्ता की खोज में अपना दिमाग लगाओगे वैसे तो परमात्मा किसी भी समय किसी भी इंसान को उसके प्रारब्ध भक्ति कर्मों और उसकी तड़प के कारण   मिल ही सकते हैं पर शरीर के स्वस्थ रहते उचित वक्त से तो हमें जरूर अपनी तैयारी शुरू कर देनी ही चाहिए ताकि हम अपने जन्मों–जन्मों के कर्म–बंधन काट कर इस काल मुल्क से सदा–सदा के लिये आजाद हो सकें परन्तु तुम यहाँ भी मन ही मन भयभीत हो जाते हो कि कहीं जवान बेटा–बेटी इस उम्र में साधु–सन्तों के लफड़ों में ना पड़ जायें, नहीं तो समाज में क्या मुँह दिखायेंगे, कितनी छीछालेदर होगी फलाँ का युवा लड़का संन्यास लेकर अपने जवानी में ही बाबा बन गया ? तुम अपने बच्चों को मंत्री –मजिस्ट्रेट तो बनाना पसंद करोगे ताकि सारे परिवार का उद्धार हो सके, देशभर में नाम ऊँचा हो जाए पर गुरूमुख बनाने से तुम्हारी नाक कट जायेगी जो चाहे तो सारे जगत को पार लगा दे लेकिन तुम्हैं तो यह सपने में भी मंजूर नहीं। तभी तो मीरा ने कहा था कि में चाहती तो घर–परिवार के सारे सदस्यों को इस मझधार से ले जाती किन्तु विष के प्याले पिला–पिला कर अपने पापों के बोझ बढ़ा लेने के कारण मुझे इन सब को यहीं छोड़ जाना पड़ रहा है। माता – पिता और शिक्षक अपने बच्चों में सदाचार के गुण जाग्रत करने की कोशिश तो करते हैं, मगर अफसोस! बच्चे अपने विकास काल में आत्मिक खुराक से खाली रह जाते हैं। उनकी शिक्षा में इससे ज्यादा खोखलापन और क्या हो

सकता है कि वे परमात्मा के बारे में अनजान हैं, जो हर नेकी और गुण का स्त्रोत व सब दातों का भण्डार है। जब शिक्षा में इस बुनियादी उसूल को नजरअंदाज किया जाता है, तो आगे चलकर जीवन भ्रम और उलझनों से घिर जाता है तथा आदरपूर्ण व्यवहार और निर्मल नैतिक चरित्र की परम्परा का ह्रास या पतन होता जाता है। माता–पिता का कर्तव्य है कि वे अपने बच्चों को परमात्मा और परमार्थ के बारे में बतलायें, उनमें सही व स्वस्थ विचार धारा को जाग्रत करें और उनके जीवन को सदाचार की नींव पर खड़ा करें। पर कुछ लोग जिन्हैं समाज में थोड़ी बहुत इज्जत क्या मिली या जिन्होंने दुनियावी कामों में कुछ सफलता क्या हांसिल कर ली, जिन्हैं सच्चे मालिक को जानने की कभी फुर्सत ही ना रही वे प्रेरणा स्त्रोत बनकर जगह– जगह तुम्हें संसार के निजी स्वार्थों को साधने के तमाम ऐसे उदाहरण पेश करेंगे यहाँ तक की धर्म शास्त्रों गीता–कुरान के श्लोकों–कलमों आदि को तुम्हारे सामने इस तरह चालाकी से रखेंगे कि तुम कभी इस मायावी दलदल से बाहर निकलने की सोच तक न सको। फिर भी तुम्हें कहीं सौभाग्य से कोई सच्चा साधु मिल गया और हृदय में प्रभु की भक्ति **(तड़प)** की तरंग पैदा हो गई तो ये नक्काल **(नकली लोग)** तर्क–वितर्क करके तुम्हारे दुश्मन बन बैठेंगे और यदि धोखे से आप इनसे क्रोध में लग गये तो मन तो एक ही है ना, जब मन दुश्मनी का चिंतन करेगा तो फिर वो श्री हरि– गुरू का चिंतन कैसे कर पायेगा? अगर किसी ने एक वाक्य बोल करके आपके दिमाग में टेंशन पैदा कर दिया तो वो जीत गया, आप हार गये, बेवकूफ बन गये, एक सेंटेंस **(SENTENCE)** ने आपको बेवकूफ़ बना दिया और अमूल्य निधि जो इस समय आपके पास थी श्री हरि–गुरू का चिन्तन कर रहे थे उसने छीन लिया और घोर गन्दगी में आपके अन्तःकरण को डुबो दिया। इसीलिये किसी से द्वेष नहीं करना है क्योंकि साधु का काम झगड़ा करना नहीं बल्कि सहन करना और क्षमा करना है, वहाँ पर ये समझना है कि ये भगवान की परीक्षा है वही बैठे–बैठे ये सब गुरू घंटाल करा रहे हैं लेकिन में पीछे हटने वाला नहीं, हाँ जितना चाहें उतना कर लें। एक बार की बात है कि एक हरिद्वार का कुत्ता एक शहर में आया तो वहाँ के एक मरियल कुत्ते की दशा को देखकर उससे बोला–यहाँ तुम रोटी के एक–एक कतरे के लिये सारा दिन मुहताज होते रहते हो और नाहक ही लोग तुम्हैं मारते–भगाते हैं, यहाँ **ट्रैफिक**

(TRAFFIC) इतना कि सड़क पार करते– करते एक्सिडेंट (ACCIDENT) दुर्घटना हो जाये। क्या चक्कर में पड़े हो, चलो यहाँ से हरिद्वार वहाँ सन्त लोग मठाधीश लोगों के यहाँ रोज हलवा–पूड़ी–रसगुल्ला बनता है, लोगों की भीड़–भाड़ भी ज्यादा नहीं है, चलो वहाँ शान्ति से हम लोग माल–ताल खायेंगे। तो उस शहर के कुत्ते ने सोचा बड़ा अच्छा आईडिया (IDEA) विचार है, हलवा–पूड़ी और रसगुल्ला रोज मिलेगा और यहाँ क्या जैसे–तैसे दिनभर में रूखी– सूखी रोटी की जुगाड़ हो पाती वो भी अगर किसी से बच जाए तो, नहीं तो फेंक देगा। अब उस शहर से सौ (100) मील हरिद्वार जाना है तो दोनों कुत्तों ने आपस में प्लान (PLAN) किया कि आराम से हम लोग दस–दस (10-10) मील रोज चलेंगे और दस (10) दिन में हरिद्वार पहुँच जायेंगे। अब वो शहर से निकले तो दस (10) मील पर जब पहुँचे तो एक गाँव मिला, तो गाँव देखते ही उन्हौंने कहा–यहीं रात को विश्राम किया जाये और खाने– पीने का इंतजाम बिठाया जाए। हाँ ठीक है! अब जब उस गाँव में पहुचे, तो खड़े हुये, तो जितने भी उस गाँव के कुत्ते थे, उन्हौंने इन्हैं खदेड़ दिया। ये कुत्तों की कुछ आपसी दुश्मनी होती हैं, अपने– अपने गाँव में वो अपने को जमींदार समझते हैं, अगर दूसरे गाँव का कुत्ता आ जाए तो वे उस पर ऐसा गुर्राते हैं कि वो दुम दबाकर भाग जाये। तो जब खदेड़ दिया तो ये बेचारे वहाँ से भागे। फिर उन्हौंने कहा चलो कोई बात नहीं आगे वाले बीस (20) मील का स्टॉपेज (STOPPAGE) ठहराव जो हमने सोचा था वहाँ रूकेंगे, यहाँ के कुत्ते बड़े बदमाश हैं। वहाँ गये वहाँ के कुत्ते भी इसी प्रकार खदेड़ दिये लेकिन इन कुत्तों ने किसी भी कुत्ते का मुकाबला नहीं किया–अरे हमको क्या चैलेंज (CHALLENGE) ललकारता है, हाँ लड़ ले?अरे बहुत सारे संसार में मूर्ख हैं, में तो कहता हूँ 99% ऐसे ही हैं, जहाँ कहीं कोई गड़बड़ हुई, किसी ने विरोध में कुछ कहा लो लड़ पड़े उससे ग़ैरकानूनी लड़ाई। अरे यह क्या कर रहे हो, अरे तुम अपना काम करो, अपने रास्ते जाओ। वो दस (10) दिन का रास्ता उन कुत्तों ने दो (2) ही दिन में पार कर लिया क्योंकि किसी गाँव वाले ने उन्हैं ठहरने ही नहीं दिया और किसी गाँव के कुत्ते से वो लड़ने में लगे भी नहीं वरना घायल होकर किसी पेड़ के किनारे कहीं मरणासन्न पड़े होते। ठीक इसी तरह यदि तुम भी किसी सतगुरू के साथ परमात्मा की यात्रा पर निकलते हो तो दुनिया की सैंकड़ों अड़चनों से होकर तुम्हैं गुजरना पड़ेगा। अगर तुम संसार वालों से लड़ोगे–भिड़ोगे, उनको

समझाओगे, पंड़ताई दिखाओगे तो इससे तुम्हारा स्वयं का घोर पतन होगा, तुमसे बहुत बड़ी निधि छिन जायेगी। इसलिये किसी भी विरोधी वर्ग का विरोध ना करो और चुपचाप शान्ति से अपने परमधाम को निकल लो, नही तो सभी जीव स्वार्थी हैं इनमें अपनेपन के लालच में मत पड़ो, इनका इंतजार ना करो, ये चार दिन विश्वास में लेंगे और पाँचवें दिन फिर विश्वासघात कर जायेंगे और यदि ये भी न हो तो वो तुम्हैं क्या दे देंगे जिनका तुम आसरा ले रहे हो, जिस क्षण में तुमको शरीर छोड़ना होगा ये सारे आसरे यहीं छूट जायेंगे वो भले ही सब के सब तुम्हारे पीछे जहर खाकर मर जायें फिर भी तुम्हारे साथ नहीं जायेंगे उन्होंने जो आत्महत्यायें कीं हैं उनका दण्ड भोगने के लिये उन्हैं नरक भेजा जायेगा। तो जो चीज सबसे निकम्मी और खराब है, वह है दुनियादारों की सोहबत, तूं इससे जितना बच सकता हैं बच! घर–परिवार, रिश्तेदार, मित्र–यारों का ज्यादा मेल– मिलाप दुःखों की जड़ है, दुनिया का मिलाप जितना कम हो उतना ही अच्छा है लेकिन कुछ लोग दूसरों का आश्रय लेते हैं, कुछ लोग धन–दौलत का आश्रय लेते हैं, कुछ लोग अपना आश्रय लेते हैं। हैय हम और किसी का भरोसा नहीं करते, हम आजतक किसी के सामने सिर नहीं झुकाये, हाँ सिर कटा सकतें हैं पर सिर झुका सकते नहीं। देखो जैसे कोई पागल बोले। रोज सिर झुकाता है– कामी होकर, क्रोधी होकर, लोभी होकर इन दोषों का गुलाम बन करके और गधों के आगे, कूड़ा–कबाड़ा मनुष्यों के आगे सिर झुकाने वाला ये वाक्य बोलता है कि हम किसी को सिर नहीं झुका सकते, अगर कोई कामनाओं का गुलाम न हो तो वह साहस से कह सकता है कि हम किसी के आगे सिर नहीं झुकायेंगे। अगर एक भी कामना एक सेकंड **(SECOND)** को भी आयी तो आपका ये गुमान नहीं चल सकता–प्यास लगी दीनता आयी पानी पिला दो मर जाऊँगा, भूख लगी कोई खाना खिला दो प्राण निकल जायेंगे। इसी प्रकार जितने भी दैविक **(प्रकृतिक आपदा के दुःख)** व मानसिक रोग हैं हमारे, इनके रहते हुए हम ऐसी बात करें या सोचें तो इससे बड़ा पागलखाने में कोई पागल नहीं हो सकता लेकिन हम सब लोग ऐसे ही करते हैं। समय–समय पर जहाँ कहीं बड़ा रूआब दिखाना है– हैय हम कभी किसी के आगे अपने हाथ नहीं **फैलाये! अरे** पैदा होते ही रोने लगे तुम, तुमको भूख लगी माँ के दूध के

लिये, हाथ नहीं फैलाये बड़े आऐ हाथ न फैलाने वाले, तुम लाये क्या थे माँ के पेट से, सब यहीं तो तुमको मिला हाथ फैलाने को। अरे किसके आग तुमने हाथ नहीं फैलाये, तुम्हारी हैसियत है क्या ? तुम्हारी तो देह भी अपनी नहीं, ये शरीर भी तो भगवान ने दिया, गर्भ में इसको तैयार किया, आगे चलकर माँ के स्तनों से दूध दिया और फिर संसार में तमाम खाद्य पदार्थ दिये, भूल गए और कहते हो मैंने किसी के आगे हाथ नहीं फैलाये। इस पर **कबीर साहेब** कहते हैं कि–

कबीर वा दिन याद कर, पग ऊपर तल सीस।
मृत मंडल में आयके, बिसरि गया जगदीश।।

हे मनुष्य वो दिन याद कर जब तुझे माँ के पेट की अंधेरी बदबूदार गर्भ कोठरी में नौ(9) महिने पैर ऊपर और सिर नीचे करके उल्टा लटकाया गया था तब तूं बंद आँखों से मौन में रहकर माँ की हर एक धड़कन की आवाज की चोट पर सिर्फ एक ही वादा करता रहा कि अब मुझे माँफ कर दो इस बार अपने परम पिता परमात्मा को भूलने की कतई गलती ना करूँगा और जैसे ही तूं माँ के गर्भ से निकलकर इस मृत्युलोक में आया वैसे ही तूं सबसे पहले अपने किये परमात्मा से मिलन के वादे को ही भूल गया और फिर तूं संसार में, में–में की बीमारी में फिर से लग गया, ये में–में की बीमारी ने ही तुमको बर्बाद किया है। में–में का मतलब है तुम्हारा मन जो तुम्हैं गुमराह करने की कोशिश करता है। कभी मित्र बनकर समझाता है कि यही तो धन–दौलत का, सुख लेने का, खाने–पीने–पहनने, सैर–सपाटे, रंग–तमाशे करने का मौका है। कभी शत्रु बनकर धमकाना शुरू कर देता है कि जो इष्ट पहले धारण किये हुए हैं उनका त्याग करने से घर में बीमारियाँ, मुकद्दमे और दुःख आ जायेंगे। सुख–दुःख तो हमारे अपने ही पिछले कर्मों के कारण आते हैं पर मन जीव के अन्दर यह भ्रम उत्पन्न कर देता है कि सन्तों की संगति के कारण देवता नाराज हो जायेंगे। मन या काल का वास्तविक उद्देश्य जीवात्मा को परमात्मा की सच्ची भक्ति **(तड़प)** से दूर रखना है। इसीलिये आत्मा को परमात्मा से दूर रखने के लिये काल या मन उसे अनेक प्रकार की बाहरमुखी भक्ति पूजा – पाठ, दियों–तालाबों में स्नान करने, तीर्थों, पुण्य करने आदि में उलझा देता है इसी को सन्त जन **'काल मत'** या **'मन मत'** कहते हैं। मन और माया के बहकावे में आये धर्म के ठेकेदारों ने धर्म को एक धन्धा बना

लिया है। उनको न तो खुद सच्ची रूहानियत का ज्ञान है और न ही वे दूसरों को सच्चे मार्ग पर डाल सकते हैं। कुछ अज्ञानता के कारण और कुछ निजी स्वार्थ के कारण उन्होंने संसार में कर्म–धर्म और नियम –आचार आदि का ऐसा भ्रमजाल रच रखा है जिसमें फँसी आत्मा कभी प्रभु प्राप्ति की मंजिल पर नहीं पहुँच सकती। मन ने निकृष्ट बुद्धि वाले जीवों को तीर्थों और मूर्तियों की भक्ति में, अभिमानियों को ग्रन्थों–शास्त्रों के पठन–पाठन में और दोनों के बीच जीवों को जप–तप आदि के मकड़जाल में फँसा रखा है, ये साधन न कभी आत्मा को काल के दायरे से बाहर ले जा सकते हैं, न चौरासी के बन्धनों को तोड़ सकते हैं और न ही चौरासी के बंधनों को तोड़ने में आत्मा का कोई सहयोग कर सकते हैं। तभी तो सन्त–महात्मा समझाते हैं कि यदि प्रभु धन से मिलता हो तो संसार में जो अधिकांश निर्धन हैं वे उससे वंचित रह जायेंगे, यदि प्रभु विद्या से मिलता हो तो अशिक्षित **(अनपढ)** लोग प्रभु से वंचित रह जायेंगे क्योंकि संसार के बहुत से लोग निरक्षर हैं। मान लो प्रभु वेद, कुरान, बाइबल आदि किसी धर्म–ग्रन्थ के पठन– पाठन से मिलेगा, तो जो लोग ये ग्रन्थ–शास्त्र पढ़–समझ नहीं सकते, वे तो प्रभु से वंचित ही रह जायेंगे। मान लो प्रभु हिन्दू धर्म को धारण करने से मिलेगा तो मुसलमान, यहूदी, ईसाई, पारसी आदि कहाँ जायेंगे। यदि प्रभु मुसलमान बनकर मिलेगा तो हिन्दू, पारसी कहाँ जायेंगे। मान लो प्रभु हिन्दुस्तानियों को मिलेगा तो अमेरिका, इंग्लैण्ड, चीन, जापान, पाकिस्तान में रहने वाले उससे कैसे मिल पायेंगे। अगर नदियों–सरोवरों में स्नान करने से प्रभु की प्राप्ति होती तो अब तक जल जीवों मछली– मेढ़क–मगरों आदि की मुक्ति अवश्य हो जानी चाहिए थी। यदि नंगा रहने से परमात्मा हासिल होता तो जंगल के सभी जीव–जन्तु गधा– घोड़ा–शेर–चीता आदि मुक्त हो जाने चाहिए थे। इसी प्रकार अगर मुंडन **(सिर मुड़ाने)** कराने से ईश्वर मिलता तो भेड़ों–सुअरों को जरूर मिल जाता, यति–सती–ब्रह्मचारी होने से कोई भवसागर को पार कर सकता तो नपुंसक जरूर तर जाते। रात में जागने से उसको हासिल करना मुमकिन होता तो मच्छरों, चमदागड़ों को जरूर मिल जाता अर्थात् पूजा–पाठ, हठ–कर्म वह रास्ता नहीं है जिस पर चलकर रूहानी **(आत्मा)** सफर तय करके मालिक को पाया जा सके। वह प्रभु समदर्शी और दयालु है उसने अपने साथ मिलाप के लिये धन, विद्या, धर्म, जाति, राष्ट्र, स्त्री–पुरुष आदि का ही नही अच्छे और बुरे का भी भेदभाव नहीं

रखा। संसार के हर व्यक्ति में प्रेम करने का सामर्थ्य है। संसार का हर प्राणी बिना किसी भेदभाव के हर समय, हर स्थान पर और हर परिस्थिति में प्रभु से प्रेम कर सकता है। प्रभु भक्ति का सम्बंध प्रेम तथा मन की निर्मलता से है। प्रभु प्रेम से खाली ऊँची जाति का व्यक्ति कभी भी प्रभु से मिलाप नहीं कर सकता इसके विपरीत भले ही किसी व्यक्ति का जन्म नीची जाति में क्यों न हुआ हो यदि उसके मन में प्रभु का प्रेम–तड़प **(भक्ति)** हिलोरें ले रहा है तो उसका प्रभु से अवश्य मिलाप होगा। इसको और स्पष्ट करते हुए **कबीर साहेब कहते हैं–**

"निगुरा ब्राह्मण नहीं भला, गुरूमुख भला चमार।
देवतन से कुत्ता भला, तिन उठि भूकै द्वार।।"

कि ऐसा ऊँची जात का व्यक्ति जिसने सच्चा गुरू न पाया हो और ऐसा नीची जात का व्यक्ति जिसने सच्चा गुरू पा लिया हो तो ऐसे समझो जैसे **67** तुम्हारे घर में पुश्तों **(वर्षों)** से विराजे तुम्हारे इष्ट–देवता किसी के आन पर तुम्हैं कोई खबर नहीं देते और तुम्हारा पालतू कुत्ता भौंक कर तुम्हैं सावधान कर देता है। इस तरह से प्रभु न जाति–पाति देखता है और न ही अमीरी–गरीबी। उसे न विद्वान की विद्वता रिझा सकती है और न ही अनपढ़ की अविद्या उसे प्रभु से दूर रखने का कारण बन सकती है। प्रभु प्राप्ति का एक मात्र साधन प्रभु का सच्चा प्रेम है। जिससे प्रेम होता है वह सदैव उसके ध्यान में खोया रहता है। सच्चा वैराग्य तथा त्याग भी प्रेम द्वारा ही सम्भव है और बड़ी से बड़ी कुर्बानी की शक्ति भी प्रेम ही प्रदान करता है। अकारण ही किसी की ओर खिंच जाना प्रेम है। जिससे प्रेम करते हैं, उसे सबसे बड़ा समझतें हैं और अन्य सभी चीजों को उससे छोटा समझते हैं। जिससे प्रेम करते हैं, उसे पाना चाहते हैं और जिसे पाना चाहते हैं, उसे पाने के लिये सब कुछ खो देने के लिये तैयार हो जाते हैं। जिससे प्रेम करते हैं, उसे खुश करना चाहते हैं। उसे खुश करने के लिये जा उपाय अपनाते हैं, वह उसकी भक्ति तथा पूजा है। अब सवाल उठता है कि जिस संसार को हम प्रेम किए हैं उसे एक दिन फ़ना **(नाश)** होना है यानि जिस लड़की को तुम जी–जान से प्रेम किये, जिसके पीछे अपने माँ–बाप, भाई– बहन, घर–द्वार, जात–बिरादरी छोड़ी आज वो किसी और की हो गई मतलब संसार और इसके पदार्थ झूठे हैं, इसलिए इनसे प्रेम करना अज्ञानता है, वह प्रभु परिपूर्ण है, वह परम सत्य है इसलिये केवल प्रभु से ही प्रेम करना

चाहिए, संसार का प्रेम एक धोखा है। चार दिन आपने बड़ी तारीफ की कि ये रिश्तेदार–दोस्त बड़ा प्रेमी है, बड़ा अच्छा है–बड़ा अच्छा है। अरे ये क्या? ये तो बड़ा बदमाश निकला, ये तो बड़ा स्वार्थी है, ये तो बड़ा चारसौ बीस (420) है, बड़ा नम्बरी लोफर है इसी तरह तुम हर वक्त ऐसे फीके प्रेम (अधूरे प्रेम) की गतिविधियों का एक–दूसरे के व्यवहार से अनुमान लगाकर आँकलन करते रहते हो कि जब से बहु घर में क्या आयी बेटा पहले जैसा ना रहा या कहते हो सास– ससुर के प्राण तो छोटे बहु–बेटा में ही फँसे हैं। यहाँ तक कि देखते रहते हो कि हमें कौन कितना याद कर रहा है। कौन कितना फोन कर रहा है, कौन कितना मिल रहा है, कौन कितना निभा रहा है, फिर क्यों गिरता है कोई प्रेम के मार्ग में, जो सिर्फ सांसारिक सुख चाहता है– हम तो इनके पीछे मरे जा रहे हैं और इनको परवाह तक नहीं है, ठीक है अब आज से हम भी नहीं परवाह करते, तुम क्या समझते हो अपनेआप को, तुम्हीं थोड़े ही सब कुछ हो, में भी कुछ हूँ! अरे ब्याह हो गया और स्त्री–पति में दस (10) साल से बोलचाल बंद है। ऐसे–ऐसे हमारे संसार में लोग हैं। तो निष्काम हम प्रेम करेंगे तो बदला चाहेंगे नहीं, कि फिर हम गिरेंगे कैसे? तभी तो किसी शायर ने सही ही कहा है कि– **"तकलीफें खुद ही कम हो गईं, जब अपनों से उम्मीदें कम हो गईं"** अरे प्रेम करना तो तुम्हारा जन्मजात लक्षण है और तुम प्रेम किये बिना रह ही नहीं सकते। जब तुम पैदा हुए तो जन्म लेते ही भोजन से प्रेम करने लगे और जिसकी तलाश करते–करते तुमने अपनी माँ के स्तनों को खोज निकाला फिर तो सिलसिलेवार तुम माँ–बाप, भाई–बहिन, घर–परिवार, औलाद, रिश्तेदार, मित्र–यार, जमीन–जायजाद, धन–दौलत, गाड़ी– बंगले, पशु–पक्षी आदि अस्थाई वस्तुओं से प्यार कर बैठे जिनके बगैर तो तुम्हारा जीना ही मुश्किल है। अगर तुम्हैं अपने शरीर, रिश्ते–नाते, प्रॉपर्टी आदि से नफरत हो जाये तो नासमझी में तुम आज ही अभी अपने को खत्म कर लोगे। अन्ततः तो तुम्हैं किसी न किसी से प्रेम तो जरूर करना ही है तो दुनियावी पदार्थों से काम चलाऊ प्रेम अवश्य कर लो लेकिन ऐसा तुम सच्चा प्रेम करो जिसका कभी पतन ही न हो और जो सदैव तुम्हारे साथ रहे और सदा तुम उसके साथ रहो परन्तु सच्ची प्रीति कठिन है पर दिखावे का प्रेम व्यर्थ है, खुदा से तुम्हारा इश्क छल–कपट और स्वार्थ का खेल नहीं होना चाहिए। तुम प्रभु के साथ इसलिये प्रेम न करो कि ऐसा करने से तुम्हारे संसारिक कार्य पूर्ण हो जायेंगे या वह

परवरदिगार तुम्हैं सांसारिक पदार्थों से मालामाल कर देगा। न ही तुम इस डर के कारण उसकी प्रीति का दिखावा करो कि उसकी भक्ति न करने से तुम्हारा कुछ नुकसान हो जायेगा या तुम किसी सजा के हकदार बन जाओगे। केवल तुम खुदा की खातिर खुदा से प्यार करो, तुम उससे इसलिये प्रेम करो कि तुम उससे प्रेम किये बिना रह ही नहीं सकते। इस पर कबीर साहेब कहते हैं –

"प्रेम पियाला सो पिय, शीश दच्छिना देय।
लोभी शीश न दे सके, नाम प्रेम का लेय।।"

कि जिसने सच्चा प्रभु प्रेम किया है वह प्रभु प्राप्ति के लिये अपना सब कुछ न्यौछावर कर देगा जबकि आपसे प्रेम का बार–बार गुणगान करने वाले मतलबी लोग वक़्त–मुसीबत पड़ने पर आपके साथ विश्वासघात कर जायेंगे। यही वजह है कि मनुष्य को परमात्मा की सबसे महत्वपूर्ण जीवात्मा इसलिए माना जाता है कि जिस परमात्मा ने इसे मन और माया के कीचड़ में फेंका है, उसी ने इस कीचड़ को साफ करके किसी पहुँचे हुये सन्त–सतगुरू–महापुरूष के संरक्षण में फिर से अपने स्रोत में समाने का सामर्थ्य भी बख्शा है, अपने अन्दर सोये हुए इस भक्ति **(प्रेम)** रूपी सामर्थ्य को जगाकर मनुष्य अज्ञानता से ज्ञान, अपूर्णता से पूर्णता और घोर दुःख से परम सुख की अवस्था में पहुँच सकता है और यही मनुष्य जन्म का असली लक्ष्य है। लेकिन यहाँ एक प्रश्न खड़ा होता है कि वह महापुरूष तुम्हैं परमात्मा से आखिर जोड़ेंगे कैसे ? जब केवल परमात्मा के मिलाप की खातिर तड़फ रहीं मेहनत– ईमानदारी से जीवनयापन करने वालीं नशा मुक्त आत्माओं पर या उस जीव के प्रारब्ध भक्ति कर्मों पर परमपिता परमेश्वर को तरस आने लगता है तो वह स्वयं मनुष्य के अवतार में महापुरूष रूप में आकर जीवात्माओं पर दो विधियों से रहमत करके उन्हैं परमानन्द में मिला लेता है पहला मनुष्य के अलावा संसार के किसी भी जीव के सारे गुनाहों को माँफ कर उसे क्षणभर में यह अमूल्य निधि सौंप सकता है जो केवल–केवल उसकी विशेष मौज़ पर ही कभी–कभार सम्भव हो पाता है जैसे वे चाहे तो किसी भी प्राणी मच्छर से हाथी–व्हेल तक को पलभर में मुक्ति दे सकते हैं तथा दूसरा वह सिर्फ मानव जीवात्मा को पूरे नियम– कायदे **(विधि–विधान)** के साथ ही यह अनमोल आनन्द की सौग़ात दे सकते हैं इसमें उन्हैं काल भगवान से हुए समझौते की शर्त का पालन करके यह

मुक्ति कार्य सम्पन्न करना होता है जिसमें वे उस मनुष्य को अपनी मेहनत–ईमानदारी की कमाई पर गुजारा करने, नशा–माँसाहार से परहेज करने तथा अपने द्वारा प्रदान मंत्र–नाम की दीक्षा के अभ्यास करने के अनुशासन का आदेश जारी करते हैं जिसके साथ वे उस मनुष्य के कुछ कर्मों को उससे शरीरिक, मानसिक, आर्थिक रूप से भुगतवा लेते हैं, कुछ कर्मों को वह उसे दी गई मंत्र–नाम की शक्ति के अभ्यास से कटवा लेते हैं और बाकी कर्मों के प्रभाव को स्वयं ही माँफ करके खत्म कर देते हैं। यहाँ हमें ठीक से समझना होगा कि हमारे कर्म तीन (3) तरह के होते हैं– प्रारब्ध, क्रियमाण और संचित कर्म ? तो कई जन्मों के बिन भोगे जमा कर्मों जिन्हैं संचित या जमा कर्म कहते हैं में से वर्तमान जन्म में भोगने के लिये मिले कर्म आपके **'प्रारब्ध या पिछले जन्मों के कर्म'** कहलाते हैं; फिर पिछले जन्मों के कर्मों **(प्रारब्ध)** को भोगते हुए हमसे प्रतिदिन नये मतलब अभी के जो **अच्छे–बुरे–भक्ति वाले कर्म** होते रहते हैं उन्हैं **'क्रियमाण कर्म'** कहते हैं; फिर एक जन्म के सभी कर्म एक ही जन्म में भोग पाना सम्भव नहीं है, इसलिए हर जन्म के बिन भोगे कर्मों का एक भण्डार जमा होता जाता है जिसे **'संचित या जमा कर्म'** कहते हैं। ये कर्म जीव को चौरासी लाख योनियों के चक्र से बाँधकर जन्म–मरण में घुमाते रहते हैं। इसीलिये जब तक इन कर्मों का चक्कर नहीं छूटेगा तब तक जीव काल भगवान की कैद से कभी भी आजाद होकर अपने परमधाम में वापस नहीं लौट सकता। कर्मों की काट केवल संत–सतगुरू की विशेष कृपा या उनके द्वारा दिये गये नाम–मंत्र की कमाई के प्रयास से ही नष्ट हो सकती हैं। तो ये नाम–मंत्र की शक्ति की बात समझ में नहीं आती, आखिर **'नाम– मंत्र दीक्षा'** है क्या? तो सुनो एक समय की बात है कि एक राजा परमात्मा की खोज में तड़पता हुआ एक फक्कड़ सन्त के पास जा पहुँचा और उससे ईश्वर में मिला देने की करुणामय दरख़ास्त की तो सन्त ने कहा जाओ महाराज आज से **' राम का नाम'** जपो, इतना सुनते ही राजा को बहुत क्रोध आया कि जिस **' राम के नाम'** को में बचपन से ही जान रहा हूँ उन दो शब्दों के सिमरन के लिये मुझे ये बाबा मूर्ख बना दिया, चलो यहाँ से यहाँ भी आना व्यर्थ गया। लेकिन कुछ ही दिनों बाद यही संत उस राजा के भरे दरबार में जा पहुँचा और राजा के सिपाही को राजा की तरफ इशारा करके आदेश दिया कि **'इसे**

बंदी बनाकर कारागार में डाल दो' तो राजा को लगा कि शायद उसके **'राम के नाम'** के अपमान से यह मुझे सबके सामने ज़लील करना चाहता है कि तत्काल राजा ने उसी सिपाही को फक्कड़ बाबा की ओर इशारा करके आदेश दिया कि **'इसे बंदी बनाकर कारागार में डाल दो'** तो वह सिपाही तुरंत राजा की आज्ञा का पालन करते हुए बंदी बनाने की तैयारी करने लगा कि तभी सन्त बोले ठहरो और अब मेरी बात ध्यानपूर्वक सुनो मेरे तथा राजा के आदेश देने के लफ़्ज़ या वाक्य एक जैसे ही हैं। किन्तु दोनों के आदेश की शक्ति में अन्तर है, ठीक इसी तरह पूर्ण संत द्वारा दिया जाने वाला नाम साधारणतया वही है जो हम संभवतः पहले से जानते हैं परन्तु उनके द्वारा दिये जाने वाले उसी साधारण से नाम में उनकी शक्ति काम करती है जिससे हम मालिक को अन्दर में प्रकट कर सकते हैं। इस घटना से आप बखूबी समझ सकते हैं कि एक ही वाक्य पर सिपाही राजाज्ञा का पालन करता है और उसी वाक्य पर संत के आदेश को नहीं मानता। इस बात को अच्छे से जान लें कि संत–महापुरुष परमात्मा का जो भी नाम तुम्हैं सौंपते हैं उस नाम में उनकी आध्यात्मिक शक्ति या ताकत लगी होती है, यदि वो तुम्हैं कंकड़–पत्थर नाम रटने को कहें तो उसमें भी उनकी **ताकत या पॉवर (POWER)** काम कर रही होती है। यहाँ पर ये भी भली– भाँति समझ लें कि ऊपर राजा को दिया **'राम का नाम'** अयोध्या के राजा दशरथ के पुत्र राम का नहीं बल्कि जो परमात्मा कण– कण, रोम–रोम में रम रहा है उसका नाम **'राम'** है तभी तो मीराबाई ने सतगुरू रैदास से नाम की दौलत पाकर कहा था **'पायो जी मेंने राम रतन धन पायो'** तो किसी महापुरूष ने कहा **'राम से बड़ा राम का नाम'** इसीलिये पूर्ण संत राजा के भेष में भी आ सकता है, गरीब से गरीब व्यक्ति के रूप में भी तथा शिष्य राजा–महाराजा भी हो सकता है और दरिद्र भी, सतगुरू विद्वान भी हो सकता है और अनपढ़ भी। अतः सच्चे सतगुरू से सच्चा नाम जिससे परमात्मा की प्राप्ति हो सके, पाने की क्रिया ही सच्ची दीक्षा कहलाती है। यहाँ एक जानकारी अवश्य ले लें कि जो लोग राजघरानों, राजनेताओं, उद्योगपतियों, कुलीन परिवारों आदि में अपने पिछले जन्मों के श्रेष्ठ कर्मों के कारण सुख सुविधाओं में पैदा हुए, पले–बड़े और वर्तमान जीवन में उत्कृष्ट कार्यों को करते हुए ईश्वर की खोज करते हैं अथवा किसी आम व्यक्ति के जीवन में शारीरिक, मानसिक, आर्थिक समस्यायें ना के बराबर रहीं हों

और साथ ही ऐसे लोग अपने मौजूदा जन्म में नाशा–माँसाहार से दूर रहकर, मेहनत–ईमानदारी, साफ–सुथरी छवि से अपना जीवन–यापन करते हुए यदि परमात्मा की तड़प रखते हैं तो इनके कर्म–बंधन ना के बराबर **(नगण्य)** होने की वजह से ये उच्च कर्म श्रेणी की योग्यता रखने के कारण सन्त– सत्गुरू की विशेष मौज द्वारा या तो सीधे या फिर मंत्र–नाम की शक्ति पा कर साधारण लोगों की तुलना में यथाशीघ्र ही परमात्मा में विलय करके अपने असली मानवीय लक्ष्य को सफल बना सकते हैं। लेकिन अब सवाल खड़ा होता कि बच्चे तो काम, क्रोध, लोभ, मोह, अहंकार, छल, कपट, ईर्ष्या, निंदा, बुराई, अपराध आदि से अनज़ान होते हैं, तब तो वे दीक्षा के लायक हो सकते हैं फिर सन्त– महापुरूष इन्हैं मंत्र–नाम क्यों नहीं देते? जैसे एक छोटा सा बच्चा एक हजार के नोट **(रूपये)** की कीमत नहीं समझ सकता है वो इसे कभी भी फाड़ या फेंक सकता है अथवा दूसरे शब्दों में इसे कुछ और गहराई से समझें कि एक तीन–चार साल का मासूम बच्चा **टी0वी0** में समाचारों को देख–सुनकर अपनी माँ से पूछता है कि माँ ये **बलात्कार (RAPE -रेप)** क्या होता है? तो आप ही बताईये समाज का ऐसा कौन सा माँ–बाप या व्यक्ति है जो उस नन्हें से बच्चे को बता सके कि **बलात्कार (RAPE –रेप)** क्या होता है या मान लो कोई उसे समझाने का प्रयास भी करे तब भी वह छोटा बालक नहीं समझ सकता क्योंकि उसके समझने की इन्द्रिय क्षमता का विकास उसकी उम्र के कारण अविकसित है। अतएव मानव शरीर के पूर्ण विकास पर ही सच्चा गुरू उसे मंत्र–नाम की ताकत सौंप सकता है वरना कभी– कभी विशेष कृपा पर वे किसी बच्चे को रूहानी दौलत दे भी सकते हैं। चूँकि आम तौर पर बच्चों को ईश्वर से मिलने की कोई तड़प नहीं होती वे नाम पाकर कभी भी इसका जाने–अनजाने में दुरूपयोग कर सकते हैं– उदाहरण के तौर पर एक बार एक सन्त ने अपने सात **(7)** साल के बच्चे को नाम की दौलत से मालामाल क्या कर दिया कि वो अपने मरे हुए दोस्त को कब्रिस्तान से उठाकर मैदान में खेलने के लिये ले आया जिसका कभी सन्त आदेश नहीं देते, जब सत्गुरू को बेटे की यह करतूत पता चली तो उन्हैं बेटे के अन्दर के रूहानी पर्दे **(पट)** को तत्काल बंद करना पड़ा। इसीलिये नाम की कमाई का भेद बाहर प्रकट नहीं करना चाहिए। इत्र की शीशी से ढ़क्कन उतारने पर इत्र की सुगन्धि तो अवश्य चारों ओर फैल जाती है, पर साथ ही शीशी भी

धीरे–धीरे खाली होती जाती है इसी प्रकार अपनी रूहानी शक्ति लोगों की इच्छायें पूरी करने और बीमारियाँ दूर करने पर खर्च करने से उस शक्ति का भण्डार समाप्त हो जाता है और हम फिर वहीं पहुँच जाते हैं, जहाँ से चले थे। अपनी रूहानी तरक्की का भेद प्रकट करने या ढ़िंढ़ोरा पीटने से सांसारिक प्रसिद्धि जरूर मिल जाती है, पर हम अपनी अमूल्य सम्पत्ति से वंचित हो जाते हैं। मंजिल पर जब भी पहुँचेंगे, मंत्र–नाम के अभ्यास द्वारा जमा की गई रूहानी शक्ति को अन्दर में सँभालकर ही पहुँचेंगे। उस व्यक्ति को कौन बुद्धिमान कहेगा जो इतनी मेहनत से की गई कमाई को, जिसके सहारे उसे एक दिन परमात्मा से मिलाप करके परमात्मा में ही मिल जाना है, संसार की फीकी प्रशंसा के लिये या अपनी और दूसरों की सांसारिक इच्छायें पूरी करने के लिये नष्ट कर दे। यद्यपि रूहानी अभ्यास के फलस्वरूप साधक को ऋद्धियाँ– सिद्धियाँ और करामती शक्तियाँ मिल जाती हैं। ऋद्धियों– सिद्धियों और करामतों के चक्कर में फँसने से आध्यात्मिक तरक्की रूक जाती है और मालिक से मिलने का सफर अधूरा ही रह जाता है।

हजरत राबिया बसरी अपने समय की प्रसिद्ध सूफी संत हैं। एक बार राबिया अपने कुछ सन्तों के साथ बैठकर सत्संग का आनन्द ले रहीं थीं। तभी तात्कालिक विख्यात संत हसन बसरी का वहाँ आगमन हुआ। उनके बारे में कहा जाता है कि वह पानी पर बैठकर नमाज पढ़ते हैं अतः जब उन्होंने लोगों को जमीन पर बैठा देखा तो बोले–चलिये, दरिया पर मुसल्ला **(प्रार्थना करने का आसान)** बिछाकर इबादत **(प्रार्थना)** करते हैं। राबिया ताड़ गई कि हजरत हसन बसरी पानी पर चलने की अपनी सिद्धि का प्रदर्शन करना चाहते हैं। मुस्कुराते हुए **राबिया बोलीं– भाईजान!** हवा में उड़ते हुए इबादत करें तो कैसा रहेगा? राबिया के बारे में भी प्रसिद्ध था कि वह हवा में उड़ते हुए इबादत कर सकतीं हैं। हसन से कोई उत्तर देते न बना। फिर राबिया गंभीर होकर **बोलीं– भाईजान!** जो आप कर सकते हो, वह हर मछली करती है और जो में कर सकती हूँ, वह हर मक्खी करती है। किन्तु सत्य इस करिश्मेबाजी से बहुत ऊपर की चीज है। उसे अपनी सिद्धियों के घमण्ड में आकर इस तरह अपमानित नहीं करना चाहिए। कई अभ्यासी मामूली सी सिद्धि या शक्ति आ जाने पर अपने जूलूस निकलवाने, जयकारे लगवाने शुरू कर देते हैं, पैरों पर माथे टिकवाने शुरू कर देते हैं और

अपनी वाह–वाही लुटवाना शुरू कर देते हैं। कई अन्य रूहानी कमाई वाले अभ्यासी, लोगों को बेटे–बेटियों के और मुकद्दमे जीतने के वरदान देने शुरू कर देते हैं। वे मालिक के दास बनकर रहने के बजाय उसक भागीदार बनने की कोशिश करते हैं कि देखो जो कुछ परमात्मा ने तुम्हारे नसीब में नहीं लिखा था, हम लिख देते हैं। परमार्थ के अमूल्य रत्नों को अनाधिकारी लोगों के सामने मत खोलो उन्हैं इसकी कोई कद्र नहीं, वे स्वार्थवश संसारिक लाभ उठाकर तुम्हारे परमार्थ को बर्बाद कर देंगे। एक बार का वाक्या है कि जब आगरा के परम संत स्वामी जी महाराज की धर्म पत्नी माताजी के भतीजे का लड़का बहुत बीमार हो गया, उसकी आयु करीब दो–तीन वर्ष की थी। वह लड़का बुढ़ापे में उनके घर पैदा हुआ था और सारे परिवार का इकलौता बच्चा था। माताजी ने स्वामीजी के आगे उस लड़के के लिये विनती की तो आपने फरमाया कि इस लड़के की उम्र वश इतनी ही है और परमात्मा का हुक्म मिटाना ठीक नहीं है। हाँ, हम अपनी उम्र में से जितने वर्ष कहो, इसको दे देते हैं। माताजी को यह स्वीकार नहीं था। उस लड़के का दो दिन में ही इन्तक़ाल हो गया यानि मौत हो गई। हमें कुछ पता नहीं होता कि वर्तमान घटना किन कारणों से हो रही है या इस घटना के आगे चलकर क्या परिणाम होंगे। हमें कुछ पता नहीं होता कि किसी घटना का पूरे ब्रह्माण्ड की गति–प्रगति में क्या महत्व है। इसलिये हम उत्तेजित हो जाते हैं, बेचैन हो जाते हैं तथा कई तरह के प्रश्न खड़े करते हैं। अपनी रूह अल्लाह में जज्ब (मिला) कर चुके कामिल दरवेश त्रिकालदर्शी होते हैं। उन्हैं लोक का ही नहीं, परलोक का भी और वर्तमान का ही नहीं भूत और भविष्य का भी ज्ञान होता है और वे जो कुछ भी करते हैं, कुल मालिक से प्राप्त हुए हुक्मानुसार ही करते हैं। अल्लाह से छोटी कोई ताकत, अल्लाह से बिछड़ी रूहों का अल्लाह के साथ नहीं मिला सकती। तभी तो अल्लाह समय–समय, स्थान–स्थान पर कामिल मुर्शिद को पीर–पैगम्बर के भेष में भेज कर बेसब्र (व्याकुल) रूहों को अपने साथ मिलाने का हुक्म देते हैं अर्थात् जो अल्लाह की नजदीकी चाहता है, उसे चाहिये कि औलिया अर्थात् रसूलों की नजदीकी प्राप्त करें। इसीलिये संत परमात्मा के नाम की भक्ति को दूसरे सब साधनों से श्रेष्ठ बताते हुए कहते हैं कि यदि कोई करोड़ों यज्ञ कर ले और सारी धरती की आहुति डाल दे, समस्त तीर्थों पर स्नान कर ले, चाहे कोई अनगिनत धर्म-ग्रंथों का ज्ञाता हो जाय, चाहे उसे वेद

–पुराण आदि जबानी (मौखिक) याद हों जायें, अगर कोई काशी में जाकर अपने को आरे से चिरवा ले, हिमालय की बर्फीली चोटियों में शरीर को गला ले तो भी इससे मन की मलिनता दूर नहीं होती। मन को निर्मल करने के लिये एक मात्र साधन महापुरूष द्वारा दिये गये नाम का सिमरन करना है। नाम भक्ति के अलावा किसी भी अन्य साधन के द्वारा मन को वश में नहीं किया जा सकता। जब तक जीव नाम से नहीं जुड़ता, इसके मन में संसार की आशा–तृष्णा समाई रहती है। जब जीव नाम से जुड़ जाता है तो इसकी आदतें पूरी तरह बदल जातीं हैं इससे यम का फंदा हमेशा के लिये कट जाता है और जीवात्मा जन्म–मरण के बंधनों से छूट जाती है। अतः पूर्ण गुरू के शरण में जाकर जो लोग प्रभु को अन्दर में प्रकट करने का तरीका या साधन सीख लेंगे उनका ही हिसाब–किताब खत्म होगा। मनमत के शिकार हुए लोग कर्मों के हिसाब–किताब से नहीं बच सकेंगे। असली पण्डित और विद्वान वह है जो नाम की कमाई करते हैं और यही सच्ची विद्या है। बाकी सब पढ़ना–लिखना माया का हिस्सा होने के कारण अस्थायी और नाशवान है। उस परमेश्वर तक पहुँचने के लिये बुद्धि की शक्ति काम नहीं देती। दर्शन, विज्ञान और गीता–कुरान पढ़कर भी उसे नहीं पाया जा सकता। जिस विद्वान ने सारी आयु ग्रन्थों–शास्त्रों के पठन–पाठन में गुजार दी परन्तु अल्लाह का दीदार (दर्शन) नहीं किया, वह वास्तव में अनपढ़ और गँवार है। जिस अनपढ़ ने अल्लाह के नाम द्वारा अल्लाह के साथ विसाल (मिलन) कर लिया, वह दुनिया का सबसे काबिल विद्वान है। सूफी फकीर बायजीद जिन्दगीभर मस्जिद जाता रहा, एक दिन भी नहीं चूका, बुखार हो कि बीमारी हो, मगर वो जाये ही जाये, पाँचों नमाज पूरी पढ़े। गाँव तो आदी हो गया था उसका। एक दिन जब वह मस्जिद नहीं आया तो मस्जिद में आये लोगों ने सोचा जरूर रात मर गया होगा, बूढ़ा भी हो गया था, एक ही बात सोच सके कि मर गया होगा क्योंकि और तो हर हालत में वह आता ही, साँस चलती रहती तो आता ही, तो मस्जिद से जल्दी से नमाज पूरी करके वे सारे लोग बायजीद के झोपड़े की तरफ गये, वो गाँव के बाहर एक वृक्ष के नीचे झोपड़ा बनाकर रहता था, वो वृक्ष के नीचे बैठा था, बड़ा मस्त था। गाँव के लोगों ने कहा–बायजीद दिमाग खराब हो गया या कि बुढ़ापे में नास्तिक हो गये, अब काफिर हो रहे हो जिन्दगीभर की प्रार्थनाओं के बाद, आज मस्जिद क्यों नहीं आयें? हम तो समझे कि

तुम मर ही गये और तुमने ये अपनी जाप–माला तोड़कर क्यों फेंक दी? बायजीद ने कहा कि **'में गिनकर क्यों नाम लूं उसका जो बेहिसाब देता है'** हाँ में मस्जिद आता था क्योंकि मुझे खुदा का कोई पता न था। अब मुझे उसका पता मिल गया, अब में क्यों मस्जिद आऊँ, अब तो में जहाँ हूँ वहीं खुदा है, अब में क्यों नमाज पढ़ूँ, ये मेरा एक तारा (वाद्ययन्त्र) बज रहा है ये मेरी नमाज है और ये पक्षी गीत गा रहे हैं वृक्ष पर ये मेरी नमाज है और देखते हो ये हवा सुबह की ताजी–ताजी और ये नई–नई किरणें सूरज की ये मेरी नमाज है। अब में नहीं आऊँगा, अब रखो तुम अपनी मस्जिद, मेरा खुदा ज़र्रे– ज़र्रे में तो है वो किसी मस्जिद में कैद नहीं। पाँच बार पढ़ता था नमाज क्योंकि मुझे पता न था कि चौबीस (24) घंटे नमाज में हुआ जा सकता है। अब मुझे पता हो गया, अब मेरी आँख खुल गई। ऐसा ही कुछ **कबीर साहेब भी कहते हैं कि–**

"कंकर–पत्थर जोरि के, मस्जिद लई बनाय।
ता चढ़ि मुल्ला बांग दे,का बहरा हुआ खुदाय।।"

जब रूह अन्दर कलमे के साथ जुड़ जाती है तो उसे अल्लाह के अस्तित्व का साक्षात् अनुभव हो जाता है। महापुरुष या सत्गुरू का मिल जाना और उनसे आध्यात्मिक नाम का भेद प्राप्त कर लेना कोई ठेका या इकरारनामा (AGREEMENT-एग्रीमेंट-सौदा) नहीं है। बिना नाम की कमाई के उस अलख, अगम, सर्वशक्तिमान प्रभु से मिल पाना असम्भव है। जैसे मेडिकल–इंजीनियरिंग कॉलेज में केवल दाखिला मिल जाने मात्र से कोई डॉक्टर–इंजीनियर की डिग्री हासिल नहीं कर सकता जब तक की वह कॉलेज के अनुशासन में ना रह कर पूरी लगन से नियमित पढ़ाई ना करे। इसी तरह पूर्ण सन्त–महापुरुष से नाम या मंत्र या दीक्षा लेकर कोई परमात्मा से तब तक नहीं मिल सकता जब तक कि वह सत्गुरू द्वारा बतायी युक्ति के अनुसार नशा–माँसाहार को छोड़कर मेहनत–ईमानदारी के अनुशासन में रहते हुए पूरी लगन के साथ नाम का अभ्यास ना करे। पढ़ाई के लिये स्कूल में **ADMISSION** एडमिशन (प्रवेश) मिलना और परमात्मा प्राप्ति के लिये सत्गुरू से नाम मिलना मनुष्य के लिये एक मौका है किन्तु सफल वही हो सकता है जो

मेहनत करेगा। समस्त सृष्टि कर्म–प्रतिकर्म अथवा कर्म तथा फल के अटल नियम के अनुसार चल रही है। वर्तमान जन्म में ऐसे कर्मों से बचना चाहिये जो आगे के लिये गले का फँदा ना बन सकें और पूर्व जन्मों के कर्मों का साधु–संगत तथा नाम की कमाई द्वारा नाश करने का यत्न करना चाहिये ताकि कर्म और फल तथा जन्म–मृत्यु के चक्र को सदा के लिये तोड़कर प्रभु में समा जायें क्योंकि जीवन क्षण – भंगुर है, जीवन पल–पल घटता जा रहा है, मौत मुँह फाड़कर तेजी से हमारी ओर दौड़ी चली आ रही है। कुछ मालूम नहीं कि काल कब दबोच ले। जिस पर **कबीर साहेब कहते हैं कि–**

"चहुं दिस ठाढ़े सूरमा, हाथ लिए हथियार।
सबही यह तन देखता, काल ले गया मार।।"

विश्व के सबसे शक्तिशाली देश के सबसे शक्तिशाली आदमी की सुरक्षा के लिये चारों दिशाओं पूरब–पश्चिम–उत्तर– दक्षिण, जल– थल वायु में बड़े– बड़े ताकतभर हथियारों के साथ महाशक्तिशाली सुरक्षा जवान हर पल तैनात खड़े हैं और जब उस शक्तिशाली आदमी की मौत आती है तो इन सभी शक्तिशाली सुरक्षाओं के रहते हुये भी देखते ही देखते सबके सामने काल **(मृत्यु)** उसे मारकर ले जाता है। इसलिये विलम्ब किये बिना आज और अभी, प्रभु–भक्ति द्वारा प्रभु से मिलाप के लिए भरसक प्रयास करना चाहिए। तभी तो इस आशय पर कबीर दास जी ने सही ही कहा है कि–

"काल करे सो आज कर, आज करे सो अब।
पल में प्रलय होएगी, बहुरी करोगे कब।।"

परमात्मा की प्राप्ति करना अनन्त जन्मों के भक्ति–कर्मों की यात्रा है जिसकी योजना यदि तुम कल बनाना चाहते हो तो उसे आज ही से बना लो और जो आज करना है फिर उसे अभी से शुरू कर दो क्योंकि जीवन बहुत छोटा है अगर पल भर में समाप्त हो गया तब क्या करोगे। परन्तु अज्ञानी जीव गलत साधनों के द्वारा और गलत स्थान पर परमात्मा की खोज करता है बल्कि जीव को जगह–जगह भटकने के बजाय पूरे शब्द या नाम भेदी सतगुरू की संगति में जाकर मालिक की खोज करनी चाहिए, ताकि उसका आवागमन का चक्र सदा

के लिये समाप्त हो जाये। तीर्थों पर तो लोग लम्बी यात्रायें करके, अनेक मुसीबतें सहकर जाते हैं जबकि तीर्थों में पत्थर और पानी के सिवाय और कुछ नहीं है। लेकिन पूर्ण संत तो चलते-फिरते तीर्थ होते हैं और काश यदि उनके द्वारा नाम का भेद अन्दर में खुल जाये तो खुद मालूम हो जायेगा कि प्रभु सर्वव्यापक है, संसार में कोई भी स्थान परमेश्वर से खाली नहीं है। आत्मा और परमात्मा दोनों कहने-सुनने की नहीं, मेहनत और रूहानी अभ्यास के द्वारा प्रत्यक्ष अनुभव की जाने वाली असलियत है। हमें हर प्रकार के संशय और भ्रम को छोड़कर आत्मा को नाम से जोड़कर परम सत्य का निजी अनुभव प्राप्त करना चाहिए। सतगुरू के मार्गदर्शन में रहकर अभ्यास करने वाले साधक तन तथा मन के बन्धनों, कर्म के प्रभाव और मन-माया के नेटवर्क (NETWORK-जाल) से सरलतापूर्वक बच जाते हैं। आत्मा को मन और माया से निर्मल करने का यह अभ्यास प्रत्येक मनुष्य जीते-जी शरीर रूपी प्रयोगशाला के अन्दर सतगुरू रूपी आध्यात्मिक शिक्षक की दया-मदद से शब्द या नाम रूपी औषधि द्वारा अमली तौर पर स्वयं करके देख सकता है। इस अभ्यास द्वारा आत्मा जिंदा रहते परमात्मा से मिलाप के परम आनन्द में लीन हो जाती है। जो दुनिया के सैर, रंग, तमाशों और मान-बढ़ाई में मस्त हैं, वे अल्लाह और अल्लाह के हुक्म से बेखबर और निडर हैं। वे झूठा सौदा इकट्ठा कर रहे हैं। जो अन्त समय साथ नहीं जाता। ऐसे अज्ञानी लोग दीन और दुनिया दोनो बिगाड़ लेते हैं, वह भूल जाता है कि अंत में खुदा हिसाब माँगेगा कि तुझे संसार में किस कार्य के लिये भेजा गया था और तूने यह क्या किया। संत हमें बेटे-बेटियों, रिश्तेदारों, कोमों, मजहबों, मुल्कों स प्यार न करने का पैगाम देते हैं? बिल्कुल नहीं। वे तो केवल जिस्मों के प्यार को रूहों के प्यार में बदलने का संदेश देते हैं और समझाते हैं कि जब तुम अपनी रूह को अल्लाह में तल्लीन कर दोगे तो तुम्हैं कायनात के ज़र्रे-ज़र्रे और दुनिया के हर वजूद में अल्लाह का नूर नजर आयेगा फिर तुम जिसको भी प्यार करोगे, खुदा का रूप समझ कर करोगे। इस वक्त तुम जिसको भी प्यार करने की नादानी कर रहे हो, वह असल में हवस-वासना और मोह-ममता है। जिस प्रेम में अपने-पराये का भेद है, वह प्रेम, प्रेम नहीं। दरवेशों (सन्तों) का संसार में आने का उद्देश्य लोगों की आर्थिक, राजनीतिक, मानसिक या कलात्मक अवस्था सुधारना नहीं होता। उनका तो संसार में आने का एक मात्र उद्देश्य

बिना किसी लोभ–लालच के खुदा के साथ विसाल की इच्छुक रूहों को खुदा के साथ मिलाने का होता है। संसार की हर प्राप्ति व्यक्तिगत है, रूहानियत भी हर इंसान का निजी मामला है जिसे महापुरूषों ने कुछ इस तरह कहा कि—

"संसार दूसरों के प्रेम में पड़ने की यात्रा है, और आध्यात्म अपने प्रेम में पड़ने की"

हर इंसान को स्वयं ही अपने अन्दर अल्लाह के साथ मिलाप करने का प्रयत्न करना है। आन्तरिक भेद अल्लाह के विसाल के लिये अपनाये जाने वाले सब साधनों से न्यारा है। इस भेद को अपने अन्दर सम्भाल कर रखना चाहिए। न हर इंसान इसका अधिकारी है और न ही हर इंसान इस पर विश्वास कर सकता है, इसलिये रूहानी भेद छिपाना जरूरी है। अभ्यासी को आम लोगों के सामने गूँगे और बहरे की तरह रहना चाहिए और अपनी सामर्थ्य को हर तरफ से गुप्त रखना चाहिए, जो आम लोगों में इसे खोलता है वह अपनी अमूल्य धरोहर मिटा लेता है। कभी–कभी संसार में यह भी देखा जाता है कि मुँहज़बानी **(कंठस्थ)** ग्रन्थों–पोथियों को याद करने वाले, जप– तप–पूजा–पाठ करने वाले, मंदिरों–मस्जिदों–गिरजा–गुरूद्वारों में नियमित जाने वाले, दूसरों का भविष्य बताने वाले, लोगों के गलत कार्यों को तंत्र–मंत्र से पूरा कराने वाले चालबाज अहंकारी खुद में परमात्मा की शक्ति का झूठा दिखावा करके तुम्हैं खुदा की धमकी देते हैं कि तुम हमें नहीं जानते हमारी बात कभी खाली नहीं जाती। क्या प्रभु इतना बेसुध **(बेहोश)**, बेहूदा **(बेतुका)** और अन्यायी है कि छल–कपट–बेईमानी से जीने–खाने वाले इन मनचलों के कहे किसी को फायदा, किसी को नुकसान पहुँचायेगा। जिन्दगी में लाभ–हानि, सुख-दुख आना तो हमारे अपने किये का परिणाम है। अरे जिनकी करनी ही परमात्मा को जानने के काबिल ना हो सकी हो, वे नाक़ाबिल तुम्हैं माया की गंदगी का पानी पिला कर **'अपना उल्लू सीधा करने'** की फिराक में रहते हैं। ऐसे मनमुखों की संगति से सदा दूर रहो तथा खुदा की इबादत करते हुए खुदा के प्रेमियों की संगति में रहे, इससे खुदा की निकटता प्राप्त होगी। इन झूठे, कपटी और घमंडियों से कतई ना डर और सूफी–सन्त के बताये रास्ते पर भरोसा कर, उसकी

हुजूरी में जाकर अपनी हस्ती को उसकी हस्ती में मिला ले, नहीं तो ये पाखण्डी तेरा पीछा नहीं छोड़ेंगे। अब फिर सवाल उठता है कि जब अपने किये (कर्मों) की सजा एक दिन भोगना ही है तो फिर शारीरिक कष्टों, मानसिक परेशानियों, आर्थिक तंगी आदि से बचने के लिये अस्पतालों, कचहरियों, बैंकों में जाना बेकार है? बिलकुल भी नहीं। जो कानून व्यवस्थायें, जो सुविधायें आपके दैहिक हकों के सदुपयोग हेतु दुनिया में बनाई गईं उनका कानून की परिधि (सीमा) में रहकर पालन करते हुए लाभ उठाना आपका परम कर्तव्य है जबकि अपने मौलिक अधिकारों का हनन करके अपने हकों का फायदा न लेने का मतलब यह कि आपने अपने आप पर यानि परमात्मा की बनाई संसार की सबसे महत्वपूर्ण काया मानव देह पर अत्याचार करके सीधा ईश्वर के प्रति अपराध किया जो शायद माँफी क़ाबिल न हो सके। लेकिन कुछ नासमझ लोग संतों–महापुरुषों के पास चले जाते हैं कि महाराज बीस (20) साल से मिर्गी आती है–अरे मिर्गी के इलाज के लिये डॉक्टर हैं, अस्पताल हैं। संतों–सत्गुरूओं का काम किसी की मिर्गी को मिटाना, मुकद्दमे जिताना, गरीबी ठीक करना थोड़ी ही है। मान लो यदि वे किसी की मिर्गी को ठीक भी कर दें तो वो व्यक्ति ठीक होकर क्या करेगा और जिनकी मिर्गी ठीक हैं आखिर वे क्या कर रहे हैं, जो मुकद्दमे जीत गये उनका क्या हाल है, जिन्होंने धन बटोर लिया वे रईस कहाँ हैं? मतलब संतों–महात्माओं का उपदेश लोगों की शारीरिक, मानसिक, आर्थिक समस्याओं को छेड़ना नहीं बल्कि उनका लक्ष्य तो सिर्फ नशा–माँसाहार से दूर, हक–हलाल की सीमा में रहकर ईश्वर की तड़प रखने वालीं नेक आत्माओं पर कार्य करना है।

जीव संसार में बाहरमुखी भक्ति के अनेक साधनों में भटकते– फिरते हैं पर पूर्ण सन्त इन बाहरमुखी कर्मों को फोकट कर्म कहते हैं और केवल तीन (3) साधनों पर बल देते हैं– नशा–माँस के परहेज, हक–हलाल (मेहनत–ईमानदारी) की कमाई और नाम का अभ्यास। संत–मुनि मानवता को रंग–रूप, हिन्दू–मुस्लिम–सिक्ख–ईसाई के भेदभाव में नहीं उलझाते और न ही वे एक कर्मकाण्ड को अपनाने या दूसरे को त्यागने की बात करते बल्कि वे तो सिर्फ तुम्हैं हृदय की सफाई और आध्यात्मिक नाम की कमाई का भरोसा दिलाते क्योंकि त्याग प्रेम पैदा नहीं करता, प्रेम त्याग पैदा करता है। त्यागी

कहने को तो घर–गृहस्थी का त्याग कर देते हैं, पर उनका मन संसार में ही आसक्त रहता है। मन में भोगों की इच्छा दब जाती है, परन्तु उसकी जड़ कायम रहती है, जैसे ही भोगों की आंधी चलती है, राख के नीचे दबी तृष्णाओं तथा विकारों की चिंगारी फिर से भड़क उठती है। इसके विपरीत जब प्रभु के नाम का आनन्द प्राप्त होता है, तो हर प्रकार के इन्द्रिय भोग तथा संसारिक ऐश्वर्य बेकार लगने लगते हैं। परमात्मा से बिछड़ी आत्मा केवल प्रभु से मिलकर ही सच्चा और स्थायी आनन्द प्राप्त कर सकती है और हमेशा के लिये जन्म–मरण के दुःखमय बंधनों से आजाद हो सकती है। परमात्मा से मिलाप के लिये कोई बारहमुखी उपाय, कर्मकाण्ड या अनुष्ठान (**धार्मिक बाद्धता**) अपनाने की आवश्यकता नहीं है। आत्मा भी अन्दर है, परमात्मा भी अन्दर है और परमात्मा से मिलने का साधन और मार्ग भी अन्दर है। यह साधन और मार्ग परमात्मा ने सिर्फ मनुष्य शरीर के अन्दर रखा है जो किसी कामिल मुर्शिद (**पूर्ण संत**) के द्वारा ही जाना जा सकता है। एक साधारण मनुष्य में वही शक्ति और आत्मबल होता है जो किसी सन्त में होता है। अन्तर केवल इतना है कि सन्त ने अपनी आत्मा को ढँकने वाले आवरण फाड़ फेंके हैं जबकि सामान्य व्यक्ति रेशम के कीड़े की तरह अपने द्वारा बनाये गये कोश के भीतर है। यदि कोई इन पर्दों को उतार फेंकने का दृढ़ निश्चय कर ले तो दुनिया की कोई शक्ति उसे प्रभु से मिलने से नहीं रोक सकती। जैसे लोहे या तांबे का तार बिजली के खम्भे पर लगा दिया जाये तो बाहर से देखने पर मामूली तार दिखाई देता है लेकिन उसमें बिजली घर (**POWER HOUSE–पॉवर हाउस**) से आ रही अथाह शक्ति बह रही होती है इसी तरह पूर्ण सन्त शारीरिक स्तर पर इंसान होता है पर रूहानी स्तर पर उसके अन्दर मालिक की ताकत काम कर रही होती है। दरिया सीधा खेतों तक नहीं पहुँचता। नहर दरिया को खेतों से और खेतों को दरिया (**नदी**) से जोड़ती है। इसी प्रकार मुर्शिद (**सन्त**) रूह और रब को आपस में जोड़ने वाली कड़ी है। जिसके अंदर खुदा से मिलने की तड़प है, उसे कभी न कभी उसका दीदार जरूर होगा। जो उसकी सच्चे हृदय से तलाश करते हैं, उसकी हुजूरी (**समीपता**) में जरूर पहुँच जाते हैं। सच्चे सतगुरू स्वयं लोगों के उद्धार और कल्याण के लिये स्थान–स्थान पर जाते हैं उनकी संगति को बाहरी सत्संग और अन्दर में

नाम से जुड़ने को आंतरिक सत्संग कहते हैं क्योंकि मंत्र–नाम परमात्मा का निजरूप है, इसलिए वह परम सत्य है। संत–महापुरुष स्वयं देहधारी परमात्मा का नाम–रूप होते हैं इसीलिये पूर्ण संत की संगति करना ही सत्य का संग या सतसंग कहलाता है। संत–महापुरुषों ने बाहर जोत जलाने और शंख–घण्टे–हरमोनियम–तबला–बाँसुरी–नगाड़े आदि वाद्य यन्त्र बजाने को परमात्मा की भक्ति नहीं कहा। बाहरी शंख, घण्टे और जोत असल की नकल है। असली ज्योति और असली ध्वनि हमारे अन्दर है जिसे केवल गुरू द्वारा खोले गये हमारी अन्दर की आँख एवं अन्दर के कान द्वारा ही जानकर परमात्मा तक पहुँचा जा सकता है। इसी को सन्तों ने शब्द, नाम, मन्त्र, वाणी, नाद, हरि–कीर्तन, अखण्ड– कीर्तन, अखण्ड–ज्योति, कलमा आदि कह कर पुकारा है। बाहर की ज्योति तो हमें हर बार बुझने पर जलानी पड़ती है और ध्वनि के लिये बार–बार वाद्य यन्त्रों को छेड़ना पड़ता है जिसे **'आहत नाद'** कहते हैं किन्तु अन्दर की कभी न बुझने वाली **'अखण्ड ज्योति'** और बिना किसी छेड़े या चोट किये **(बजाय)** ध्वनि का लगातार गूँजना **'अनाहत नाद'** कहलाता है जिसे तुम सहज ही ऐकांत में बाहरी कानों को बन्द करके अप्रत्यक्ष रूप में सुनकर अनुभव कर सकते हो। इसी प्रकाश को देखकर व आवाज़ को सुनते हुए आत्मा नाम की शक्ति लेकर आंतरिक रूहानी मण्डलों को पार करती जाती है जैसे रॉकेट ऊर्जा के सहारे अंतरिक्ष को पार करके ऊपर जाता है गिरजाघरों में भी पूजा प्रार्थना शुरू करने से पहले घण्टा बजाया जाता है और अन्दर मोमबत्तियाँ जलायीं जाती हैं। मस्जिदों में **मौलवी बाँग (आवाज)** देते हैं, ताजियों में नगाड़े बजाये जाते और मजारों पर चिराग जलाये जाते हैं किन्तु हमारा शरीर ही परमात्मा का असली मन्दिर–मस्जिद–गिरजा गुरूद्वारा है जिसके अन्दर बिना रूके निरंतर शब्द की धुन गूँज रही है और शब्द का प्रकाश लगातार आ रहा है। हम इसी शब्द या नाम की धुन और रोशनी के जरिये परमात्मा से किसी पहुँचे हुए जानकार यानि पूर्ण सन्त–महापुरूष के द्वारा अपने जिन्दा रहते मिलाप कर सकते हैं क्योंकि किसी के द्वारा तुम्हें मरने के बाद की मुक्ति का भरोसा दिलाना महज एक धोखा है। मजहबी भेदभाव जब भी समाप्त होते है, अन्दर अल्लाह के नूर का दीदार करके होते हैं जहाँ हिन्दू धर्म, इस्लाम, ईसाई मत और यहूदी मत एक हो जाते हैं। सदा याद रखें कि मुर्शिद **(सतगुरू)** और मुरीद **(शिष्य)** का परस्पर आकर्षण शारीरिक

नहीं, रूहानी होता है। सच्चा सूफी कुछ दिये जाने पर नाराज होता है और कुछ न दिये जाने पर खुश होता है, जो लोग धर्म के नाम पर दूसरों के धन को ऐशो-इशरत का साधन बनाते हैं, वे धर्म से इसी तरह नाम की ताकत आत्मा को एक मण्डल से दूसरे मण्डल में खींचकर सच्चखण्ड या परमधाम ले जाती है। संसार के लगभग सभी धर्म-स्थलों में किसी न किसी रूप में जोत जलायी जाती है और घण्टे, शंख, नगाड़े आदि की आवाज पैदा की जाती है। जैन, हिन्दू, बौद्ध मंदिरों में जोत जलाई जाती है और शंख तथा घण्टे बजाये जाते हैं। ईसाईयों के लाखों कोस दूर हैं। अतः जीवन छोटा है और मौत निश्चित है। संसार और शरीर दोनों काल के आहार हैं। ना तो संसार का कोई विश्वास, ना देह का। साँसों की पूँजी क्षण-क्षण खत्म होती जा रही है। संसार देखने में तो सत्य लगता है पर हक़ीक़त में **'भ्रम' 'छल'** या **'धोखा'** है। केवल-केवल परमात्मा की भक्ति या तड़प और नाम की कमाई इंसान की आत्मा का अपना काम या सच्चा काम है क्योंकि यह उसको अपने असल अर्थात् मूल से मिला देता है बाकी सभी पराये काम या झूठे भौतिक दैहिक काम हैं जो जीव को अपने सच्चे प्रियतम् से दूर रखते हैं। मनुष्य संसार में मित्रों और सम्बन्धियों को सच्चे साथी और हितैषी समझता है। वह इनको सुख, शान्ति और धैर्य का साधन मानता है। माता- पिता, बेटे-बेटियाँ, पति-पत्नि आदि तो माया के ठग हैं और अपने-अपने स्वार्थ के सम्बन्धी हैं, सब धोखेबाज हैं, सब बेवकूफ बनाते हैं, हम आपके सुख के लिये पिताजी, हम आपके सुख के लिये **बेटा जी! रे** किसके सुख के लिये कौन करेगा, सोचेगा भी नहीं, करना तो बहुत दूर है। जब माँ के पेट में बच्चा आता है तभी से वो स्वार्थ लगाना शुरू कर देती है– रे मेरा बेटा होगा, फिर बड़ा होगा, फिर लाट साहब बनेगा, फिर बुढ़ापे में सेवा करेगा– ये लो स्वार्थ पहले ही शुरू हो गया। फिर चाहे वो बच्चा भले की मरा हुआ पैदा क्यों न हो। सब स्वार्थ का नंगा नाच है–नंगा नाच। तुमसे तुम्हारे अपने लोग बड़ा दावा करते हैं कि हम तुम्हारे जिगरी यार हैं, जान हाजिर है, ऐसे बोलते है–पति को बीवी बोलती है प्राण प्यारे, बेटे को बाप बोलता है प्राण प्यारे! प्राण प्यारे–खोपड़ा प्यारे सब गलत है। अगर स्त्री-पति प्यार करने चल रहे हों दोनों भुजाओं को फैलाये और बीच में रबड़ का साँप फेंक दो, तो फिर देखो दोनों **आउट टर्न (OUT**

TURN-बाहर भागना) भाड़ में जाए बीवी और पति पहले जान बचाओ, शरीर बचाओ। इसलिए इन्हैं सच्चा और स्थायी समझना भारी अज्ञानता है, ये सब तुम्हैं अपने-अपने मतलब के लिये तुमसे कहते हैं कि हम तुम्हारे माई-बाप हैं, हमने तुम्हैं पैदा किया, पाला-पोषा, बड़ा किया और तुम हो जो आज हमारी बात नहीं सुनते। अरे घमण्डी तूने तो सिर्फ विषय-भोग **(मस्ती)** किया, बनाया तो भगवान ने है उस बालक को माँ के पेट में रखकर, उसका पालन-पोषण किया, उसे शान्ति से गर्भ में नौ **(9)** महिने चुपचाप ध्यान में लगाये रखा। लेकिन जैसे ही वह संसार में परमात्मा की प्राप्ति के उद्देश्य को लेकर जन्म लिया तो बेचारा दुनिया को देखकर खूब रोया कि भाई लोग इस बार मुझे डिस्टर्ब **(DISTURB-तंग)** मत करना पर दुनियादार कहाँ मानने वाले, वे तो उसे रोता देख बहुत खुश हुए। फिर क्या धीरे-धीरे जब बच्चा बड़ा होने लगा तो संसार वाले उसके मौन की शान्त झील में सिलसिलेवार मायावी पत्थर फेंककर उसे सारा जीवन अपने असल लक्ष्य मालिक के मिलाप से लगातार भटकाते रहे। आप लोगों को जिसके पास कोई खास चीज है रूप है, गुण है, विद्या है, बल है, पद है, पैसा है तो उसको दसों आदमी घेरे रहते हैं। तो अधिक घेरे अगर कोई तो समझ लो बड़ा स्वार्थ है इसका, ये ज्यादा झुक रहा है रोज-रोज इससे होशियार रहो और तुम बेवकूफ़ बन जाते हो ये हमसे प्यार करता है, अरे प्यार करेगा कौन संसार में किससे, सब अपने मतलब से प्यार करते हैं। इसलिए इन झूठे रिश्तों का मोह छोड़कर हमें परमात्मा की प्राप्ति में सहायता करने वाले सच्चे साथी सतगुरू और नाम के साथ प्यार करना चाहिए। तुम्हारे हितैषी वश दो **(2)** हैं– एक परमात्मा और दूसरा उनका भौतिक जीव रूप **महापुरूष-गुरू!!** इन दोनों से प्रेम मिलेगा दिव्य **(अलौकिक)** प्रेम और कहीं नहीं मिलेगा तो ये दोनों तुम्हारे सच्चे हितैषी हैं और बाकी सब नोचने-खाने वाले, झूठी-झूठी बातें बनाने वाले, चारों तरफ से अपने-अपने स्वार्थ के लिये एक-दूसरे को मीठी-मीठी बातें करके बेवकूफ़ बना रहे हैं, खुशामद कर रहे हैं तुम्हारी और अगर वो मतलब का सामान चला गया तो कोई नहीं पूछता– आज वो कलेक्टर **(COLLECTOR)** है, डायरेक्टर **(DIRECTOR)** है, जज **(JUDGE)** है। सब चारों ओर से लोग नमस्ते साहब-नमस्ते साहब-लो वो रिटायर **(RETIRE)** हो गया, एक सिपाही तक भी सैल्यूट **(SALUTE–**

सलामी) नहीं मारता उसको! क्यों? अब क्या कोई पॉवर **(POWER— ताकत)** थोड़े ही है उसको। नाटक के पात्रों का आपसी रिश्ता तब तक होता है जब तक वे मंच पर हैं इसी प्रकार जब तक एक—दूसरे से गरज़ होता है, मतलब होता है, रिश्तेदार प्यार का नाटक खेलते रहते हैं और जब मतलब निकल जाता है तो कोई किसी का नहीं होता। ये सब तो मीठे जहर हैं जो हमें मोह के फँदे में फँसाकर हमारी मनुष्य जन्म की अमूल्य पूँजी लूट लेते हैं। यहाँ आवश्यकता संसार और रिश्तों के त्याग की नहीं, इनके प्रति मोह के त्याग की है। अल्लाह के साथ मिलाप के रास्ते में एकमात्र रूकावट संसार के मोह के बंधन हैं, लोग महबूब के साथ विसाल की बातें तो करते हैं परन्तु रास्ते की तकलीफें बर्दाश्त करने के लिये कोई तैयार नहीं। इश्क का सफर तय करना हरेक के वश की बात नहीं तभी तो महापुरूष कहते हैं—

> **"मुझसे इश्क नहीं आसां, वश तुम इतना समझ लीं जौं।**
> **में आग का दरिया हूँ, जहाँ डूब के जाना होगा।।"**

जिसे जितना बड़ा होना है, उसके लिए उतनी ही कठिन परीक्षा रखी गयी है। परीक्षा रूपी कसौटी पर उसका जीवन कसने पर ही जगत ने उसको महान् कहकर स्वीकार किया है। जैसे चुम्बक सुई को अपनी ओर खींचता है और सुई का चुम्बक की ओर स्वाभाविक आकर्षण है, पर सुई पर पत्थर रखा हो तो वह चुम्बक की ओर नहीं जा सकती। इसी तरह परमात्मा आत्मा को अपनी ओर खींचता है और आत्मा के अन्दर परमात्मा के प्रति स्वाभाविक खिंचाव है, पर आवश्यकता आत्मा पर रखे हुए मन, माया और कर्मों के पत्थर को हटाने की है। बुरी सोहबत से या सांसारिक पदार्थों में लिप्त हुए लोगों से मेल—जोल रखने से सांसारिक रूचियाँ पैदा होतीं हैं जो जिज्ञासु को परमात्मा की ओर से हटाकर विषय—विकारों में धकेलती हैं अतः ऐसे गन्दे लोगों से दूर रह, चाहे उनके पास रहने में सांसारिक लाभ की आशा ही क्यों ना हो। अब सवाल पैदा होता है कि जब संसार इतना ही गन्दा है तो अपनी बातों को समझाने के लिये संतों—महापुरूषों को आखिरकार इसी संसार के उदाहरण देकर क्यों पुष्टि करनी पड़ती है?

अगर संसार को गन्दा कहोगे तो चूक हो जायेगी क्योंकि **'हीरा'** तो कोयला से ही पैदा होगा और **'कमल'** तो गन्दगी में ही खिलेगा, फिर राम-कृष्ण-महावीर-बुद्ध-जीसस-मोहम्मद-कबीर-नानक-मीरा-राबिया आदि जैसे **'हीरा-कमल'** तो इसी गन्दगी में ही खिले हैं आपको इन्हीं **'हीरा–कमलों'** को पकड़ना होगा तब जाकर आप अपनी जिंदगी को चूकने से बचा पायेंगे! चूँकि सारी सृष्टी का रचयिता परमात्मा ही है लेकिन तुम्हारा परिचय तो सिर्फ उस संसार से है जिसमें तुम बार–बार जन्म लेकर सुख-दुःख में बदलते रहते हो इसलिये संत– महात्मा उसी से उदाहरण निकाल करके तुम्हें आसानी से समझाते हुए सच का रास्ता दिखाकर अपने असली मालिक परमात्मा के घर का पता बताते हैं। अब फिर सवाल ये खड़ा होता है कि यह कैसे माना जाये कि केवल मनुष्य शरीर को ही परमात्मा से मिलने का दर्जा प्राप्त है? क्या दूसरे शरीर परमात्मा से मिलाप के काबिल नहीं हो सकते हैं? जिस प्रकार किसी खोज **(RESEARCH– रिसर्च)** पर दुनिया के सारे वैज्ञानिक एक मत हों जायें तो ऐसी खोज सर्व विश्व मान्य कहलाती है। ठीक इसी प्रकार समय–समय पर हजारों वर्षों से धरती पर अवतरित उच्च कोटि के सच्चे संतों–सूफियों –पीर– पैगम्बर-महापुरूषों का रूहानी मार्ग **(आत्मा का परमात्मा से मिलाप का रास्ता)** सदा एक जैसा **'मानव तन'** में ही बताया गया। कारण यह कि मनुष्य योनि के नीचे तथा ऊपर की योनियों में सिर्फ कर्मों की जमा पूँजी यानि संचित कर्मों को खर्च किया जाता है, ये दोनों ही योनियाँ अपने कर्मों का नव निर्माणनहीं कर सकतीं अर्थात् अपने कर्मों को प्लस **(PLUS–जोड़)** नहीं कर सकती हैं। मतलब यह कि इन दोनों योनियों में अपने प्रारब्ध कर्मों को केवल माइनस **(MINUS– घटाया)** किया जाता है। तभी तो बहुत ही बुरे कर्मों के कारण नरक या नीचे की योनियों में सुअर, कुत्ता, बिल्ली, गधा, घोड़ा, मछली, मेढ़क, मच्छर आदि बनकर निरन्तर दुःख ही दुःख भोगना पड़ता है और इस तरह से ये सब अपने बुरे कर्मों को काटकर माइनस **(MINUS- घटाते)** करते रहते हैं। तो दूसरी तरफ बहुत ही अच्छे कर्मों के कारण ऊपर की योनियों में देवता आदि बनकर मन चाहे भोग–विलास **(मौज–मस्ती)** करके अपने जमा अच्छे कर्मों को माइनस **(MINUS- घटाते)** करते रहते हैं। इससे यह पता चलता है कि इन दोनों ही योनियों के अच्छे या बुरे कर्मों की जमा दौलत **(संचित कर्म)** जब खर्च करते – करते शून्य

(ZERO-जीरो) हो जायेगी या थोड़े–बहुत अच्छे–बुरे कर्म बचे रह जायेंगे और यदि इन पर भगवत् कृपा हो गयी तो इन्हैं मनुष्य जामा नसीब होगा, फिर केवल मनुष्य शरीर ही ऐसा है जो अच्छे, बुरे व भक्ति वाले काम करके अपने कर्मों को प्लस (PLUS-जोड़) कर सकता है। मनुष्य योनि कर्मों की कमाई योनि है, जबकि अन्य योनियों में सिर्फ कर्मों का खर्चा है अर्थात् सिर्फ मनुष्य को ही कर्मों के नव निर्माण करने की योग्यता हासिल है जिसकी बदौलत वह परमात्मा की भक्ति का कर्म बनाकर उसे प्राप्त कर सकता है यही इस देह की सबसे बड़ी खूबी है। इसीलिये **महापुरूषों ने धर्मशास्त्रों में कहा है कि**–

**"बड़े भाग मानुष तन पावा। सुर दुर्लभ सद् ग्रन्थन्हि गावा।।
साधन धाम मोक्ष कर द्वारा। पाई न जेहिं परलोक सॅवारा।।"**

अर्थात् मनुष्य जीवन बहुत ही भाग्य से मिला है, यह देवताओं को भी **दुर्लभ (कठिनता से प्राप्त होने वाला)** है अतः देवता गण भी मानव शरीर प्राप्त करने के लिए तरसते रहते हैं, यह मोक्ष का द्वार है क्योंकि हम गुरू द्वारा सिमराये गये नाम–मंत्र की साधना **(अभ्यास करना)** करके मुक्ति तक की यात्रा मानव योनि में ही कर सकते हैं, अगर ये दुर्लभ मानव जन्म पाकर भी जीव अपना परलोक नहीं सुधारता है तो उसका ये दिव्य जन्म व्यर्थ हो जायेगा। और फिर भी यदि ऐसा कहने वाल सारे धर्मशास्त्र और संत–पीर–पैगम्बर झूठे हैं तो विश्वभर के कानून अपनी अदालतों में सच उगलवाने के लिये **'गीता–कुरान–बाइबल –गुरूग्रन्थ साहिब'** की कसमों का सहारा क्यों लेते ? फिर देश के शैक्षणिक विषयों में संतो–महात्माओं की वाणी रखकर विद्यार्थियों को क्यों गुमराह किया जाता ? फिर दुनियाभर के गाँवों, शहरों, संस्थाओं आदि के नामकरण संतों–महापुरूषों के नामों पर क्यों रखे जाते ? फिर देश की सरकारें सन्तों की जयंतियों को राजकीय अवकाश **(सरकारी छुट्टी)** घोषित करके उन्हैं हर साल सम्मान क्यों देती? फिर मुल्क के महत्वपूर्ण पदों को संभालने से पहले इंसान **'ईश्वर को साक्षी मानकर'** शपथ क्यों लेता? लेकिन लोग तो कहते हैं कि नास्तिक **(ईश्वर को न मानने वाला)** और नशेड़ी परमात्मा की हस्ती को ही मानने से इंकार करते हैं– दरअसल नास्तिक सुख को ढूँढ़ता रहता है, वस्तुतः तो वह सुख की तलाश में ही लगा है, नास्तिक तो इतना

ही कह रहा है कि अभी मैंने देखा नहीं, जाना नहीं, तो मानूं कैसे? नास्तिक तो सिर्फ अपनी ईमानदारी ज़ाहिर कर रहा है, सच्चा नास्तिक तो आज नहीं कल सच्चा आस्तिक हो जायेगा क्योंकि सच्चाई हमेशा सच्चाई में ले जाती है और नशेड़ी सदा आनन्द में मदहोश **(अचेत–बेसुध)** रहना चाहता है जबकि परमात्मा सुख या आनन्द की ही परम अवस्था है जिसमें एक बार डूब जाने पर परमानन्द का नशा दोबारा कभी नहीं उतरता परन्तु शराब, भांग, गांजा, अफ़ीम, चरस, स्मैग, हेरोइन, कोकेन आदि नशीले पदार्थों का नशा उतरते ही नशेड़ी को हर बार नशे की मस्ती में जाने के लिय बार–बार नशा करना पड़ता है। नशेड़ी उस क्षणिक **(अस्थायी)** आनन्द के लिये अपने माँ–बाप, बीवी–बच्चे, धन–सम्पत्ति, नौकरी, पद, प्रतिष्ठा, यहाँ तक की स्वयं शरीर का भी ख्याल नहीं रखता और संसार के सुख–दुःख को भूलकर वह केवल नशे में ही डूबकर सदा आनन्द में बना रहना चाहता है जबकि नशा सिर्फ मन के तनाव–भटकाव को रोकने की क्षणभंगुर **(क्षण भर स्थिर रहनेवाला)** दवा है, स्वयं के या दूसरों के मन से तंग आकर लोग अपने मन को बेहोश करने की दवा नशा के रूप में लेते हैं इसलिए परमात्मा की यात्रा पर निकलने वाले जिज्ञासु को तो भूलकर भी नशा नहीं करना चाहिए क्योंकि जब मन बेहोश होगा तो फिर वो अन्दर की ओर कैसे मुड़ेगा? तभी तो नशेड़ी न तो बाहर के भौतिक जगत को प्राप्त कर पाता है और न ही अन्दर के आध्यात्म को। यही मूल कारण है कि संतों महापुरूषों ने हमेशा नशा–माँसाहार को रोकने पर बहुत ही ज्यादा जोर दिया हैं क्योंकि ये भक्त के अन्दर की रूहानी चढ़ाई में बहुत बड़े शत्रु बनकर बाधक बनते हैं। माँसाहार के सेवन से मन उत्तेजित होकर संसार की ओर तेजी से भागता है फलस्वरूप अधिक पाप–माया–मोह बढ़ जाने के बोझ से मन अन्दर की रूहानी चढ़ाई में अत्यधिक भारी होने लगता है। जिसके लिये सन्तों–सूफियों ने कहा है कि **हे मनुष्य!** तुम ऐसे मंत्र– नाम के नशा को पीकर ऐसे प्रेम रस **(अमर सुख)** में डूब जाओ जो कभी उतरता ही ना हो, जिसमें कभी धोखा ही ना मिलता हो। पर संसार तो रोजाना अधूरे प्रेम **(सुख)** के चक्कर में दर–दर की ठोकरें खाकर लुटता ही जा रहा है क्योंकि मन से बँधी आत्मा जिस पदार्थ या भोग की ओर जाती है उसमें इसे निराशा मिलती है। इस निराशा के कारण यह दूसरी वस्तुओं और पदार्थों की ओर दौड़ती है परन्तु जितना अधिक यह संसार की शक्लों,

पदार्थों, भोगों और मान–बढ़ाई में उस मूल आनन्द को ढूँढ़ने का प्रयत्न करती है उतनी ही अधिक इसको निराशा होती है और उतनी ही अधिक इसकी हालत खराब होती जाती है। लोग प्रतिदिन नये पदार्थों, पहनावों, रंग–तमाशों और भोगों की ओर दौड़ते हैं, क्योंकि उनको पहले प्राप्त हुई वस्तुओं से सन्तोष प्राप्त नहीं होता–कारण ! इन्द्रियों के भोग और मन के विलास आत्मा का भोजन नहीं है, इसका तो भोजन केवल परमात्मा का प्रेम, परमात्मा का नाम या परमात्मा का मिलाप है और उसमें ही इसे सच्ची शान्ति प्राप्त हो सकती है। इसलिये नाम रस प्राप्त करने के लिये सच्चे सन्त–सद्गुरू–महापुरूष की तलाश करना बहुत ही जरूरी है क्योंकि पूरा गुरू एक ही नज़र से उद्धार **(मुक्त)** करने में समर्थ होता है। शिष्य के उद्धार के लिये वह उसके मन को अपनी तवज्जो **(ध्यान)** देकर स्थिर कर देता है; अविनाशी नाम या मंत्र देने वाला ऐसा सद्गुरू जिस पर अपनी अमृत से भरी दृष्टि डाल दे, उसे सन्त बना देता है। पर सुना है कि सन्त– सद्गुरू–महापुरूष के शरीर को भी काल भगवान एक दिन मृत्यु देंगे? अवश्य, एक न एक दिन तो शरीर छोड़कर सन्त–सत्गुरू– महापुरूष को भी जाना पड़ेगा जिसके लिये **कबीर साहेब कहते हैं कि–**

"आया है सो जाएगा, राजा–रंक–फकीर।
एक सिंहासन चढ़ि चलें, एक बंधे जंजीर।।"

इस संसार में जो आये हैं वे सभी जायेंगें राजा, गरीब और महापुरूष! पर एक सच्चा साधु –संत–महात्मा–भक्त सिंहासन पर बैठ कर अपने परमधाम परमात्मा के पास और दूसरा पापी जंजीर में बाँध कर नरक ले जाया जायेगा। मृत्यु सत्य है तथा प्रकृति का नियम है, जन्म ही मृत्यु का कारण है, जिसने जन्म लिया उसे मरना है तथा जो मरा उसे पुनः जन्म लेना है इसीलिये इस लोक को मृत्यु लोक कहा गया है, मौत किसी के साथ पक्षपात नहीं करता किन्तु आत्मा का कभी नाश नहीं होता। जिस प्रकार कोई कितना भी बड़े पद पर कितना ही प्रभावशाली क्यों न हो? भौतिक जगत में संविधान के नियमानुसार उसे एक दिन रिटायर **(RETIRE–सेवानिवृत्त)** होकर उस पद को छोड़ना ही पड़ता है, इसी प्रकार काल–माया के कानून के अनुसार सन्त– महात्मा–सद्गुरू–महापुरूष को समय आने पर काल का शरीर रूपी मकान एक दिन खाली करना ही पड़ेगा लेकिन सन्त–महात्मा– सद्गुरू

—महापुरूष से शरीर खाली कराने से पहले काल भगवान् उनके सामने अपने मकान की मियाद **(अवधि)** खत्म होने की परेशानी को आदर पूर्वक रखते हैं। यहाँ एक बात अच्छे से समझ लें कि केवल सतगुरू और गुरूमुखों को छोड़कर काल आम जीवात्माओं को बिना बताये किसी भी वक्त शरीर की मृत्यु का स्वतंत्र अधिकार रखते हैं। अतः सन्त—महात्मा—सद्गुरू—महापुरूष पर काल भगवान का अधिकार न होने के कारण और आगे तक काल के इस शरीर रूपी मकान में रहने का अन्तिम निर्णय सिर्फ सत्गुरू—महापुरूष का ही चलेगा अर्थात् वे जब चाहेंगे तभी शरीर छोड़कर जायेंगे। बत्तीस साल की उम्र में जगत्गुरू शंकराचार्य चले गये। अरे वे और दिन रहते, जीव कल्याण करते उनके लिये तो पाबंदी नहीं थी और उनके लिये कायदा कानून नहीं हुआ करता अब महापुरूष कायदे कानून को मान लेते हैं ये बात अलग है। पता हो जब भगवान् राम मानव शरीर में आये तो उनके शरीर छोड़ने से पहले स्वयं काल भगवान् उनसे शरीर के कार्यकाल समाप्त होने की बात कहने आये। इस संसार में दो **(2)** प्रकार के लोग होते हैं एक तो मायाधीन हम लोग और एक मायातीत जिनको संत— सत्गुरू—महात्मा—महापुरूष कहते हैं, ये दो **(2)** प्रकार के लोग इस संसार में हैं, अब महापुरूष बहुत कम हैं, मायाधीन तो **99%** से भी ज्यादा हैं लेकिन जो भी आयेगा इस संसार में उसको एक दिन जाना होगा। अब मायातीत जाता है अपनी इच्छा से और मायाधीन कैदी है इसलिये उसको ले जाया जाता है। महापुरूष की मृत्यु और एक अज्ञानी की मृत्यु में बड़ा भेद होता है। अगर बुद्ध—कबीर और तुम एक ही अस्पताल में मर रहे हों तो डॉक्टर न पहचान सकेगा इस फर्क को? वो तो कहेगा कि इनके मरने में कोई भी अन्तर नहीं है—दोनों के हृदय की धड़कन भी समाप्त हो रही है, दोनों की श्वांस भी डूबी जा रही है, दोनों के खून की चाल खोई जा रही है, दोनों तो एक जैसे मर रहे हैं। पर समझो तुम्हारे और बुद्ध—कबीर के मरने में बुनियादी अन्तर सिर्फ इतना है कि बुद्ध—कबीर पूरे होश में खुशी— खुशी मर रहे हैं और तुम परवश ही असहाय, बेसुध दुःखी होकर मर रहे हो। आप लोगों को पिछले जन्म की याद नहीं है कि जब आप शरीर छोड़ते हैं तो उस समय कितना कष्ट होता है—अरे मेरा बाप, मेरा बेटा, मेरा नाती, ये मेरे मकान, ये मेरी जायजाद ये सब छूटेगा; हैय मैं अकेला जा रहा हूँ—अरे —अरे ये क्या हो रहा है? वो समझाया नहीं जा सकता इतना भयंकर

कष्ट होता है मगर जाना पड़ेगा यहाँ तक की स्वयं भगवान मानव रूप में जब भी इस संसार में आयेंगे तो उनका भी टाईम **(TIME –समय)** नियत होता है, यमराज उनके पास जाता है, प्रणाम करके **चरणों में कहता है– सरकार!** आपका समय हो गया है, अब आपको हम याद दिलाने आये हैं, आपका संसार है, आप रहिए या जाइए, हम ड्यूटि **(DUTY–कर्तव्य)** करने आये हैं। ऐसे ही महापुरूष के सामने जाता है यमराज कि आपकी इच्छा हो तो और रहें लेकिन आपको हम याद दिलाने आए हैं कि आपका टाइम **(TIME–समय)** समाप्त हो गया। तो महापुरूष लोग काल भगवान के नियम का उल्लंघन नहीं करते लेकिन वो प्रारब्ध के अनुसार जैसा नियम पहले कर दिया है उसी अनुसार महापुरूष भी जाते हैं। ऐसे ही प्रारब्ध भी महापुरूष को भी भोगना पड़ता है,मायाधीन तो भोगते ही हैं, अन्तर ये है कि महापुरूष का बाप मरेगा, बेटा मरेगा, धन लुटेगा, वो हँसता रहेगा; अच्छा–अच्छा तुम्हारी यही इच्छा है–ठीक है–ठीक है, कर लो–हँसता रहेगा, हर हाल में और हम लोग हाय–तौबा मचा देते हैं– ये मेरा बेटा चला गया, ये मेरा बाप चला गया; अरे तो चला तो जाना ही है सबको, जो भी आया है जायेगा तुमको मालूम नहीं है क्या? अरे न भी मालूम हो, शास्त्र–वेद न पढ़ें हों– तो देख तो रहे हो संसार में– अरे उसका बेटा मर गया, बाप जिंदा है– हाँ रोज़ देख रहे हैं साहब! तो फिर मानते क्यों नहीं? यही तो हमारी बुद्धि का कमाल है कि देख रहे हैं और नहीं मान रहे हैं। हम नहीं मरेंगे, हम तो अभी पचास **(50)** साल के हैं– अरे तुम अब अस्सी **(80)** साल के हो गए– अरे तो क्या हुआ अभी नहीं मरना है। घोर बूढ़ा जो उठ–बैठ नहीं सकता और घोर बीमारियों से तड़प रहा है लेकिन गला दबाओ–रे क्या कर रहे हो–मरना नहीं चाहता, इतना दुःख तो भोग रहा है, भोग लेंगे। तो जो भी आया है उसको जाना पड़ेगा, ज्ञानी जाये अपनी इच्छा से, भक्त जाये अपनी इच्छा से और जो मायाधीन है वो तो फिर आयेगा लौट के क्योंकि जब तक माया से उत्तीर्ण **(पास)** न होगा इस जेल से छुट्टी नहीं मिलेगी। अब ये अलग बात है कि मानव देह मिले जो साधना किये हैं, अच्छा काम किये हैं, परमात्मा के लिये तड़पे हैं, तन–मन–धन से ईश्वर की सेवा में समर्पित रहे, संत–महापुरूष की सेवा किये हैं उसको मानव देह मिलेगा और जो केवल पेट–पालू हैं और संसार पर ही अपना तन–मन–धन लुटाया है उसको कुत्ते बिल्ली – गधे की योनियाँ मिलेंगी लेकिन सब

जायेंगे जो भी आया सो जायेगा। इस सिद्धांत को समझकर तैयार रहना चाहिए, उम्र नहीं देखना चाहिए कि अभी तो बच्चे हैं–अरे अंधे हो, दिखाई नहीं पड़ता, कितने बच्चे मरे जा रहे हैं रोज! हर समय सावधान रहो। अगले क्षण में भी हम जा सकते हैं। परखे न अभी हमको थोड़े ही जाना है–अरे वो कोई टाईम **(TIME–समय)** नहीं, न कोई उपाय है उसका कि हम रोक लेंगे **दस (10)मिनट** अपनी मृत्यु को, कोई नहीं रोक सकता उसे **1 (एक) सेकण्ड (SECOND)** को भी– अरे हम घर से निकलेंगे ही नहीं–अरे घर से नहीं निकलोगे–हार्ट अटैक **(HEART ATTACK–दिल की गति रूकना)** कर देंगे भगवान! रोज कितने लोग सोते–सोते ही रह जाते हैं, एक जाने–माने डॉक्टर साहब थे उनका लड़का बीमार था– बोले हम खुद ही सम्भाल लेंगे कि लो भूकम्प आ गया और बाप–बेटा दोनों ही उस दिन मकान में दब कर मर गये। बड़ा हट्टा–कट्टा पहलवान चला जा रहा था–रोड़ ऐक्सिडॅन्ट **(ACCIDENT–दुर्घटना)** हो गया–मर गया–सोचा भी न था। बड़े–बड़े **प्राइम मिनिस्टर (PRIME MINISTER –प्रधानमंत्री)**, प्रेसिडेंट **(PRESIDENT –राष्ट्रपति)**, चीफ मिनिस्टर **(CHIEF MINISTER – मुख्यमंत्री)** देखो **हेलीकॉप्टर (HELICOPTER–उड़न खटोला)** का ऐक्सिडॅन्ट **(ACCIDENT)** हो गया, जहाज गिर गया, अरे घर ही में फिसल गये–मर गये–अरे भई क्या–कैसे मरे वो? अरे अब क्या बतायें? वो अपने घर में ही **बाथरूम (BATHROOM–स्नानघर)** में फिसल गये और गिर गये, सिर में चोट लग गई और वह मर गये–अरे ये तो बहाना है गिर गये असली बात तो ये है कि सबका **टाइम (TIME)** निश्चित है भगवान के बहीखाते में जिसका समय पूरा हुआ फिर उसे नहीं रोका जा सकता। तब तो यह बात जरूर बताईये कि परमात्मा से मिलाप में सतगुरू–महापुरूष भक्त का कहाँ तक साथ निभाते हैं? जिस तरह **भगवान् श्री कृष्ण अर्जुन** के **सारथी** बनकर **रणभूमि** में उसे विजयश्री दिलाये। इसी तरह परमात्मा की यात्रा में काल से मुकाबला करने के लिये सतगुरू–संत तुम्हारे साथ रहकर तुम्हारा संसार से लेकर सचखंड या परमधाम तक पूरा–पूरा साथ निभाते हैं लेकिन तुम्हें न तो परमात्मा से मिलाप की चाहत, न ही सतगुरू के साथ की जरूरत और न ही कोई मौत की चिन्ता या याद। जबकि मौत एक ऐसा सत्य है जो किसी भी जीव के साथ कभी भी अन्याय नहीं करता परन्तु तुम इस अटल सत्य को एकदम भूलकर बैठे हो। अरे तुम घर से बाहर बिना योजना के एक कदम

तक नहीं रखते और जिस मानव घर से तुम्हें एक दिन निश्चित विदा होना है उसके बारे में तुम हाथ पर हाथ रखे बैठे हो, तुम हर रोज दूसरों को मरते देखते हो, पर फिर भी तुम्हारे मन में भ्रम रहता है कि मौत दूसरों के लिये है, शायद मुझे कभी मरना ही नहीं है, जीवन को स्थायी समझने की भूल करने वालों को सोचना चाहिए कि आज हमारे पूर्वज कहाँ हैं? उनमें से कोई भी संसार से नहीं जाना चाहता था, पर उन्हैं जाना पड़ा। सीधी सी बात है कि तुमसे पहले आये लोग भी यहाँ नहीं रह सके तो तुम भी नहीं रह सकते। बड़े-बड़े हुए हैं इस संसार में दारा-सिकन्दर-औरंगजेब-हिटलर वगैरह-वगैरह, बहुत बड़ी उन्होंने हुकूमत की और संसार कमाया लेकिन भगवान बड़े होशियार हैं, वो कहते हैं-देखो जी मैंने तुमको शरीर दिया है माँ के पेट में, मैंने दिया है, माता-पिता ने नहीं गड़ा तुम्हारे शरीर को और मैं इस शरीर को यहीं रखवालूँगा और बैरंग (विफल) जाओगे तुम, अगर शरीर ले जाने की पर्मिशन (PERMISSION –अनुमति) दे देते भगवान तो सब हीरे-जवाहरात हम लोग इसी में फिट (FIT) करके ले जाते। संसार से कर्म साथ जायेगा केवल कर्म, नहीं तो रोज लाखों- करोड़ों लोग इस संसार में आ-जा रहे हैं। फिर भी कोई प्रकृति का तिनका भी नहीं ले जा पा रहा है जबकि ईश्वर ने अपनी प्रकृति के खजाने की रखवाली के लिये एक चौकीदार तक नहीं रखा है। इसलिये मनुष्य को हर समय सावधान रहना चाहिए। अगर संसार मिले तो और सावधान रहे। अपने को कंट्रोल (CONTROL- काबू) में रखे और अगर लापरवाह होकर, नास्तिक होकर और भगवान को बिल्कुल भूल जायेगा तो मरने के बाद चौरासी लाख योनियों में भटकना होगा। फिर आप देखेंगे ये कौन जा रहा है-**कुत्ता!** अच्छा ये पहले क्या था-भ्रष्ट-गुंडा- माफिया? हैय-हैय ये भ्रष्ट-गुंडा-माफिया था और कुत्ता बन गया, इसने मानव देह का दुरूपयोग किया। किसी के पास रिवॉल्वर (REVOLVER –तमंचा) हो जाये, लाइसेंस (LICENCE) मिल जाये और वो हर एक को मारना शुरु कर दे, तो क्या हाल होगा, एक नहीं चार (4) फाँसी होंगी। तो उसी प्रकार अगर भगवान ने कृपा करके मानव देह दिया है, तो अपनी भक्ति के लिये दिया है हमको, हम उसके बजाय दूसरों को कष्ट दें और अनन्त प्रकार के संसारी वैभव इक्ठ्ठा करें तो यह परमात्मा के प्रति अपराध है और इसका दुष्परिणाम भोगना पड़ता है।

तुम केक (CAKE) काटकर बर्थडे (BIRTHDAY) का जश्न मानते फिरते हो, क्या कभी तुम्हारे मगज (दिमाग़) में आया? तुम्हारी मौत का पड़ाव तुम्हारे प्रत्येक जन्म दिवस पर तुम्हारे और नजदीक खिसकता चला आ रहा है यानि तुम्हारी गिनती की साँसों से तुम्हारे हर साल के जन्मदिन कटते जा रहे हैं। जिस पर किसी ने सही ही कहा कि—

"एक और ईंट गिर गई, दीवार–ए–जिंदगी से
और नादान लोग कह रहे हैं, कि जन्मदिन मुबारक हो"

और जब मौत होना सुनिश्चित ही है तो तुम इसकी तैयारी की योजना क्यों नहीं बनाते? सारे झूठे कार्यों को सच बनाने में पूरी जिंदगी गँवा देते हो और जो वास्तव में सच है उसकी तरफ जरा सा भी ध्यान नहीं देते, साथ ही साथ तुम कितने स्वाभिमान रहित हो कि हमेशा अपनी इच्छाओं की, अपने कष्टों की, अपनी गलतियों की लिस्ट (LIST–सूची) लेकर मंदिरों–मस्जिदों–गिरजा–गुरूद्वारों में बार–बार मुँह उठाकर (बिना विचारे) पहुँच जाते हो, तुम्हें जरा सी भी लाज नहीं आती कि जो मालिक हमें हवा, पानी, खाद्य पदार्थ आदि मुफ़्त में दे रखा है, जिसके बिना हमारा जिन्दा रहना ही असम्भव है, क्या तुमने उस दाता को कभी खुशी–खुशी नमस्कार करके धन्यवाद दिया ? क्या तुमने कभी सच्चे हृदय से उसको जानने की कोशिश की? कभी नहीं ! अभी घर में एक हफ़्ता बिजली न आये, **एक (1) दिन** पानी बंद हो जाये, आलू, प्याज, टमाटर, रसोई गैस, डीजल, पेट्रोल आदि के जरा से दाम बढ़ जायें तो फिर देखो–बवाल खड़ा हो जाये, लोग सड़कों पर ऊधम मचा दें, **गवर्नमेंट (GOVERNMENT–शासन)** की नाक में दम हो जाये, सरकारें बदल जायें किन्तु यदि वो दीनानाथ मात्र **एक (1)** ही मिनिट हवा बंद कर दे तो तुम्हारी हवा निकल जाये, तुम्हें अपनी औक़ात समझ में आ जाये लेकिन तुम्हें तो बिल्कुल भी होश नहीं कि वो मालिक तुम्हें हर पल ऐसी बहुमूल्य चीजें फ्री (FREE–निःशुल्क) में दे रहा है कि जिसका एहसान तो अनन्त जन्मों तक न चुका सको और फिर भी तुम उस दयावान् परमात्मा को आँख दिखाते रहते हो कि तुमने हमारे साथ किया ही क्या है? तुमने तो हमें परेशानियों के सिवाय कुछ भी नहीं दिया। अरे चालाक अपनी गिरेबान में झाँक कर देख कि तुमने मालिक को आजतक कुछ भी नहीं समझा और बराबर उसे धोखा ही देता रहा। तूने तो उल्टा चोर होकर सारा जीवन कोतवाल

को ही डांटने में गुजार दिया। तूं जवानी, सुन्दरता, धन-दौलत, विद्या, बुद्धि, पद, अधिकार और उच्च कुल या ऊँची जाति किस बात का घमण्ड करता है। ये सब वस्तुयें क्षणभंगुर और नाशवान् हैं। इनका अहंकार भारी अज्ञानता है। बीमारी, बुढ़ापा और मौत के सामने सुन्दरता, ताकत, पद और पैसा आदि का जोर नहीं चलता। फिर मान या अहंकार किस चीज का किया जा सकता है। अरे परमात्मा की तो छोड़ अगर तुझसे दुनियावाले ही अपना-अपना हिसाब वसूलना शुरू कर दें तो माँ-बाप, भाई-बहिन, मिया-बीवी, दोस्त-रिश्तेदार, पड़ोसी, दुकानदार, डॉक्टर, वकील, पुलिस, आयकर **(INCOME TAX-इनकम टैक्स)**, सेल्स टैक्स **(बिक्री कर)** वाले ही तुझे कई जन्मों तक नहीं छोड़ेंगे फिर उस मालिक के दण्ड की तो बात ही अलग है किन्तु फिर भी तेरे पापों से उसकी कृपा बड़ी है कि तुझ जैसे पापी को वो जैसे-तैसे सँभाल कर इसलिए रखा कि हो सकता है कि कभी तुझे उसकी याद आ जाये और तेरी तड़प **(भक्ति)** पर वो तुझे अपना बना लें। लेकिन तुम सब एक-दूसरे को धोखा दे रहे हो-बेटा-बाप को, बाप-बेटे को, पत्नी-पति को पति-पत्नी को। क्या धोखा?- हम आपको सुख देना चाहते हैं-बड़े सुख देने वाले आये- अरे सीधा- सीधा बोलो ना- हम मतलबी हैं-अपना सुख चाहते हैं-इसलिए मम्मी से भी, पापा से भी, बेटे-बेटी सबसे आनन्द चाहते हैं-है किसी के पास नहीं-सब भिखारी-ये ऐसा मज़ाक है जैसे कहीं सब सूरदास-सूरदास हों, अन्धे-अन्धे और उसमें एक अन्धा बोले-अरे भाई मुझे मंदिर जाना है कोई पहुँचा दो-तो दूसरा अन्धा सुन रहा था-उसने कहा-ऐ अन्धे इधर आ, में पहुँचा दूँगा-हाँ भैय्या अच्छे मिल गये आप, बड़ी दया की आपने हमको -हाँ आ जा-आ जा, हाथ पकड़ लिया-दोनों गढ्ढे में गिरे वश ये संसार है, एक-दूसरे को धोखा देने में जुटे हैं सब-क्या तरकीब लगावें की पापा से ये सामान मिल जाये, क्या वाक्य बोलें की बीवी से ये स्वार्थ सिद्ध हो जाये, ये ही तिकड़म सीखा करते हैं हम लोग, और किया करते है अतः संसार के ज़रूरतमंद कार्यों को करते हुए तुम्हें परमात्मा की खोज में लग जाना चाहिए ताकि तुम्हारा मानव तन में आकर परमात्मा से मिलाप का असल कार्य पूर्ण हो सके। अच्छा तो फिर एक बात और बताओ कि मान लो कोई नशा- माँसाहार से बचकर, मेहनत-

ईमानदारी पर गुजारा करते हुए परमात्मा की खोज में निकल पड़ा कि अचानक संत– सत्गुरू के मिलने से पहले ही उसकी मौत हो गई तब उसकी भक्ति करने का क्या मतलब निकलेगा? देखो हमने पैदा होने से लेकर मृत्यु तक जो कुछ भी किया, उसको **कर्म** कहते हैं। अब कर्म भी तीन (3) प्रकार का होता है–एक को कहते हैं **'पाप'**, एक को कहते हैं **'पुण्य'** और एक को कहते हैं **'परमात्मा की भक्ति'**! ये **तीन (3)** प्रकार के कर्म होते हैं, हम तीनों प्रकार के कर्म करते हैं–पाप भी करते हैं संसारी स्वार्थ सिद्धि के लिये, झूठ भी बोलते हैं और धोखा भी देते हैं, लोगों को बातें बनाते हैं। और पुण्य भी करते हैं, कभी दान भी कर देते हैं, कभी किसी की सहायता भी कर देते हैं और सच भी बोलते रहते हैं, हमेशा झूठ कोई बोल ही नहीं सकता, एक आदमी ला दीजिये इस सारे संसार से जो हमेशा झूठ ही बोलता हो–**इंपॉसिबल (IMPOSSIBLE–सम्भव) हैय!** किसी को भूख लगी है वो क्या कहेगा खाना दे दो, क्यों सच बोले–तुम जी? लेकिन अब तो बोलना पड़ेगा। प्यास लगी है, पानी पिला दो, फिर सच बोलना पड़ेगा। देखो भाई दूध में पानी मिलाकर हम लोगों को बेच सकते हैं, खाली पानी बेचे कोई और कहे दूध है तो इसे कौन लेगा? तो सच–झूठ दोनों मिला करके तो हम संसार में व्यवहार चलाते हैं–चला सकते हैं, खाली झूठ नहीं चलेगा। तो पाप भी करते है, पुण्य भी करते हैं और जब संसार की चप्पलें पड़तीं हैं जोरदार तो परमात्मा को भी याद करते हैं। किसी ने **सही ही कहा कि**

"मशगूल थे सब अपनी–अपनी जिन्दगी में,
 जरा सी जमीं (धरती) क्या हिली, कि सबको खुदा याद आ गया"

और फिर बड़े–बड़े प्राइम मिनिस्टर (PRIME MINISTER–प्रधानमंत्री) हमारे इसी देश में जब दुत्कार दिये गये, इलेक्शन (ELECTION–चुनाव) में हार गये, पार्टी की फ़जीयत हो गयी तो जिसने जहाँ कह दिया वहाँ गये आशीर्वाद लेने को। जब डॉक्टर हाथ हिला देते हैं, अब ये नहीं बचेगा तो सब भगवान को मान लेते हैं, मंदिरों में जाते हैं और ऐसी–ऐसी जगह कब्रिस्तान में जाते हैं जहाँ एक आदमी मर गया है एक हजार साल पहले; उसकी हड्डी तक भी न बची होगी, वहाँ जाते हैं मन्नत करने–हमारी मुराद पूरी कर दो, इतनी बड़ी मूर्खता है। तो हम

पाप भी करते हैं, पुण्य भी करते हैं, भगवान को भी सही–गलत मानते हैं, थोड़ी भक्ति भी करते हैं, डरते हैं डरकर ही सही। इस तरह अच्छे–बुरे और भक्ति वाले ये **तीन (3) प्रकार** के **कर्म** होते हैं। तो अच्छे कर्म का फल तो स्वर्ग है आप जानते ही हैं, बुरे कर्म का फल नर्क है ये भी आप जानते हैं, असली कर्म जो है वो **'परमात्मा की भक्ति'** है वश। यानि आपने जितनी भक्ति की परमात्मा की, जितना रूप–ध्यान किया, जितने आँसू बहाये परमात्मा से उनका प्रेम माँगने को, उनका दर्शन माँगने को– ये असली भक्ति है। संसार माँगने गये, ये भक्ति– वक्ति नहीं है, ये तो सिर्फ ढोंग है, धोखा है। तो जो असली भक्ति तुमने अपने जीवन में की, केवल वही तुम्हारा असली साथी है, वो साथ जायेगा और वो वहीं ले जायेगा जहाँ जाने से तुम्हारा काम बनेगा अर्थात् अगर तुमने **दस (10) फीसदी** मन लगा दिया है परमात्मा में और मर गये। तो मरने के बाद भगवान ऐसी जगह तुम्हें पैदा करेंगे जिसके बाप भी भक्त हो, माँ भी भक्त हों, भक्ति का वातावरण हो और तुम बचपन से ही परमात्मा में प्राकृतिक रूप से लगन लगा लोगे, माँ–बाप को आश्चर्य होगा। भगवान फल देते हैं ना, तो वैसे ही आईडिया **(IDEA–योजना)** बना देते हैं। आपके पिछले जन्म के कर्मों के अनुसार आईडिया **(IDEA)** बनाते हैं **भगवान** ! अपनी मर्जी से नहीं यानि वो कमाई पहले की आपको दे देते हैं, तो जो कमी है नब्बे **(90%)** प्रतिशत उसको आप पूरी कीजिये, एक जनम में ना कीजिये, दो में कीजिये, अगले में कीजिये। अच्छा एक बार और पुनः विस्तार पूर्वक समझाइये कि मनुष्य जीवन पर उसके कर्मों का किस प्रकार से असर या प्रभाव पड़ता है? देखो संसार के सारे के सारे जीव यानि चींटी से लेकर हाथी तक और व्हेल से लेकर अमीबा तक सब के सब अपने –अपने कर्मों के कारण इन तमाम तरह के अलग–अलग शरीर रूपी पोशाकों में जीवन से बँधे हुए हैं और मनुष्य शरीर में आने का इंतजार कर रहे हैं ताकि कर्म बन्धनों से छूटकर आजादी या स्थाई **सुख या मोक्ष** प्राप्त कर सकें। **जैसे कि**

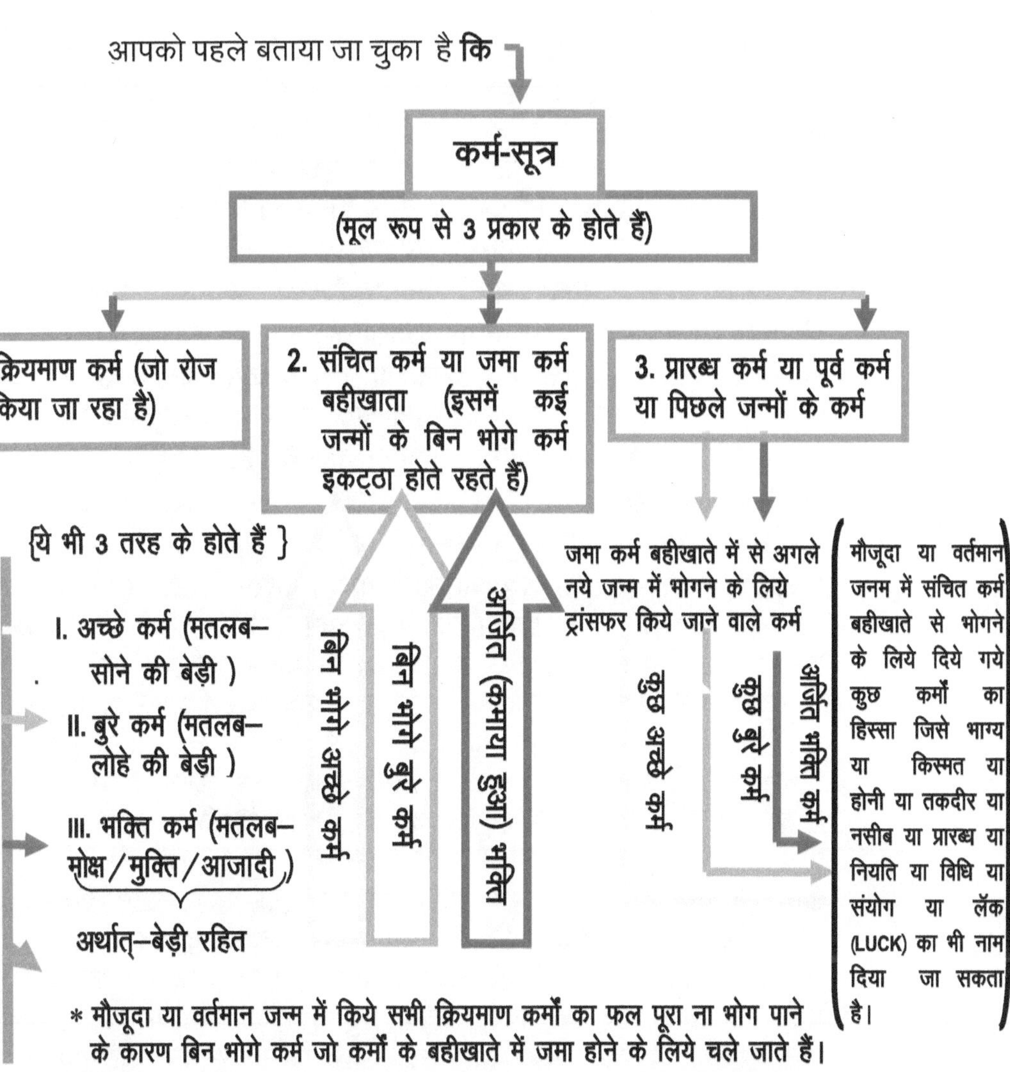

* मौजूदा या वर्तमान जन्म में किये सभी क्रियमाण कर्मों का फल पूरा ना भोग पाने के कारण बिन भोगे कर्म जो कर्मों के बहीखाते में जमा होने के लिये चले जाते हैं।

चेतावनी –जो महापुरुष–संत इन अच्छे–बुरे–संचित–प्रारब्ध कर्मों की बेड़ियों को काटने वाला नाम–मंत्र दीक्षा देकर परमात्मा की भक्ति करायेगा वही जीवात्मा को काल–माया के इस देश से आजादी दिलाकर अपने परमधाम तक पहुँचा पायेगा।

तो इस तरह हर मनुष्य अपने मौजूदा या वर्तमान जीवन काल के दौरान 3 (**तीन**) तरह के अच्छे–बुरे–भक्ति वाले क्रियमाण कर्म करके अपने बिन भोगे क्रियमाण कर्मों को संचित बहीखाते में जमा करता रहता है और फिर संचित बहीखाते में से कुछ प्रारब्ध कर्मों को लेकर बार–बार जन्म लेता और फिर नये जन्म में क्रियमाण कर्मों का नवनिर्माण करता रहता है। यदि वह अच्छे कर्म करता है जैसे अपनी मेहनत–ईमानदारी से रोजी (**काम–धंधा**) कमाता है, कभी–कभार ज़रूरतमंदों की मदद भी कर देता है, जीवों पर दया करता है, नशा–माँसाहार आदि से हमेशा दूर रहता है, तो वह इसका फल पुण्य कर्म यानि अच्छे कर्म के रूप में प्राप्त करता है। फिर यदि वह बुरे कर्म करता है जैसे–छल–कपट–बेईमानी से अपनी जीविका चलाता है, असहाय–निर्दोष लोगों पर अत्याचार करता है, जानबूझकर बेकसूर जीवों की हत्या करता है, तम्बाकू–मदिरा–धुम्रपान–नाश आदि से शरीर को खुद तबाह करता है, गाली–गलौज–अय्याशी आदि कुकर्म करता है, या आत्महत्या कर लेता है। तो वह इन कर्मों का फल पाप कर्म यानि बुरे कर्म के रूप में प्राप्त करता है। फिर इस तरह से पाप–पुण्य के कर्मों का हिसाब ऐसे ही होता है जैसे कोई मजदूर आपके घर दिनभर मजदूरी करे तो आप उसके काम के बदले उसे दिनभर का पारिश्रमिक (**मेहनताना**) दे देते हैं अर्थात् आप अगर अच्छे कर्म करते हैं तो हो सकता है कि आप स्वर्ग–वैकुण्ठ या धरती पर किसी राजघराने में जन्म लेकर सम्भवतः सारा जीवन सम्मान और सुख पायें और यदि आप बुरे कर्म करेंगे तो नरक या धरती पर गधा–सूअर–साँप–बिच्छू आदि योनियों या मनुष्य योनि में जन्म लेकर अत्यन्त दुःखद हालातों में जीवन यापन करते रहें मतलब की पाप–पुण्य के लेखा–जोखा के पाई–पाई के हिसाब का बदला करके प्रभु तुम्हें समय–समय पर देते रहेंगे जबकि क्रियमाण कर्म का तीसरा भाग जिसे परमात्मा की भक्ति (**ईश्वर प्राप्ति**) का कर्म कहते है वह पाप–पुण्य वाले दोनों क्रियमाण कर्मों से बहुत ही अलग है और यही मनुष्य का अपने उद्धार का असली कर्म है जिसके करने से वह जन्म–मृत्यु–दुःख–अस्थाई सुख–पाप–पुण्य के बंधनों से हमेशा–हमेशा के लिए अपने को आजाद (**मुक्त**) कर सकता है। मतलब यह कि यदि वह मौजूदा जन्म में परमात्मा की भक्ति का कर्म करना प्रारम्भ कर देता है तो उसकी भक्ति

के कर्मों की यात्रा का लेखा (**हिसाब**) ऐसे ही शुरू होता है जैसे मान लो उसने मौजूदा जन्म में **10 प्रतिशत (%)** भक्ति कर ली तो अगले जन्मों में वह बची हुई **90 प्रतिशत (%)** भक्ति करके ईश्वर को प्राप्त कर सकेगा।

इस प्रकार से मनुष्य का केवल क्रियमाण कर्मों पर ही अपना स्वयं का अधिकार होता है जबकि प्रारब्ध और वर्तमान क्रियमाण कर्मों के अच्छे–बुरे फलों को तो उसे एक न एक दिन भोगना ही पड़ता है। इसीलिये मनुष्य को अपने क्रियमाण कर्मों पर सदा नियंत्रण रखना चाहिए। ताकि वह अपने मौजूदा जन्म में श्रेष्ठ क्रियमाण कर्म करते हुए परमात्मा की प्राप्ति के रास्ते पर चलने के लायक बन सके। अब तुम्हीं बताओ कि कोई मनुष्य कैसे जाने कि वह अपने क्रियमाण कर्मों पर भी क़ाबू रख सकता है? मान लो तुम चाहो तो किसी को गाली दो, किसी बेकसूर की मारपीट करो, बेवजह झूठ बोलो, बेईमानी से धन कमाओ, लोगों को बेवकूफ़ बनाओ, निर्दोष जीवों की हत्या करो, अकारण ही मौत को गले लगा लो, माँसाहार– शराब आदि का सेवन करो या फिर चाहो तो तुम लोगों से प्रेम से बोलो, शराफ़त और ईमानदारी से जीवन यापन करो, निर्दोष जीवों पर दया करो, भोजन में शाकाहार अपनाओ, नशा–धूम्रपान आदि से दूर रहो, परमात्मा की भक्ति वाले कर्म करो। कुल मिलाकर ये सब कर्म तो आपके खुद के वश में हैं और इन्हैं तुम जब चाहो तब स्वयं क़ाबू में कर सकते हो पर हाँ! इन सब कर्मों का फल तुम्हैं कब, कैसे, कहाँ मिलेगा इस पर तुम्हारा कोई अधिकार नहीं होता और इस तरह तुम इतने चिंतित और विचलित हो जाते हो कि सोचने लगते हो कि मैंने मौजूदा जन्म में तो जहाँ तक मुझे याद है अपने होशो हवास में बहुत ही अच्छे कर्म किये तो मुझे मौजूदा जन्म में ही इसका श्रेष्ठ फल मिलना चाहिए जबकि फँला ने मौजूदा जन्म में बहुत ही बुरे कर्म किये तो उसको फिर मौजूदा जन्म में ही इसका बुरा कर्म दण्ड क्यों नहीं मिलता? कभी–कभार किसी का छोड़कर ये जरूरी नहीं है कि मौजूदा जन्म में किये अच्छे –बुरे कर्मों का पूरा फल उस अपने मौजूदा जन्म में ही मिले। कर्म फल तो हमेशा अगले जन्मों के लिये **ट्रांसफर (TRANSFER– स्थानान्तरण)** होते रहते हैं। यही कारण है कि कर्मों के आधार पर मनुष्य के **प्रारब्ध** या **भाग्य** का **हिसाब आध्यात्मिक** तथा **भौतिक दो (2) प्रकार के दृष्टिकोणों से निम्नवत्** होता है –

1. **प्रथम**–आध्यात्मिक दृष्टिकोण से **(प्रारब्ध भक्ति कर्मों के नजरिये से)**–प्रारब्ध भक्ति कर्मों के अनुसार दुनिया में चार **(4)** तरह के लोग धरती पर जन्म लेते हैं–

I. **पहला–परम भक्त ➔** प्रारब्ध **भक्ति कर्मों** के कारण परमात्मा की तड़फ रखने वाले ऐसे बच्चों का जन्म लेना जो घर में परमात्मा की भक्ति के विरोध के बावजूद भी पैदायशी रूप से परमात्मा की भक्ति में लग जाते हैं जैसे–पिता हिण्यकश्यप की घोर आपत्ति के बाद भी पुत्र प्रहलाद का प्रभु भक्ति में जन्म से ही लग जाना, लंकापति रावण के अत्यंत विध्न डालने के बाद भी उनके भाई विभीषण का परमात्मा की भक्ति करते रहना आदि।

II. **दूसरा–भक्त ➔** ऐसे इंसान जो किसी भी प्रकार की परमात्मा की भक्ति न करते हुए सिर्फ अपने दुनियादारी के काम–धान्धों को ही करने में व्यस्त रहते हैं कि अचानक जीवन की यात्रा के दौरान उनके प्रारब्ध भक्ति कर्मों पर किसी की बात सुनकर या किसी को देखकर या कुछ पढ़कर चोट लग जाने से वे सब कुछ छोड़कर भक्ति मार्ग पर चल पड़ते हैं अर्थात् उनके प्रारब्ध भक्ति कर्मों का झरना चट्टान को तोड़कर परमात्मा के सागर की तरफ बह पड़ता है– जैसे बीमार व्यक्ति, बूढ़ा शरीर और मुर्दा को श्मशान ले जाते देख राजा सिद्धार्थ महात्मा बुद्ध हो गये, रत्नाकार डाकू नारद मुनि के वचनों की चोट लगने से महार्षि वाल्मीकि बन गया, खूंखार हत्यारा अंगुलिमाल गौतम बुद्ध से बहस **(वाद–विवाद)** के बाद बौद्ध भिक्षु **(सन्यासी)** बन गया, तुलसीदास अपनी पत्नी रत्नावली की बातों के दिल पर चोट लगने से गोस्वामी तुलसीदास बन गये, सदना कसाई एकाएक जीवहत्या के अपने व्यवसाय को छोड़कर भगत बन गया और इसी तरह आज भी संसार में देखने को मिलता है कि कोई उच्च शिक्षित इंसान, किसी ऊँचे पद पर बैठा कोई माननीय, कोई उद्योगपति, कोई अपराधी, कोई नशेड़ी आदि भी अकस्मात् सब कुछ त्यागकर किसी चीज की चोट पड़ जाने से आध्यात्म के रास्ते पर निकल पड़ते हैं।

III. <u>**तीसरा—सत्संगी**</u> → कुछ प्रारब्ध भक्ति कर्म होने की वजह से कुछ लोग कभी-कभार सत्संगों में जाकर अपनी कुछ बुराई त्याग करके जीवन को सुधारने का प्रयास करने में लग जाते हैं जिनसे उनके नये क्रियमाण भक्ति कर्म उन्हैं परमात्मा के रास्ते पर चलने को अग्रसर करते रहते हैं जैसे—कोई नशेड़ी अपना नशा करना छोड़ दे, कोई माँसाहारी व्यक्ति माँस खाना छोड़ दे आदि।

IV. <u>**चौथा—पाखण्डी**</u> → अपने थोड़े-बहुत प्रारब्ध भक्ति कर्म होने के कारण ऐसे कुछ लोग जो नियमित धार्मिक जगहों—सत्संगों में तो जरूर जायेंगे, ज्ञान की बातें भी बहुत सुनेंगे-करेंगे पर अपने पेशे में जाकर झूठ बोलेंगे-बेवकूफ बनायेंगे, अपनी दुकान में आकर कम तौलेंगे, नौकरी में भ्रष्टाचार करेंगे आदि जिनके उदाहरण आप सब रोज ही समाज में देखते होंगे।

2. **द्वितीय**—भौतिक दृष्टिकोण से **(प्रारब्ध अच्छे-बुरे कर्मों के नजरिये से)**—प्रारब्ध अच्छे-बुरे कर्मों के अनुसार दुनिया में चार **(4)** तरह के लोग धरती पर जन्म लेते हैं—

I. <u>**पहला—परम सौभाग्यशाली**</u> → वे मनुष्य जो प्रतिष्ठित उच्च घरानों में पैदा होते ही सारा जीवन सम्मान, दौलत और सुविधाओं को प्राप्त करते हैं जैसे-राजघरानों, राजनेताओं, उद्योगपतिओं के घर जन्म लेने वाले बच्चे।

II. <u>**दूसरा—सौभाग्यशाली**</u> → वे मनुष्य जो अपने जीवनकाल में नाममात्र **(अत्यल्प)** परिश्रम करते हैं और उन्हैं सैकड़ों-हजारों – लाखों गुना अधिक अच्छा फल मिल जाता है जैसे– अखबार **(समाचार पत्र)** बाँटने का काम करने वाला एक गरीब घर का लड़का उस देश का राष्ट्रपति बन जाता है, रेलवे स्टेशन पर चाय बेचने का काम करने वाला एक गरीब घर का लड़का उस देश का प्रधानमंत्री हो जाता है, पेट्रोल पम्प पर तेल भरने का काम करने वाला एक जवान अपने देश का सबसे बड़ा उद्योगपति बन जाता है आदि।

III. तीसरा—भाग्यशाली → वे मनुष्य जो अपने जीवनकाल में जितना मेहनत करते हैं उन्हैं उनके प्रारब्ध व वर्तमान मेहनत के मिले—जुले असर के कारण थोड़ा कम—ज्यादा फल प्राप्त जरूर होता रहता है जैसे नौकरशाह, डॉक्टर, इंजीनियर, वकील, दुकानदार, मजदूर आदि होना।

IV. चौथा—दुर्भाग्यशाली → वे मनुष्य जो सारी जिंदगी अटूट श्रम तो जरूर करते हैं परन्तु उन्हैं उनके प्रारब्ध **(नसीब)** के कारण फल हमेशा जीरो **(ZERO-शून्य)**, निराशाजनक और दुःखद ही मिलता रहता है जैसे—उन्हैं हर काम में नुकसान हो जाना आदि।

इसीलिये **भगवान समझाते हैं कि हे मनुष्य!** तेरे संचित—प्रारब्ध और वर्तमान क्रियमाण कर्मों के अनुसार मुझे फैसला करना होता है कि किसे कब, कैसे, कहाँ और कैसा फल देना है? इसकी फ्रिक तूं बिल्कुल ही मत कर तथा मेरे न्याय पर पूरा—पूरा भरोसा कर। हाँ—कभी—कभी तुझे जरूर लगता होगा कि अमुक व्यक्ति तो बहुत मेहनती, ईमानदार, मिलनसार, नेकदिल इंसान है किन्तु उसके बीवी—बच्चे बड़े निकम्मे, बेईमान, अव्यवहारिक और दुष्ट हैं जबकि अमुक व्यक्ति तो शराबी और बाईजाद है परन्तु उसके बीवी—बच्चे समझदार, ईमानदार, शिक्षित और शरीफ़ हैं। दरअसल संसार वालों को सिर्फ अपने वर्तमान जन्म में किये कर्म नजर आते हैं इस स्तर से संसार वालों का अपना कुछ और गणित **(कैलकुलेशन— CALCULATION)** होता है जबकि मालिक के पास प्रत्येक मनुष्य के अनन्त जन्मों के संचित—प्रारब्ध व क्रियमाण कर्मों के खाते रखे हुए हैं, अब ये उन्हीं को तय करना है कि किस जीव को, किस जन्म में, किस समय, क्या फल देना है। अतः भगवान का गणित कुछ और ही होता है इसलिए वे अपने गणित से किसी भी जीव को किसी भी जन्म में कैसा भी फल दे सकते हैं जो उनकी गणनानुसार जीव के लिये पूरी तरह से न्यायपूर्ण होता है जिस पर संदेह करना मनुष्य की कोरी अज्ञानता मात्र है। जिसको **गीता** में **भगवान श्रीकृष्ण ने स्पष्ट रूप से कहा** —

"कर्मण्येवाधिकारस्ते मा फलेषु कदाचन"

अर्थात् तेरा कर्म करने में ही अधिकार है, उसके फलों में कभी नहीं। इसलिए जो हो रहा है, सो अच्छा हो रहा है, जो हुआ– सो अच्छा हुआ, जो होगा– सो अच्छा होगा। परिणाम की चिंता मत कर, फल देना मुझ पर छोड़ दे, तूं तो केवल अपना कर्म कर।

इस तरह मनुष्य को अपने आधिकारिक क्रियमाण कर्मो पर सावधानी से ध्यान रखते हुए परमात्मा की भक्ति वाले कर्मो को गम्भीरता से करना चाहिये ताकि वह इस भ्रमजाल से आजाद होकर अपने परमधाम के लिये पलायन कर सके। तो इस प्रकार से सिर्फ भक्ति कर्म ही तुम्हारा साथी होगा। इस बात को तुम **2-4 (दो–चार)** मिनट **(MINUTE)** रोज सोचा करो, तुम सोचते ही नहीं हो। हम अकेले थोड़ी ही हैं– अरे तुम्हैं अकेले ही जाना होगा और जो साथ देगा तो केवल यही तुम्हारी भगवत् भक्ति–इसीलिये अपने साथी को खूब बना लो, नहीं तो जाते समय तुम्हें कोई नहीं रोक पायेगा। मम्मी, पापा, बेटा, बेटी, दोस्त–यार सब के सब यही बैठे रह जायेंगे और शोक मानायेंगे- पिताजी तुम चले गये। तुम तो कह रहे थे कि रिटायर **(RETIRE–अवकाश प्राप्त)** होने के बाद केवल भगवत् भक्ति करेंगे–अरे वो सब तो ठीक है पर अब टाइम **(TIME–समय)** कटता नहीं है; काटना है टाइम को, ये मानव देह का दायित्व काटना है, किसी प्रकार खत्म हो जाये और फिर कुत्ते–बिल्ली–गधे बनें तब बढ़िया रहेगा। इस बात को सोचना चाहिए ताकि अभ्यास बना रहे अकेले जाने का, फिर हाय–हाय ना करो मरते समय। एक **अल्हड़ फ़कीर (भोले भाले साधु)** के अकेलेपन का मज़ाक उड़ाने वाले दुनियादारों से उस **फ़कीर ने कहा**–

**"मेरे अकेलेपन का मज़ाक उड़ाने वालों–जरा ये तो बताओ,
जिस भीड़ में तुम खड़े हो – उसमें कौन तुम्हारा है ? "**

इसलिए हमको ये सोचना चाहिए अकेले जाना होगा, कोई साथी ना मिलेगा और साथी होगा तो एक परमात्मा की भक्ति, वो जितना कमा लो, वश वही तुम्हारा बढ़िया साथी है और वो तुमको ठीक जगह पर ले जायेगा और थोड़ी बहुत कमी है वो पूरी हो जायेगी वहाँ। तब तो एक बात और जरूर बताईये कि एक सच्चे संत या सतगुरु के एक सच्चे

शिष्य या सच्चे भक्त से किस प्रकार के सम्बंध होने चाहिए? असल में, कहीं शिष्य गुरू को जरूरत से ज्यादा न पकड़ ले, कहीं ऐसा न हो कि वो गुरू को ही पकड़ ले, परमात्मा को भूल जाये, शिष्य के साथ ये खतरा है ही। क्योंकि गुरू पकड़ में आता है, परमात्मा तो पकड़ में आता नहीं, गुरू दृश्य है, गुरू देह में है, परमात्मा तो अदृश्य है, परमात्मा तो विराट में है। इसलिये गुरू से मोह लग जाता है, ममता लग जाती है, मेरे–तेरे का भाव जुड़ जाता है, गुरू से अहंकार का सम्बंध बन जाता है– मेरा गुरू–मेरा, मैं को मजबूत करने लगता है। गुरू तो सिर्फ स्मरण करवाता है परमात्मा का, अब इसमें मत उलझे रह जाना। गुरू से सीख लो और चलो, गुरू की सुनो और चलो, गुरू का उपयोग कर लो, गुरू का सेतु (पुल) बना लो और उस पार जाओ, जाना तो परमात्मा में होगा, मुक्ति तो वहीं घटेगी, परमात्मा ही देने वाला है मुक्ति का लेकिन वो मुक्ति तभी घटेगी जब गुरू ने 'नाम' सुमरा दिया हो, जो गुरू के बिना ही हरि को जपते हैं, जो साधक नहीं हैं, साधु नहीं हैं, जिन्होंने जीवन को दांव पर नहीं लगाया, जीवन में सच्चे गुरू से दोस्ती नहीं की, जो बड़े अहंकारी हैं, जो किसी के चरणों में झुकना ना चाहेंगे, जो शिष्य बनने में अड़चन पाते हैं, कहते हैं वो अपना खुद कर लेंगे, गीता पढ़ लेंगे, गुरुग्रंथ पढ़ लेंगे, बाइबिल पढ़ लेंगे, कुरान पढ़ लेंगे, वो अपना खुद कर लेंगे, शास्त्र तो रखे हैं अब और गुरू को क्या खोजना, हम अपना पढ़ लेंगे शास्त्र, खुद बैठकर याद कर लेंगे। जो शिष्य बने ही नहीं, जो अपने घमण्ड को पकड़े बैठे हैं, जो अपने गुमान के कारण किसी गुरू के सामाने झुक नहीं सकते, ऐसे लोग मुर्दा गुरूओं के पास बैठते हैं, मुर्दा गुरूओं का कोई मतलब नहीं। अगर बुद्ध जिन्दा हों तो वे ना जायेंगे, जब बुद्ध मर जायेंगे तब उनके 'धम्मपद' को पढ़ेंगे, उनकी किताबों को पढ़ेंगे। मुर्दा गुरू के साथ एक सुविधा है, तुम्हारा जो मन हो वैसी व्याख्या कर लो, जो अर्थ निकालना हो निकाल लो, मुर्दा गुरू बीच में आकर कह नहीं सकता कि तुम ये क्या कर रहे हो। बुद्ध के मरने के बाद लोंगो ने क्या किया, बौद्धों के कई सारे सम्प्रदाय बना लिए, महावीर के मरने के बाद क्या हाल हुआ, मोहम्मद के मरने के बाद, जीसस के मरने के बाद, नानक के मरने के बाद, कितने ही सम्प्रदाय फैल गये। सम्प्रदाय

का मतलब क्या होता है कि व्याख्या करने में लोग भटक गये, जिसको जैसी व्याख्या करनी है वैसी करें, अब नानक बीच में आकर ना कह सकेंगे कि ये गलत है, मेंने तो ऐसा नहीं कहा था मेंने कुछ और कहा था? मुर्दा गुरू के तुम मालिक हो जाते हो, जिन्दा गुरू तुम्हारा मालिक होता है और तुम्हारा अहंकार किसी को अपना मालिक नहीं बनाना चाहता। ये सोचना कि गुरू से ही मुक्ति मिल जायेगी, गुरू तो सिर्फ याद दिला देगा, इशारा कर देगा फिर यात्रा तो तुम्हीं को करना होगी, मुक्ति तो परमात्मा में ही जाकर मिलेगी। इसका मतलब ये मत समझ लेना कि गुरू की कोई जरूरत नहीं है, सतगुरू की बात किसी की कही–कहाई, पढ़ी–पढ़ाई या सुनी–सुनाई नहीं होती बल्कि स्वयं द्वारा प्रत्यक्ष देखी–देखाई ही होती है। गुरू के बिना इशारा कौन करेगा, गुरू की सारी चेष्टा यही है कि पहले उसके पास आओ ताकि संसार से दूर हो जाओ और फिर उसकी चेष्टा होती है मुझसे दूर हो जाओ ताकि परमात्मा के पास हो जाओ। संसार से दूर करने में गुरू अनिवार्य है और फिर परमात्मा के पास भेजना हो तो वो तुम्हें धक्का देने लगेगा, जब तुम परमात्मा की तरफ जाओ तो मुझमें उलझ के मत बैठ जाओ, में तो साधन था एक उसका, तुमने उपयोग कर लिया अब साधन में भटको मत और सीधे अपने निज–धाम यानि परमेश्वर के पास वापस लौट जाओ। जिसे कबीर साहेब ने और स्पष्ट शब्दों में कहा है कि–

        "चर्चा करूँ तब चौहटे, ज्ञान करो तब दोय।
        ध्यान धरो तब एकिला, और न दूजा कोय।।"

परमात्म चर्चा तो चार लोगों से होती है पर परमात्म ज्ञान के लिये तो दो लोग चाहिये जिसमें एक **गुरू परमात्म ज्ञान** देगा और दूसरा शिष्य उससे परमात्म ज्ञान लेगा और जब गुरू ज्ञान से परमात्म ध्यान अकेले में जुड़ जाये तब फिर वहाँ उस गुरू की भी कोई आवश्यकता नहीं है। फिर तो ये जरूर बताना होगा कि परमात्मा का पैगाम लेकर मानव देह में प्रकट होने वाले उस सच्चे पैगम्बर या संत या सतगुरू या महापुरूष को आखिरकार एक आम आदमी किस प्रकार से पहचाने जो उसे ईश्वर या खुदा तक पहुँचा सके? देखो परमात्मा की तड़प रखने वालों के लिए पूर्ण गुरू मिल जाना परमात्मा की यात्रा का शिलान्यास तो जरूर है पर परमात्मा उपलब्धि तो कई जन्मों के भक्ति

कर्मों की साधना का फल होता है इसलिए हर व्यक्ति मानव शरीर में आये परमात्मा के संदेशवाहक संत—सतगुरु—पीर—पैग़म्बर —महापुरुष को केवल अपने भक्ति कर्मों के विधान के कारण ही उसे पहचानने में सफल हो सकता है अन्यथा नहीं! जब किसी के भक्ति कर्मा की यात्रा आगे बढ़ने लगती है तो उस सच्चे संत—सतगुरु—सूफी— महात्मा —मुनि—पीर—पैग़म्बर— महापुरुष की ओर उस व्यक्ति का अपने—आप आकर्षण होने लगता है तब ऐसी स्थिति में उसे संत— महापुरुष के साथ होने वाली चार **(4)** विश्वसनीय घटनायें घटने लगतीं हैं—

1. **पहली घटना→**उस संत—महापुरुष के सामने पड़ने पर उस इंसान को एक—अजीब—सा उसकी तरफ खिंचाव होने लगता और उससे बार—बार मिलने की उसे तड़प पैदा होने लगती है।

2. **दूसरी घटना→**उस सूफी—सतगुरू के मुख से बोली गई प्रत्येक बात उस व्यक्ति के दिलोदिमाग़ को चोट करने लगती है।

3. **तीसरी घटना→** उस मुनि—महात्मा से मिलने के बाद उस आदमी में **खुद—ब—खुद** बदलाव शुरू होकर उसके अन्दर के काम—क्रोध— लोभ—मोह —अहंकार —नशा—माँसाहार एवं पाखण्ड धीरे—धीरे खत्म होने लगते हैं।

4. **चौथी घटना→**वह पीर—पैग़म्बर उस मनुष्य के जीवन को मेहनत— ईमानदारी—चरित्र—आहार की सच्ची रहनी—करनी में ढ़ाल करके उसे मज़हब—मुल्क—जाति—समाज—परिवार के बंधनों से छुड़ाकर परमात्मा के सच्चे मुक्ति के मार्ग में लगा देता है। इसके बावजूद मान लो अगर किसी के प्रारब्ध भक्ति कर्मों का कुछ भी संचय नहीं है और वह अपने मौजूदा जीवन में परमात्मा की तड़प रखकर किसी सच्चे सन्त की खोज करते—करते गलत साधु— महात्माओं की संगति में पड़कर गुमराह हो रहा हो तो उसे जरा भी परेशान होने की जरूरत नहीं है फिर वह जहाँ है वहीं हरि—गुरु के वियोग में बार—बार हृदय से व्याकुल होकर कुछ इस तरह की तड़पभरी प्रार्थनायें **प्रभु— गुरू से मिलने के लिये करे —**

प्रभु–प्रार्थना

हे प्रभु मुझे बता दो, चरणों में कैसे आऊँ,
माया के बंधनों से, छुटकार कैसे पाऊँ ?
ना जानू कोई पूजन, अज्ञानी हूँ में भगवन्,
करना कृपा दयालु, इसे कैसे में दिखाऊँ ?
हे प्रभु मुझे बता दो, चरणों में कैसे आऊँ।।
में हूँ पतित स्वामी, तुम हो पतित पावन,
अवगुण भरा हृदय है, इसे कैसे में दिखाऊँ ?
अच्छा हूँ या बुरा हूँ, जैसा भी हूँ तुम्हारा,
ठुकराओ ना मुझे अब, चरणों में सिर झुकाऊँ
हे प्रभु मुझे बता दो, चरणों में कैसे आऊँ।।

गुरू प्रार्थना

मुझे नींद से आन जगाये, ऐसा कोई गुरू मिले,
मुझे हरि से आन मिलाये, ऐसा कोई गुरू मिले,
गुरू बिना नहीं ज्ञान है मिलता, बिना गुरू नहीं हरि मिले,
जन्म–जन्म के काटे फंदे, ऐसा कोई गुरू मिले।
मुझे भव से पार लगाये, ऐसा कोई गुरू मिले,
गुरू कृपा मोपे ऐसी आये, हरि सेवा में लगा रहूँ,
नाम गुरू का पाके में तो, हरि नाम को रटा करूँ,
मुझे हरि का दर्श कराये, ऐसा कोई गुरू मिले
ऐसे गुरूदेव मिलें, ऐसा कोई गुरू मिले।।

फिर नतीजा देखो वह परमात्मा जरूर उस बन्दे के दिल की आवाज़ पर एक ना एक दिन अपने प्रतिनिधि सन्त–सत्गुरू–पीर–पैगम्बर–महापुरूष के रूप में मिलकर उसे सत्य का रास्ता दिखा देंगे।

यहाँ फिर एक गम्भीर सवाल खड़ा हो जाता है कि इस प्रकार से तो परमात्मा की यात्रा पर निकले व्यक्ति के सांसारिक उत्तरदायित्वों की जिम्मेदारी छूटेगी फिर क्या ये संसार–परिवार–मित्र–रिश्तेदार–समाज के प्रति घोर नाइंसाफी ना होगी? देखो परमात्मा की यात्रा पर चलने से तो संसार की, रिश्ते–नातों की जिम्मेदारियाँ तो छूटेंगीं हीं। अब जराये बताओ जब तुम दुनिया से हमेशा– हमेशा के लिए विदा होते हो तो संसार वाले फिर तुम्हें क्यों नहीं रोक पाते कि अभी तो तुम्हारी बीवी जवान है, बच्चे छोटे हैं, बिजनेस बड़ा है इसे अधूरा ही छोड़कर कैसे जा रहे हो? यानि जाने वाले का जब तक तुमसे हिसाब– किताब रहता है तभी तक वह तुम्हारे साथ रहता है। न तुम उसे जाने से रोक सकते हो और न तुम्हारे रोकने से वह रूकेगा। ठीक इसी प्रकार जब परमात्मा के सच्चे ज्ञान आत्मा की मुक्ति का समय आने लगता है तो दुनियादारों के हिसाब का लेन–देन भी पूरा होने लगता है– जब भगवान महावीर चौबीसवें **(24 वें)** जैन तीर्थंकर सन्यास लेना चाहते थे तो उनकी माँ ने कहा बेटा मेरे जीते–जी कभी ऐसा कदम मत उठाना पर लोगों का सोचना तो यही होता है कि बच्चों में ईश्वर की ओर खिंचाव कहीं न कहीं माँ–बाप, घर–परिवार और एक सुसभ्य समाज से होता है किन्तु यहाँ तो महावीर के परमात्मा की यात्रा पर निकलने की बात कहने पर तो उनकी माँ को घोर एतराज हो रहा है। असल में बच्चा जन्म लेते ही अपने अनन्त जन्मों के अच्छे–बुरे व भक्ति कर्मों की कमाई स्वयं लाता है। ऐसा ही कुछ महावीर–बुद्ध–नानक–कबीर– मीरा आदि महापुरूषों में हुआ जो बिना भक्तिमय घर–परिवार–समाज के वातावरण में पल बढ़कर भी भक्ति की ओर माने **'परमात्मा की ओर'** निकल पड़े इसमें मौजूदा जन्म के माँ–बाप, घर–परिवार, समाज का किसी प्रकार का सहयोग नहीं है बल्कि समाज ने ऐसे भक्तों– भगवंतों के लिये विरोध के सिवाय कुछ और नहीं किया। तो जब माँ ने महावीर को मरने की धमकी दी तब महावीर चुप ही हो गए, बात ही छोड़ दी सन्यास की जैसे कोई आग्रह ही ना था सन्यास का। माँ भी शायद सोची होगी कि यह भी कैसा सन्यास कि एक बार कहा नहीं कि महावीर शांत हो गया, सभी मातायें ऐसे ही कहतीं हैं जैसा कि महावीर की माँ ने कहा कि मत लो सन्यास मेरे जिन्दा रहते–नहीं तो में मर जाऊँगी पर कोई माँ आज तक मरी नहीं है कभी किसी बेटे

के संन्यास लेने से, यह तो माँ–बाप के कहने के ढ़ंग हैं इनका कोई मूल्य नहीं है। लेकिन कुछ दिनों के बाद माँ दुनिया छोड़कर चली गयी, माँ का अन्तिम संस्कार करके मरघट से लौटते वक्त रास्ते में महावीर ने अपने बड़े भाई को कहा कि अब तो में संन्यास ले सकता हूँ। बड़े भाई ने कहा यह भी कोई बात हुई, इधर माँमर गयी है, इधर हम परेशान हो रहे हैं और तुम्हें संन्यास की फिर पड़ गयी है, एक दुःख काफी है, अब और तुम यह दुःख मेरे ऊपर मत लाओ, चुप रहो यह बात ही मत उठाना। अब जब बड़े भाई ने कहा चुप रहो तो वे चुप हो गए। बड़ा राज परिवार था उनका, अगर हर एक के कहने से रूक गये तब तो जन्म–जन्म बीत जायें मगर महावीर का संन्यास होने वाला नहीं है। भाई ने भी सोचा होगा कि यह भी कैसा संन्यास है एक दफ़ा कहो नहीं कि यह दोबारा संन्यास की बात ही नहीं कहता, फिर तो एक ऐसी घटना घटने लगी कि धीरे–धीरे घर के लोगों को लगने लगा कि वे घर में हैं ही नहीं, रहते घर में हैं, भोजन करते, उठते–बैठते लेकिन घर संसार में क्या चल रहा है उन्हैं कोई मतलब ही न रहा, वे शून्यवत् हो गये कि उनके होने का किसी को पता ही न चलता। आखिर भाई और घर के लोग मिले, उन्हौंने फैसला किया कि अब इसे रोकना बेकार हो रहा है, यह तो जा ही चुका है सिर्फ शरीर है घर में, शरीर को भी रोकने के लिये हम क्यों पाप के भागीदार बन रहे हैं, नही तो कहने को होगा कि हमारी वजह से यह संन्यस्थ न हुआ और यह हो ही गया, यह यहाँ है ही नहीं, इसकी मौजूदगी यहाँ मालूम ही नही पड़ती किसी को पता ही नहीं चलता, महिनों दिन बीत जाते हैं कि महावीर कहाँ है, वह अपने में ही समाया है। तो घर के लोगों ने ही हाथ जोड़कर कहा कि अब तुम जा ही चुके हो तो अब तुम हमको नाहक अपराधी मत बनाओ, अब तुम जाओ ही, अब तुम यहाँ हो ही नहीं, अब रोकें हम किसको। जब उन्हौंने ऐसा कहा तो महावीर उठकर चल दिये। इसी लिये जाने वाले को न कभी कोई रोक सका, न रोक सकेगा।

आध्यात्मिक प्रश्नोत्तर

* परमात्मा की यात्रा पर निकलने का विचार करने वाले जिज्ञासुओं की पूछताछ के लिये मेरे द्वारा संतों– सूफियों– सतगुरूओं– मुनियों– महात्माओं– पीर– पैग़म्बरों– महापुरूषों आदि के वचनों–उपदेशो को बचपन से आज तक अपने दिमाग़ में सँजोकर के खुद से उठाये तमाम रूहानी(आत्मा संबंधी) सवाल व उनके **रूहानी जवाबों** को " परमात्मा की ओर " पुस्तक में 'आध्यात्मिक प्रश्नोत्तर' के रूप में पिरोकर कुछ इस प्रकार मैं प्रस्तुत कर रहा हूँ–

प्रश्न–1→ मैं कौन हूँ, मैं किसका हूँ और मेरा इस जगत–माया में कौन है?

उत्तर–1→ हम आत्मा हैं–जीव हैं, शरीर नहीं! ये पहला ज्ञान **ABCD** है । संसार में आप लोग किसी का परिचय जानना चाहते हैं, तो पूछते हैं आपका परिचय–आपकी तारीफ़– तो कह देता है– कलेक्टर है, कमिशनर है, गवर्नर है– मैं पदवी नहीं पूछ रहा हूँ, मैं पूछ रहा हूँ आपकी तारीफ़–मैं मैं मैं रमेश हूँ–ये तो आपका नाम है, मैं नाम नहीं पूछ रहा हूँ, मैं आपका परिचय जानना चाहता हूँ– **मैं मनुष्य हूँ– मनुष्य!** ये तो बॉडी **(BODY)** है, शरीर है– हम तो आपका परिचय जनना चाहते हैं मतलब आप अपने आप को नहीं जानते यानि जो अपने आप को न पहचाने उसको तो लोग पागल **कहते हैं–** हाँ अनन्त जन्म बीत गए और हमने अभी यही नहीं जाना कि हम कौन हैं, बडी–बड़ी काबिलियत का दावा करते हैं हम लोग, बड़ी–बड़ी डिग्रियाँ हैं हमारे पास–ये बड़ा जीनियस **(GENIUS – बुद्धिमान)** आदमी है– अरे जीनियस है, कुछ है लेकिन अपने –आप को तो जानो पहले और जब अपने–आप को नहीं जानोगे तो फिर मैं को न जानने के बाद– मेरा क्या है ये भी नहीं जानोगे– मेरा कौन है, जब मैं का ही पता नहीं, तो मेरे का भी पता नहीं रहेगा– सब गड़बड़ हो गया अब अपने को शरीर मान लिया– शरीर में भी ब्राह्मण हैं, क्षत्रिय हैं,वैश्य हैं, शूद्र हैं उसमें भी बंगाली हैं, बिहारी हैं, पंजाबी हैं, मद्रासी हैं, मराठी हैं । हैय पचास **(50)** बीमारी पाल लिया हमने फिर ये मेरी स्त्री, मेरा बाप, मेरा बेटा,

मेरा मकान। ये तो 'रा' लगा है सब में–ये मैं नहीं हो सकता। आपके ऊपर कोई चूना पोते तो आप कहेंगे–क्या कर रहा है, पागल है– अरे आपका शरीर है तो आप ही तो हैं ना? ना मैं अलग हूँ–मेरा घर है, मेरे घर को पोतो, मुझको नहीं। जो मेरा है वो मैं नहीं जैसे ये मेरा घर, मेरी स्त्री–ऐसे मेरा शरीर, मेरा मन, मेरी बुद्धि बोलते हो ना–मेरा मन खराब हो गया है, मेरा शरीर बूढ़ा हो गया है–ये सब मेरा है, तो ये मैं नहीं है, बड़ी सीधी सी बात। आज वो मर गया–चला गया, तो कहाँ जा रहे हो?–वो डेड बॉडी है ना–वो शमशान जा रहे हैं–उसमें जा रहे हैं, **माटी (शव)** में जा रहे हैं– अरे वो **माटी (लाश)** है– ये तो तुम्हारा बाप था–अरे तो बाप तो चला गया–चार बजे, वो अन्दर वाला चेतन **(आत्मा)** वो बाप था, उसकी इम्पॉर्टेन्स **(IMPORTANCE–महत्वता)** थी, उससे मतलब हल होता था स्वार्थ, वो चला गया–निकालो घर से बाहर–अरे तुम्हारा पति है, तुम्हारा बेटा है– कोई नहीं है, अब वो मिट्टी है– उसको ले जाओ तुरंत, जल्दी से बाँस–वाँस मंगाओ, जल्दी से ले जाकर जलाओ–अरे ऐसी दुश्मनी हो गई उसी से–उसी को तो तुम प्राण देता था–मेरा प्राण प्यारा बेटा है, बाप है, माँ है, पति है– अरे तो वो चला गया जो था, यानि आप समझदार भी हैं और घोर बेवकूफ़ भी हैं, दोनों हैं। तो मैं को हमने नहीं जाना–जानने का मतलब मानना, इस पॉइन्ट **(POINT–बिन्दु)** पर ध्यान दो–जानना माने मानना–रीअलाइज **(REALIZE–अनुभव)** करना, हम अपने को आत्मा नहीं रीअलाइज करते, शरीर रीअलाइज करते हैं वश यही अज्ञानता है। जब शरीर मान लिया तो फिर शरीर के बाप, शरीर की माँ, शरीर का बेटा, शरीर का पति, शरीर का मकान, शरीर की प्रॉपर्टी **(PROPERTY–जायजाद)** सब गड़बड़ हो गया, पूरा हिसाब गड़बड़ हो गया, पहला हमने गड़बड़ किया–दो दूने पाँच लिख दिया, अब इसके आगे सारा गणित गलत होगा, पहली गलती हो गई हमारी, अपने को शरीर मान लिया। विचार करें कि यदि शरीर की अवस्था के साथ हम एक होते तो अवस्था के चले जाने पर हम भी चले गये होते। इससे सिद्ध होता है कि जाने वाली अवस्था दूसरी है और हम दूसरे हैं। जैसे बचपन में हमारी अवस्था व मन जो थे वह युवा में

नहीं रहे पर हम जो थे बचपन में–वही युवा में है और वृद्धावस्था में भी रहेंगे। और जब अपने को आत्मा मानते तो पता लगाते फिर –मैं कौन हूँ, किसका हूँ, मेरा कौन है? पता चल जाता है कि हम आनन्द रूपी परमात्मा के अंश हैं चेतन–जीव और हमारा वो परमात्मा है अंशी और कोई नहीं हमारा। लेकिन हमें अभी तक कोई तत्वज्ञान **(आत्मा–परमात्मा का सच्चा ज्ञान)** नहीं हो सका वरना वैराग्य हो जाता है और परमात्मा की ओर चल पड़ते और काम बन जाता। ये आवागमन छूट जाता–संतों की बात मान लेते–नहीं हो सका ऐसा। तो हम पहले अपने–आप को जानें और फिर मेरा कौन है ये जाने तो मेरा परमात्मा है और कौन नहीं है ये भी जानें क्योंकि उसको छोड़ना पड़ेगा ना, अगर हम **न्यूट्रल (NEUTRAL)** होते, कहीं मन का **अटैचमेंट (ATTACHMENT–लगाव)** नहीं है, ऐसी **पॉजीशन (POSITION –स्थिति)** में हैं और कोई संत कहता परमात्मा में मन लगा दो हम लगा देते **एक (1) सेकण्ड** में। लेकिन ये लग चुका है संसार में, अनंत जन्म बीत चुके, बड़ा गहरा अटैचमेंट हो गया है इसलिये ये भी समझना होगा कौन हमारा है और कौन हमारा नहीं है? वश एक क्वेस्चॅन **(QUESTION –प्रश्न)** जिसने हल कर लिया वही बुद्धिमान। तो अगर परमात्मा से मिलना है तो उसके लिये गुरू हर हाल में चाहिये, डायरेक्ट कॉन्टेक्ट **(DIRECT - CONTACT- सीधा सम्पर्क)** परमात्मा से नहीं हो सकता क्योंकि गुरू ही हमको थ्योरी **(THEORY–सिद्धांत)** बतायेगा, गुरू ही प्रैक्टिस **(PRACTICE–अभ्यास)** करायेगा और अन्तःकरण (अन्दर की इन्द्रिय) शुद्ध होने पर गुरू ही हमको दिव्य **(अलौकिक)** प्रेम प्रसाद देगा, सारा काम गुरू करता है परमात्मा तो बने बनाये का साथी है। तो गुरू– हरि ये दो हमारे सच्चे यार हैं, यही सच्चे हमारे हितैषी हैं और बाकी सब मक्कार हैं, अपने–अपने स्वार्थ के लिये मैत्री करते हैं, अपना बनते हैं, हमको धोखा देते हैं।

प्रश्न–2→ कोई पूछता है कि परमात्मा को पाने के लिये क्या गृहस्थ जीवन त्यागना जरूरी है?

उत्तर–2 → चूँकि हर मनुष्य गृहस्थ जीवन में ही जन्म लेता है जिसमें काम– क्रोध– लोभ–मोह–ईष्या–अहंकार गृहस्थ जीवन के श्रृंगार हैं और जब तक यह श्रृंगार आपके जीवन से नहीं उतरता तब तक आप परमात्मा को पाने के अधिकारी कदापि नहीं बन सकते इसीलिये संतों ने कहा है कि–

"काम–क्रोध–मद–लोभ की, जब तक घट में खान।
कबीर–मूरख–पंडिता, दोनों एक समान।।"

अर्थात् जब तक आपके मन–हृदय में काम–वासना, गुस्सा, मोह–ममता, लालच, कपट बसा हुआ है तब तक आप सांसारिक विद्वान होने पर भी एक मूर्ख के समान हैं और परमात्मा को कभी प्राप्त नहीं कर सकते जैसे ही आपके मन–हृदय से काम–क्रोध–लोभ–मोह–अहंकार–ईष्या पूर्णतः समाप्त हो जाता है वैसे ही तत्काल आपका गृहस्थ जीवन स्वतः ही छूटने लगता है। अतः गृहस्थ जीवन त्यागने से आप कभी परमात्मा को नहीं पा सकते बल्कि जीते–जी गृहस्थ जीवन छूट जाने से परमात्मा की उपलब्धि आपके भक्ति कर्मों के आधार पर हो सकती है

प्रश्न–3 → कृपया बतायें सफलता क्या है, वास्तव में सफल व्यक्ति किसे कहते हैं?

उत्तर–3 → डॉक्टर, ईंजीनियर, कलेक्टर, कमिशनर, जज, उद्योगपति, नेता, अभिनेता आदि बनना सफलता नहीं है, ये तो सिर्फ सुविधा और सम्मान है, सफलता तो वो है जो परमात्मा को प्राप्त कर ले। अतः परमात्मा को प्राप्त न कर पाना मनुष्य की सबसे बड़ी असफलता है। इसीलिये आपने देखा होगा कि **'मनुष्य रोते हुए पैदा होता है, सारी जिंदगी शिकायतों–बुराईयों में गुजार देता है और पछताते हुये मरता है'** मान लो आज से 10 वीं पीढ़ी पहले आपके अपने परदादे किसी जिले के उस समय के कलेक्टर या जज हुआ करते थे तो क्या आप आज उनका नाम जानते हैं जबकि वो आपके अपने ही खून के सगे रिश्ते थे यदि नहीं जानते ?

तो फिर सैकड़ों– हजारों वर्ष पहले जन्में भगवान् राम, भगवान कृष्ण, पैगम्बर अब्राहम, महात्मा जरथुष्ट्र, भगवान् बुद्ध, भगवान महावीर, ईसा–मसीह, हजरत मुहम्मद साहब, गुरूनानक, संत कबीर, मीराबाई आदि जैसे महापुरूषों को कैसे जानते हैं जबकि इन सबसे आपका कोई खून का नाता नहीं रहा? क्योंकि इन सब ने प्रभु को पाया, तभी इन्हें सफल महापुरूष कहा गया। लेकिन हम सिर्फ भौतिक संसार की सुविधाओं–सम्मान में जीकर अपने– आप को अपने पूर्वजों की असफलता की तरह झूठी सफलता में जीवन बिताकर अपना अमोलक मानव मकसद गंवा रहे हैं। इसीलिये महापुरूषों ने भौतिकवादी लोगों से कहा **कि 'मुझे कोई हरा नहीं सकता क्योंकि मैं किसी से जीतना ही नहीं चाहता'।**

प्रश्न–4→ एक धर्म विशेष के व्यक्ति ने किसी परम संत की किताबों को पढ़कर व उनके वचनों को सुनकर सोशल मीडिया (**SOCIAL MEDIA**– सामाजिक स्तर) पर उन्हैं बेहद भद्दी–भद्दी गालियाँ दीं और उन पर जानलेवा हमला करने की कोशिश की तो क्या किसी धर्मावलंबी का ऐसा कार्य–व्यवहार करना धर्मोचित है?

उत्तर–4→ **'जहां दया तहं धर्म है, जहां क्षमा तहं आप'** वो धर्म ही नहीं है जहाँ दया और क्षमा न हो, होगा कोई मनचला अज्ञानी जिसने किसी संत– महापुरूष के विषय में बेहूदा बोला हो। इसमें रंजोगम नहीं होना चाहिए क्योंकि अनादिकाल से ही ऐसे मनचले नासमझ बोलते–करते आ रहे हैं जिन्होंने हमारे पूर्ववर्ती संतो–महात्माओं–पीरों –फ़कीरों–महापुरूषों आदि को बहुत सताया। इसका इतिहास साक्षात् गवाह है और उनकी ऐसी हरकतें महापुरूषों पर करना कदापि धर्मोचित कार्य नहीं कहलायेगा। इसीलिये महापुरूषों ने ऐसे लोगों के अत्याचार पर सदा यही कहा है कि **'हे ईश्वर इन्हैं माँफ कर देना क्योंकि इन्हैं नहीं मालूम कि ये अपनी अज्ञानता के कारण कितना जघन्य अपराध कर रहे हैं जो सीधा परमात्मा के ऊपर हमला है'** ऐसा ही एक **सूफी फ़क़ीर** की **दर्दनाक दास्तां** का **उदाहरण** कुछ **इस प्रकार से है–**

मंसूर हल्लाज वो शख़्सियत जिसके **मुख** से **'अन अल हक़्क़ यानि मैं खुदा हूँ'** ये वाक्य निकला था और यही वाक्य कहने के लिये बड़ी बेरहमी से उन्हैं सूली दे दी गई जिस निर्दयता पूर्वक मंसूर की हत्या की गई वह घटना दिल दहला देने वाली है। मंसूर बड़ी ही निराली शान के फ़क़ीर थे, सूफी मत के प्रवर्तक विचारकों में से थे। **मंसूर** का पूरा नाम **'हुसैन बिन मंसूर अल हल्लाज'** था,इनका जन्म **858 ई0** में प्राचीन ईरान में हुआ। मंसूर घुमक्कड़ किस्म के फ़क़ीर थे। आप अन्त में बगदाद रहने गये थे। मंसूर के एक कथन ने उनको सूफीवाद का सबसे विवादास्पद व्यक्ति बना दिया। **मंसूर ने कहा– 'अन अल हक़्क़ यानि मैं सत्य हूँ– मैं खुदा हूँ',** 'अन अल हक़्क़' सूफियों की एक अवस्था है जिसमें द्वैत **(दो)** का भाव मिट जाता है उपासक **(भक्त)** और उपास्य **(परमात्मा)** दोनों एक हो जाते हैं यह वाक्य भारतीय अद्वैत सिद्धांत **'अहं ब्रह्मास्मि'** से मिलता–जुलता है। सो मंसूर ने कहा मैं ही सच हूँ। इस बात पर काफी विवाद हुआ। इस्लामिक धर्म शास्त्रियों ने मंसूर को कहा कि ये शरीयत **(इस्लामिक कानून)** के खिलाफ है, कुफ्र **(नास्तिकता)** है, लिहाजा अपना कलाम वापिस ले लो। मंसूर ने अपना कलाम वापिस लेने से साफ इनकार कर दिया और फ़रमाया कि फ़कीर अपना कलाम वापिस नहीं लेते। जो खुदा का हुक्म हुआ सो मैंने कह दिया। मंसूर को बहुत यातनाएं दी गईं। काफी समय बंदीगृह में रखा गया। उन पर जोर डाला गया कि वो अपने शब्दों को वापस ले लें। लेकिन हजरत मंसूर कहां मानने वाले थे। अंत में बगदाद के खलीफा ने हुक्म दिया कि मंसूर को कोड़े मार–मार कर कत्ल कर दिया जाये। आखिरकार मंसूर को बगदाद शहर की चौक में ले जाया गया, उनके चारों तरफ लाखों लोगों की भीड़ जमा थी और आप हँसते हुये सूली की ओर बढ़ रहे थे। तभी लोगों ने सवाल किया कि आप इतने खुश क्यों हैं ? तो आपने फरमाया कि इससे ज्यादा खुशी का समय और क्या हो सकता है कि अपने असली ठिकाने पर पहुँच रहा हूँ? पहले मंसूर को **तीन सौ (300)** कोड़े मारे गये और आप बड़े सब्र के साथ एक ही हालत में खड़े रहे। जिसने आपको कोड़े लगाये उसका बयान है कि मैं हर कोड़े पर ये **आवाज सुनता हूँ–**

"या इब्ने मंसूर ला तलफ़ अर्थात् मंसूर भयभीत न होना"

इसके बाद लोगों की इकट्ठा भीड़ ने आपको पत्थर मारना शुरू किये लेकिन मंसूर ने आह तक ना भरी। मंसूर उन सब की तरफ देखते हुये एक ही शब्द पुकार रहे थे– **'अन अल हक्क़–अन अल हक्क़'** लोगों की भीड़ में मंसूर का एक दोस्त भी था, जिसका नाम शेख शिबली था। वो मंसूर के राज से वाकिफ़ था, उसने सोचा कि मैं इतने महान् फ़क़ीर को पत्थर कैसे मार सकता हूँ और अगर शहर वालों और इन धर्म शास्त्रियों का ख्याल करूं तो मारना ही पड़ेगा। आखिरकार उसने मिट्टी का एक छोटा सा ढेला मारा, जब वो मंसूर को लगा तो मंसूर ने एक जोर की आह भरी। इस पर लोग अचंभित रह गये, उन्हौंने आप से पूछा कि जब आपको पत्थर मारे जा रहे थे तब तो आपने उफ़ तक ना किया और जब आपको मिट्टी का एक छोटा सा ढेला लगा तब आप चिल्लाये क्यों ? हजरत ने फरमाया कि पत्थर मारने वाले मुझसे नावाकिफ़ हैं लेकिन ये शिबली मेरे राज से वाकिफ़ है इसलिए उसके मिट्टी के ढेले की चोट पत्थरों से भी ज्यादा थी। पहले आपके हाथ काटे गये, आपने मुस्कुराते हुए फ़रमाया कि भले ही मेरे जाहिरी हाथ काट दिये हों लेकिन मेरे वो बे बातिनी हाथ कौन काट सकता जिन्हौंने हिम्मत का ताज अर्श के सिर से उतारा है, फिर पाँव काट दिये गये, तब आपने फरमाया कि भले ही मेरे ये ज़ाहिरी पैर काट दिये गये हों लेकिन मेरे उन पैरों को कौन काट सकता है जो म़ालिक की दरगाह में हैं। फिर आपने अपने खून से सने हाथों को मुँह पर फेरा और कोहनियों तक फेरते हुए फरमाया कि मैं इश्क की नमाज के लिये वुजू कर रहा हूँ क्योंकि इश्क की नमाज़ के लिये खून से ही वुजू होती है। फिर जब आपकी आँखें भी निकाल ली गईं। तो फरमाया मुझे इन आँखों की कोई परवाह नहीं, ये आँखें तो वो सब देखतीं हैं जो नाशवान है, जिसे एक दिन फ़ना हो जाना है, मेरे पास तो वो आँखें हैं जो उस अविनाशी खुदा को देखतीं हैं। फिर जब आपकी जबान काटने लगे तो आपने कहा– जरा ठहरो मुझे एक बात कहने की मोहलत दे दो, फिर मंसूर फरमाते हैं कि हे खुदा! मेरे हाथ–पैर तेरे रास्ते में काट दिये गये, आँखें भी निकाल ली गईं और अब सिर भी काट दिया जाएगा लेकिन मैं तेरा शुक्र अदा करता हूँ क्योंकि मुझे उम्मीद नहीं थी कि मैं इस इम्तहान में

कामयाब हो जाऊँगा लेकिन ये तेरी रहमत है कि तूने मुझे असफल नहीं होने दिया, तूने मुझे दृढ़ता पर कायम रखा, मैं तुझसे विनती करता हूँ– मेरे खुदा जो दौलत तूने मुझे दी है वही इन लोगों को भी प्रदान करना। मंसूर के यह कहने के बाद उसकी जबान भी काट ली गई और फिर सिर भी काट दिया गया। इस तरह बड़ी ही बेरहमी से इस महान् फकीर की हत्या कर दी गई। एक बार आपसे किसी ने सवाल किया था कि आप इतने ऊँचे दर्जे के वली होने के बावजूद भी इतनी यातनायें क्यों सहन करते हो? तो आपने कहा जो उस मालिक की राह में फ़ना हो जाते हैं उनको दुःख–सुख का कोई एहसास बाकी नहीं रह जाता। फिर आपसे पूछा कि फ़क़ीरी की परिभाषा क्या है? आपने फरमाया कि खुदा के सिवा दुनिया की हर चीज से निश्चिंत होकर इबादत करना ही फ़क़ीरी है,फिर कहते हैं कि **'फकीर की जात अकेली होती है, न तो खुदा के सिवा उसे कोई कबूल करता है और न ही वो खुदा के सिवा किसी को कबूल करता है'** ।

प्रश्न–5→ क्या देहधारी गुरु या महापुरूष या संत या पैगम्बर या महात्मा को परमात्मा या खुदा कहा जा सकता है?

उत्तर–5→ चूँकि परमात्मा विराट में है, सारी कायनात के कण–कण में भी वही है तो वह फिर किसी व्यक्ति विशेष के शरीर में कभी कैसे कैद हो सकता है जहाँ तक गुरूओं–संतों–महात्माओं–पैगम्बरों– महापुरूषों को शारीरिक स्तर पर परमात्मा मान लेना मनुष्य की एक गलत फ़हमी है क्योंकि कोई भी पहुँचा हुआ संत–फ़कीर ईश्वर का पैगाम या संदेश लेकर दैहिक या भौतिक या शारीरिक रूप धारण करके इस जगत में रूहानियत **(आत्मा से परमात्मा के मिलाप)** का सच्चा मार्ग बताने आता है, गुरु का मतलब ही होता है **'गु'= मतलब 'अंधकार' और 'रू' = मतलब 'प्रकाश'** अर्थात् जो अंधकार या अज्ञानता से प्रकाश या सच्चे ज्ञान की ओर ले जाये। किन्तु गुरु को ही परमात्मा समझ लेना परमात्मा के आशिकों की सिर्फ भारी भूल है। हाँ ये बात जरूर मानने योग्य है कि आत्मा का परमात्मा से मिलाप कराने वाला वह गुरू–संत–महापुरूष–फकीर जिस आत्मा को परमपिता परमात्मा से मिलाने का कार्य करे तो वह गुरु उस आत्मा के लिये इस जगत में प्रथम

सम्माननीय महापुरूष अवश्य होना चाहिए इसीलिये सही कहा गया है कि—

**"गुरू गोविंद दोऊ खड़े, काके लागूं पांय।
बलिहारी गुरू आपने, गोविंद दियो बताय।।"**

गुरू और गोविंद **(परमात्मा)** एक साथ खड़े हों तो किसे प्रणाम करना चाहिए? गुरू को अथवा गोविंद को?ऐसी स्थिति में गुरू के श्रीचरणों में शीश झुकाना उत्तम है जिनके कृपा रूपी प्रसाद से गोविंद **(परमात्मा)** को प्राप्त करने का सौभाग्य प्राप्त हुआ।

प्रश्न—6→ आत्मज्ञान या ब्रह्मज्ञान या तत्वज्ञान **(आत्मा—परमात्मा का ज्ञान)** हो जाने पर क्या इंसान ब्रह्माण्ड के प्रत्येक विषय का मास्टर हो जाता है क्या?

उत्तर—6→ आत्म ज्ञान का ये मतलब नहीं है कि वह इंसान बिना पढ़े— लिखे अंतरिक्ष, ज्योतिष, गणित, विज्ञान, भूगोल, वास्तुकता आदि तमाम विषयों का ज्ञाता हो गया और जो चाहे उससे शास्त्रार्थ कर ले। आत्मज्ञानी महापुरूष तो ब्रह्माण्ड में सत्य और असत्य क्या है? फिर चाहे वह विषय कोई सा भी क्यों न हो? वह बता सकता है कि यह सही और यह गलत है।

प्रश्न—7→ किसी ने पूछा कि यदि किसी की शादी न हुई हो या किसी शादीशुदा व्यक्ति को औलाद न हुई हो या कठोर परिश्रम के बाद भी किसी इंसान को अपने कार्य में सफलता न मिल सकी हो तो क्या ऐसे लोगों को धरती पर जिंदा रहना चाहिए या उन्हैं मर जाना चाहिए?

उत्तर—7→ देखो कोई भी इंसान धरती पर न तो शादी करने के लिये पैदा होता है, न ही औलाद पैदा करने के लिये जन्म लेता है और न ही कठोर परिश्रम करके किसी कार्य में सफलता का दावा करने के लिये धरती पर आता है। वह तो केवल और केवल कर्म करने के लिये पैदा होता हैं। हाँ उसकी शादी हो, उसकी औलाद हो जाये या

वह किसी कार्य को करने में **सफल हो;** ये उसके कर्मों की यात्रा का हिस्सा तो हो सकता है पर वह सिर्फ इन कार्यों को करने के लिये जन्मा यह कहना मूर्खता होगा। किसी की शादी न होना, उसको औलाद न होना आदि उसके कर्म के अतिरिक्त बोझ को उसके कुल कर्मों में से कम करके उसे कुछ तो जरूर राहत देता है। तो ऐसे लोगों को तो ईश्वर की रजा में राजी रह कर अपने कर्मों को अच्छा करते हुये बड़े उत्साह के साथ संसार में जीकर **'परमात्मा की ओर'** अपना रूख करना चाहिये।

प्रश्न–8→ किसी ने पूछा माँ–बाप बड़े होते हैं या गुरू ?

उत्तर–8→ बड़ा तो गुरू ही होता है फिर माँ–बाप तो तुम्हैं अनंत जन्मों से मिलते आ रहे हैं पर जो अपने असली घर तक पहुँचा दे और फिर दोबारा कभी जन्म न लेना पड़े। तो पहुँचाने वाला ही सदा बड़ा माना जायेगा; अब सवाल जहाँ तक माँ–बाप का है तो अंतिम जन्म के माँ–बाप का इस अंतिम मोक्ष प्रक्रिया तक छोड़ना तो उन्हैं जरूर धन्यवाद देता है जिनका कभी तिरस्कार नहीं करना चाहिए और जहाँ तक बन सके उनकी आदर के साथ सेवा करके अपने भौतिक कर्तव्य पूरे करने चाहिये।

प्रश्न–9→ आप बार–बार कह रहे हैं कि मनुष्य योनि सर्वश्रेष्ठ है तो फिर गूंगे, बहरे, मानसिक, बुद्धू, पागल, असाध्य बीमार आदि लोगों को मनुष्य योनि मिलने पर भी भक्ति करके **'परमात्मा की ओर'** निकलने का मौका कहाँ मिल सका?

उत्तर–9→ देखो बार–बार कहा जा चुका है कि मनुष्य शरीर भोग व कर्म योनि है। यदि प्रारब्ध बहुत ही बुरा रहा हो किसी का तो मनुष्य चोला मिलने पर भी वह कोई नया कम ना बनाते हुये अन्य जीवों की भाँति सिर्फ अपने प्रारब्ध कर्म भोग करके अगले जन्मों के लिये पुनः स्वस्थ मानव शरीर पाने का हकदार हो सकता है।

प्रश्न–10→ किसी इंसान में निन्यानवे **(99 वे)** गुण अच्छे हैं और एक **(1)** उसमें अवगुण है तो क्या ऐसे व्यक्ति को समाज की मुख्यधारा में जीने का अधिकार होना चाहिये या नहीं?

उत्तर–10→ जैसा कि हम सब लोग जानते ही हैं कि किसी इंसान को चुनाव में सौ **(100)** में से निन्यानवे **(99 वे)** मत **(वोट)** मिल जायें या किसी छात्र **(विद्यार्थी)** के सौ **(100)** में से निन्यानवे **(99 वे)** अंक परीक्षा में आ जायें या किसी व्यक्ति के बारे में सौ **(100)** में से निन्यानवे **(99 वे)** लोग उसे खराब कहें या सौ **(100)** में से निन्यानवे **(99 वे)** लोग उसे अच्छा कहें तो यहाँ विशेष रूप से गौर करने की बात यह होगी कि जिसका बहुमत अथवा प्रतिशत ज्यादा होगा वही प्रत्याशी चुनाव जीत जायेगा, वही विद्यार्थी परीक्षा में टॉप **(TOP)** करेगा, वही ज्यादा खराब प्रतिशत वाला व्यक्ति समाज में बहुत बुरा इंसान कहलायेगा और वही ज्यादा प्रतिशत वाला अच्छा व्यक्ति समाज में बहुत भला आदमी कहा जायेगा। चूँकि यह संसार अधूरा है यहाँ न कभी कोई पूरा हुआ और न हो सकेगा उसका बहुमत–प्रतिशत उसके व्यक्तित्व की गणना करने का सही–सही पैमाना हो सकता है। संसार में आज तक सबसे ज्यादा अगर किसी का समाज के सामने गुणगान करके उदाहरण पेश किया जाता रहा है तो वह **'हीरा' 'कमल'** और **'खरगोश'** हैं जिनका अनादिकाल से सन्तों, महापुरूषों, विद्वानों आदि द्वारा बखान किया जाता रहा है। आपको पता होना चाहिये कि **'हीरा' 'कमल'** व **'खरगोश'** में निन्यानवे **(99 वे)** श्रेष्ठ गुण हैं–**'हीरा'** बिना किसी स्त्रोत के चार्ज **(CHARGE)** हुये अनंत काल तक अपने अद्भुत गुण से अंधकार को प्रकाश से भरता रहता है, **'हीरा'** बेशकीमती आभूषण के रूप में इंसान के श्रृंगार में सुशोभित होता है यानि **'हीरा'** अपनी निन्यानवे परसेंट **(99 वे%)** काबिलियत से दुनिया में अपनी मिसाल पेश करता है किन्तु हीरा का सबसे बड़ा एक अवगुण यह है कि वह काँच को काट देता है। फिर जरा सोचो **'कमल'** का फूल अपनी कोमलता से परिपूर्ण अलौकिक चमक के रूप में निन्यानवे **(99 वे%)** परसेंट अपने उत्कृष्ट गुणों के बल पर संसार में अपना उदाहरण पेश करता है किन्तु एक बुराई उसकी यह है कि वह सदा गंदगी–कीचड़ की संगति में ही रहता है। फिर जरा **'खरगोश'** का भी **दृष्टांत**

देख लो उससे सुन्दर प्राणी शायद दुनिया में दूसरा कोई न हो। क्योंकि इंसान उसे अपने साथ-साथ रखने के अलावा उसके शरीर से बनाये गये वस्त्रों को बहुमूल्य कीमत में खरीदकर पहनने का बड़ा शौक रखता है। मतलब **निन्यानवे (99 वे%)** परसेंट अच्छे गुण होने के बावजूद खरगोश का एक सबसे बड़ा दोष यह है कि वह अपना स्वयं का मल खाता है जो सूअर जैसा **निन्यानवे (99 वे%)** परसेंट दुर्गणी प्राणी भी ऐसा काम नहीं करता, सूअर दूसरे प्राणियों का मल तो खाता है पर अपना स्वयं से त्यागा मल कभी नहीं खाता। देखा जाये तो मिसाल के तौर पर दुनिया में अब तक का सबसे प्रतिभाशाली इंसान **'लियोनार्दो द विंची'** को माना जाता है लियोनार्दो के बारे में आपको बतायें तो आप दंग रह जायेंगे-**लियोनार्दो एक दार्शनिक** चित्रकार, वास्तुकार, मूर्तिकार, वैज्ञानिक, गणितज्ञ, इंजीनियर शरीर रचना के जानकार और लेखक के अलावा भी बहुत कुछ थे। ऐसी बहुमुखी प्रतिभा के धनी इंसान के बारे में आपने अब तक शायद ही सुना हो। **लियोनार्दो** के बारे में ढ़ेर सारी ऐसी बातें है जो शायद आपको चौंका दें। **15 अप्रैल 1452** में **लियोनार्दो** का **जन्म इटली** में हुआ था, **लियोनार्दो** एक समय में एक हाथ से लिख सकते थे तो दूसरे हाथ से **पेंटिंग** बना सकते थे। साथ ही **लियोनार्दो** किसी भी वाक्य को बड़े आसानी से उल्टे तरीके से लिखते थे जैसे हमें शीशे पर लिखा हुआ कुछ भी दिखाई देता है ठीक उसी तरह वह लिख देते थे। **लियोनार्दो** की सबसे **मशहूर पेंटिंग 'मोनालिसा'** है, मोनालिसा की मुस्कान को अलग-अलग **ऐंगल (ANGLE-कोना)** से देखने पर वह अलग-अलग मुस्कराते नज़र आती है इसके पीछे का रहस्य आज तक **वैज्ञानिकों** के लिये **खोज** का विषय बना हुआ है, आपको बता दें कि **'द गिनीज बुक ऑफ द वर्ल्ड रिकार्ड'** के मुताबिक **मोनालिसा** की **पेंटिंग इतिहास** में सबसे ज्यादा महंगी पेंटिंग है, **साल 2015** में **मोनालिसा** की इस **पेंटिंग** की कीमत करीब **5700 करोड़** रूपये लगाई गयी। आपको बता दें कि **'कैंची'** का **आविष्कार लियोनार्दो** ने ही किया था, आपको जानकर हैरानी होगी कि कई ऐसी चीजों का **आविष्कार लियोनार्दो** ने **15 वीं शताब्दी** के आस-पास ही कर दिया था जो बाद में प्रचलन में आयीं जैसे आँख में लगाने वाला **'कॉन्टेक्ट लेंस '** सबसे पहले **'हैलीकॉप्टर'; 'पैराशूट' 'टैंक (TANK-कवचयान)'** का डिजाइन लियोनार्दो

ने ही तैयार किया था। आसमान **नीला** क्यों है? ये बातें सबसे पहले **लियोनार्दो** ने ही बताई थी। कुछ रिपोर्ट्स के मुताबिक यह कहा जाता है कि **लियोनार्दो** की जिंदगी में उनके **शिष्य; शिष्य** से बढ़कर अनक **पार्टनर** भी थे, कहा जाता है कि उनका **अंतरंग संबंध** शायद उनके **शिष्यों 'सलाइ और मेल्जी'** के साथ था, इन दो (2) पुरूषों के साथ उनके **अश्लील संबंध** भी बताये गये हैं। **लियोनार्दो** ने अपने बेहद खास **दोस्त 'किंग फ्रांसीसी एक'** की **बाहों** में **साल 2 मई 1519 ई0** में अपनी अंतिम साँसें लीं थीं। दुनिया का यह सबसे प्रतिभाशाली शख्स दुनिया को छोड़कर चला गया, आज पूर विश्वभर की **यूनिवर्सिटियों** में **लियोनार्दो** के बनाये **चित्रों** को **स्नाकोत्तर (POST GRADUATE –पोस्ट ग्रेजुएट)** कला संकाय में पढ़ाया जाता है एवं आज उनकी कला पर लोग **पीएचडी (Phd)** कर रहे हैं। लेकिन कुछ भी कहो **लियोनार्दो** अपने निन्यानवे **(99 वें%)** परसेंट श्रेष्ठ कर्मों से अपना नाम अमर कर गये। तो अगर ऐसे **इंसान** को हम **महान** न कहे तो क्या कहेंगे जिन्हैं चित्रकार, इंजीनियरिंग, लेखक, वास्तुकार और न जाने दुनिया के कितने ही विद्वानों से बढ़कर माना गया। ये थी उनकी कुछ ऐसी अनसुनी दास्तां जिनका **नाम है 'लियोनार्दो द विंची'!!** जब कोई **लियोनार्दो** जैसा बहुमुखी प्रतिभा का धनी व्यक्ति यदि ऐसी कोई बुरी हरकत करता जिसे समाज मान्यता नहीं देता तो उस समाज को जरूर इस गंभीर मुद्दे पर चिंतन–मनन करना चाहिए कि वो बहुमुखी प्रतिभा अकारण ही ऐसा कार्य नहीं कर सकता, अवश्य उसके इस कृत्य में कुछ रहस्य छिपा होगा जो हमारी समझ से परे है नहीं तो ऐसे कृत्य की उम्मीद तो सिर्फ किसी अज्ञानी या मूर्ख से ही की जा सकती है। यदि कोई विलक्षण प्रतिभा कोरोना वायरस **(COVID–19)** जैसे वैश्विक **(PANDEMIC–पैंडेमिक)** महामारी से सम्पूर्ण मानव जाति को बचाने की चमत्कारिक खोज करता है तो क्या उसकी एक व्यक्तिगत बुरी आदत से **लियोनार्दो** जैसे **महान् शख्सियत** को समाज की **मुख्यधारा** में जीवन जीने का अधिकार नहीं होना चाहिये। ऐसे **गुणवान** लोगों पर **रहीम दास जी** कुछ इस प्रकार से **फरमाते हैं** कि–

"रूठे सुजन मनाइए, जो रूठे सौ बार।
रहिमन फिर–फिर पोइए, टूटे मुक्ताहार।।"

यदि संसार में, आपने अपने समाज में, अपने संगी–साथियों में, अपने नाते–रिश्तेदारों आदि में यदि कोई ऐसा इंसान पाया हो जो निन्यानवे (99 वे%) परसेंट गुणवान् हो और मान लो वह आपसे किसी कारणवश रूठ जाता है तो ऐसे इंसान को मना लेना चाहिये और यदि वह सौ (100) बार भी रूठ जाये तो भी उस गुणवान व्यक्ति को मना लेने में ही आपकी जीत है जिस प्रकार मोतियों का हार एक बार टूट जाये–चाहे हजार बार टूट जाये उसे पिरो लिया जाता है क्योंकि वह अत्यन्त कीमती रत्नों से जड़ा होता इसी तरह भूल से भी ऐसे गुणवान् व्यक्तियों को ठोकर मार कर संसार में अपनी ऐसी अमूल्य निधि नहीं खोना चाहिए। फिर इसी सिलसिले में **कबीर साहेब भी गुणी–अवगुणी व्यक्तियों पर तुलनात्मक भाव से कहते हैं–**

"हरिजन की लातों भला, बुरी साकट की बात।
और लातों में सुख ऊपजे, बातें इज्जत जात।।"

कि गुणवान व्यक्ति की लातें खाना, बुरे–दुर्गुणी–दुष्ट लोगों की मधुर बातों से ज्यादा अच्छा होगा क्योंकि गुणवान लोगों की लातें खाना एक दिन आपके भविष्य को सुखद व सफल बना देंगी और बुरे–दुर्गुणी –दुष्ट व्यक्तियों की मीठी–मीठी बातें आपके आने वाले भविष्य को अंधकारमय करके समाज में आपका आजीवन तिरस्कार करती रहेंगी।

प्रश्न–11→ किसी ने पूछा कि किसी धर्म विशेष में जन्मे संत–सूफी –सद्गुरू–महापुरूष उसी धर्म विशेष के लोगों को ही दीक्षित क्यों करते हैं?

उत्तर–11→ ऐसा कहना सही नहीं है, ये सिर्फ किसी की गलतफ़हमी हो सकती है। संत–सूफी–सद्गुरू–महापुरूष कभी किसी भी मजहब, मुल्क, पद, प्रतिष्ठा, जाति, रंग, रूप, लिंग आदि में भेदभाव नहीं करते; वे तो केवल रूहानियत **(आत्मा–परमात्मा संबंधी)** के आशिकों का चयन करके उन्हैं दीक्षित करते हैं। तमाम उदाहरण पड़े हैं कि सिख धर्म के **'गुरूनानक देव'** के शिष्य **' मरदाना '** मुस्लिम धर्म के थे, **सूफी मुस्लिम महिला संत 'हजरत बाबाजान'** के शिष्य **'मेहर बाबा'**

जो एक पारसी धर्म से थे। मथुरा के यादव कुल में जन्मे **'भगवान श्री कृष्ण'** के सगे चचेरे भाई **'भगवान अरिष्टनेमी या नेमिनाथ'** जैन धर्म के **बाईसवें (22 वें) तीर्थंकर** बने।

प्रश्न–12→ क्या गरीबों को परमात्मा नहीं मिल सकते, बहुत से संतों ने गरीबों की केवल निर्धनता देखकर उनको दीक्षा नहीं दी, इसका क्या राज हो सकता है?

उत्तर–12→ बात यहाँ **गरीब–अमीर** होने की नहीं है, बात तो सिर्फ **ईश्वरीय** तड़प की है जो तड़पा वो पाया, दरिद्र रैदास तड़पे उसे पाये, गरीब शबरी तड़पी उसे पा ली; फिर अमीरों की बात करें तो **राजकुमार सिद्धार्थ** तड़पे **बुद्ध** बनकर पा लिये, **राजकुमार वर्धमान** तड़पे **तीर्थंकर महावीर** बनकर उसे पा लिये, **महारानी मीरा** तड़पीं उसे **मीराबाई** बनकर पा लीं, **राजा पीपा** तड़पे उसे प्राप्त कर लिये। लेकिन कई **रईस** भी उसे पाने से वंचित रह गये। समझने की बात यहाँ सबसे जरूरी यह है कि पूरा **गुरू** उसे ही **ईश्वर** की **दात बख्शता** है जिसको पाने की तड़प है और या उसके अनंत जन्मों के भक्ति कर्मों का समय पूरा हो जाता है। ये बात वाकई गौर करने योग्य है कि जिन्हें पेट भरने के लाले पड़े, तन को ढ़कने का लिबास नहीं, रहने का ठिकाना नहीं है तो ऐसे गरीबों को परमात्मा पाने की नहीं बल्कि संतों से तो सिर्फ उनकी भौतिक जरूरतें रोटी–कपड़ा और मकान को पूरा करने की चाहत मात्र होती है तो ऐसे लोगों के कर्मों के विधान पर चिंतन करते हुये उनका ईश्वर प्राप्ति का समय पूरा न होने के कारण उन्हैं दीक्षा से अलग रखा जाता है, संतों की इस कार्यवाही को भौतिक संसार के लोगों को तनिक भी अन्याय नहीं समझना चाहिए क्योंकि दीक्षा देने वाला **आध्यात्मिक सन्त त्रिकालदर्शी** होते हैं उन्हैं भूत–भविष्य–वर्तमान का पूरा ज्ञान होता है किस गरीब को, किस अमीर को किस समय उन्हैं दीक्षित करना है ये उनका विशेषाधिकार होता है और वे उचित समय आने पर ही न्यायसंगत तरीके से आत्माओं को मुक्ति देने का कार्य करते हैं जिसके लिये वे संसार में आते हैं।

प्रश्न–13→ सत्य क्या है और समय–समय पर धरती पर आये सच्चे संतों– महात्माओं ने बहुत ही जटिल तरीके से सत्य को छिपाकर घुमा–फिराकर अप्रत्यक्ष रूप में समाज के बीच क्यों प्रकट किया?

उत्तर–13→ जब सत्य बोलने वाले का जीवन खतरे में आ जाये तो ऐसे सत्य को छिपाकर ही प्रकट करना समाज में व्यावहारिक होता है। सच्चे संतों–महात्माओं का सदा यही सिद्धांत रहा है कि उन्होंने कठिन–कठिन श्लोकों–चौपाईयों–छन्दों–दोहों आदि के रूप में अपने सत्य को छिपाते हुए समाज के समक्ष उजागर करने का भारी जोखिम उठाकर अपनी जान की रक्षा करके प्रकट किया ताकि ज्यादा समय जीकर वे समाज के लिये अधिक से अधिक सत्य को बताने का कार्य सम्पन्न कर सकें क्योंकि आप यदि किसी हृष्ट–पुष्ट, संपन्न, सम्मानित, प्रभावशाली व्यक्ति से डायरेक्ट **(DIRECT –सीधा)** ये बोल दें कि **'एक दिन आपकी मृत्यु होने वाली है'** तो शायद ये बहुत ही अव्यवहारिक होगा परिणामस्वरूप आपके इस कथन से हिंसा हो सकती है तब इसी वाक्य को व्यवहारिक तौर पर छिपाते हुए कुछ इस प्रकारसे बोलना ज्यादा बेहतर होगा कि **'एक न एक दिन तो जो जीव जन्म लिया है उसकी मृत्यु अवश्य होगी'** अतः हमारे संतों–महात्माओं ने ऐसी ही भाषा–शैली का व्यवहारिक पालन करते हुये अपने असल सत्य को संसार में प्रकट किया ताकि धर्म को गलत ढंग से परोसने वाले झूठे हमलावर ठेकेदारों से अपने असली सत्य की मर्यादा को बचा सकें। इसीलिए सत्य वो अकाट्य है जो भूत–वर्तमान–भविष्य में जैसा था, जैसा है, वैसा ही सदा रहेगा। जो न कभी बदला था, न कभी बदला है और न कभी बदलेगा। बाकी सब संसार परिवर्तनशील है और परिवर्तन संसार का नियम है। जो संसार में आज दिखता है वो कल वैसा नहीं रहता और आये दिन बदलता ही चला जाता है पर सत्य अपरिवर्तनीय है जो कभी नहीं बदलता।

प्रश्न–14→ किसी ने पूछा कि जब मानव शरीर आध्यात्म, दर्शन व विज्ञान के दृष्टिकोण से प्रकृति की सर्वश्रेष्ठ रचना मानी गयी है तो फिर देशों की सेनायें आपस में युद्ध लड़ करके हजारों–लाखों सैनिकों का खून बहाकर इंसान के विनाश का कारण क्यों बनते हैं?

उत्तर–14➜ आत्मरक्षा करना किसी भी राष्ट्र का मानवीय दायित्व है। अगर दो (2) बुराई सामने खड़ीं हैं। तो छोटी बुराई चुनने में ही इंसान की आत्मरक्षा और जीत है। यदि आपके देश पर कोई आक्रमण करके आपकी पूरी आबादी को खत्म करने की कोशिश करता है तो आपको उन चंद आक्रमणकारियों को मार करके अपने हजारों–लाखों –करोड़ों लोगों की जान बचाकर इंसान के विनाश को रोकते हुये देश की रक्षा अवश्य करना चाहिये।

प्रश्न–15➜ बड़ा दिलचस्प सवाल आता है कि यदि कोई दयावश किसी असहाय की सामाजिक मदद करे और वह मदद लेने के बाद समाज में आतंक की स्थिति बना दे तो समाज में फिर ऐसे उदाहरण से क्या ये सीख लेना चाहिये कि क्या किसी भी इंसान की मदद करना बेकार है?

उत्तर–15➜ मान लो किसी समाजसेवक या दयालु व्यक्ति ने किसी दरिद्र मेधावी छात्र की आर्थिक मदद की और कल के दिन वही निर्धन छात्र उसकी मदद पाकर जज–कलेक्टर आदि बनकर जनता के हकों की बेईमानी करके जमकर भ्रष्टाचार करते हुये सरकार को करोड़ों–अरबों रूपये का चूना लगाकर मालामाल हो जाता है तो इसमें गलती उस दयालु समाज सेवक की नहीं कि वो किसी को इस आशय से मदद किया कि कल के दिन वह समाज को धोखा दे। वह समाज सेवक तो एक मानवीय सामाजिक दायित्व का दयावश पालन किया। ये उसका कर्म था पर जो उसकी दया प्राप्त करके बेईमान– भ्रष्ट निकला ये उसका कर्म है। अब इसे भस्मासुर राक्षस के उदाहरण से सही से समझ सकते हैं। कथा है कि भोले बाबा भगवान शंकर भस्मासुर भक्त की साधना से प्रसन्न होकर उसे मनोवांछित **(मनचाहा)** भस्म करने की शक्ति-जैसे ही वरदान के रूप में दिये कि वही व्यक्ति इस शक्ति को पाकर स्वयं भोले बाबा पर ही इसका इस्तेमाल करके दुरूपयोग करने लगा। तो भगवान शिव ने दयावश अपना कर्तव्य किया और भस्मासुर ने अपना कर्म खराब कर लिया। तो जो समाज में ऐसे निराश्रित, असहाय, पीड़ित, भिखमंगे गरीब इस प्रकार से मदद लेने के बाद उसका दुरूपयोग करना जैसे ही समाज में शुरू कर देते हैं वे अपने शीघ्र विनाश का पहला कदम अपने जीवन को धीरे–धीरे समाप्ति की ओर बढ़ाने में लगा देते हैं। इसीलिये जो जैसा करेगा वो वैसा ही

पायेगा। अगर आपका स्वभाव किसी असहाय की निस्वार्थ भाव से मदद करने का है तो जरूर करें इसमें कोई खराब बात नहीं है पर आपकी मदद लेने के बाद कोई खराब कार्य किया इसमें आपका कोई कसूर नहीं है क्योंकि आपकी मदद करने की नियत सही थी कि उपरोक्त जरूरतमंद मेरी मदद पाकर अपना, अपने परिवार व समाज का एक दिन मुझ जैसा ही मद्दगार व्यक्ति बनकर मानव समाज का कल्याण करे।

प्रश्न–16➜ एक परमात्मा का जिज्ञासु संसार में, मुसीबत में फँस जाये तो उसे किसकी मदद लेनी चाहिये?

उत्तर–16➜ देखिये जीवन की यात्रा मुसीबतों–आफतों से होकर ही गुजरती है। जहाँ इंसान को समाज में हर प्रकार के लोगों से मदद लेने का सामना करना पड़ सकता है लेकिन यदि आपकी जानकारी में पहले से ही कोई व्यक्ति है जिससे आपको मदद लेने की जरूरत आन पड़ी और वो भी ऐसी जरूरत जिसको लेने से आपकी जान बच सकती है तो आपको वहाँ उस अमुक व्यक्ति से मदद लेने का निर्णय बहुत ही सोच–समझ कर लेना चाहिये। जिस पर कबीर साहेब कुछ इस तरह से वर्णन करते हुए कहते हैं–

"सूता साधु जगाइए, करे ब्रह्म को जाप।
ये तीनों न जगाइए, साकट–सिंहरू–साँप।।"

कि काश आप ऐसे संकट में फँस गये कि जहाँ आपकी जान जाने ही वाली हो और उस समय आपके सामने आपके जीवन के अनुभव द्वारा परखा हुआ वो इंसान सो रहा है जो बहुत ही नेक, सज्जन, गुणवान व साधु प्रवृत्ति का है तो उस उस संकट की घड़ी में तुरंत अपनी मदद के लिये नींद से जगा लेना चाहिये ताकि उसके जाग जाने से आपको उसकी मदद मिल सके क्योंकि उसका तो जीवन ही दूसरों की मदद करने का रहा है पर यदि वह उस वक्त आपकी कोई मदद न भी कर सका तो वह अपने प्रभु जाप में मग्न होकर आपके बचाने की अपने प्रभु से प्रार्थना करने लगेगा किन्तु इसके विपरीत यदि उस संकट वक्त में आपके सामने आपका पहले से जाना–पहचाना हुआ कोई दुष्ट स्वभाव का व्यक्ति या छोटा बच्चा या मूर्ख व्यक्ति सो रहा हो तो

130

उसे उसी प्रकार नींद से नहीं जगाना चाहिये जैसे शेर और साँप सो रहे हों तो उन्हैं सोने दो क्योंकि शेर जागने के बाद झपट्टा मारकर आपको खाने का प्रयास करेगा, साँप जागने के बाद आपको डसने की कोशिश करेगा,तो दुष्ट व्यक्ति–छोटा बच्चा–मूर्ख व्यक्ति ये तीनों साकट भी नींद से जाग कर सिर्फ आपकी जान एक परसेंट **(1%)** बच भी रही होगी तो उस वक्त ये सब फँसा कर आपके प्राण उड़ा देंगे। इसीलिये **दुनिया** में **दो (2) बातों** पर **जिज्ञासु** को **विशेष ध्यान** देना चाहिये–

"झूठों से न प्रेम कर और सच्चों की कर संगत"

यदि कण–कण में देखा जाये तो फिर भगवान शेर और साँप में भी हैं तो इसका मतलब यह नहीं कि शेर–साँप के मुंह के सामने बैठकर हम इनसे बातें करें क्योंकि शेर–साँप आदि की वृति खराब होने से इनसे सदा दूर ही रहना ठीक है। इसी तरह दुष्ट लोगों में भी भगवान है पर दुष्टों की कर्मवृति गंदी होने के कारण हमेशा इनसे दूरी बनाकर रखना चाहिये। अगर आप झूठे–शराबी–जुआरी–कबाड़ी –दुष्ट–मूर्ख–चोर–अपराधी आदि से प्रेम–दोस्ती करोगे तो एक न एक दिन वो आपको एक बड़ी मुशीबत में फँसा देंगे। अगर जुआरी के घर जुआ खेलते वक्त, चोर–अपराधी के घर चोरी–अपराध के इल्जाम में छापा पड़ा और आप उसके घर उसके साथ सहज ही बैठे पाये गये तो आप भी उसके कुकर्मों की वजह से पुलिस–कचहरी के चक्कर में फँस जायेंगे। जबकि इसके विपरीत आप यदि किसी सच्चे आदमी की संगत करते हैं तो आप एक बार कोई गलत काम करके भी उसकी सोहबत में बैठ गये तो उसके सदगुणों के प्रभाव से आप हजार मुसीबतें आने पर भी बच सकते हैं। फिर अगर दुनियादारों की तरफ देखें तो वे झूठे लोग व सच्चे लोग दोनों से मिलकर अपने जीवन में इस भाव से अच्छे–बुरे कर्म करते रहते हैं कि कभी न कभी दोनों से अपने मतलब के काम निकालना पड़ सकता है परन्तु परमात्मा के जिज्ञासु को दुनियावी लोगों की तरह बिल्कुल भी नहीं सोचना चाहिए क्योंकि जब आप अपनेआप में नेक–पवित्र और सच्चे रहेंगे तो आप निश्चित ही यह चमत्कार देखेंगे कि जब–जब आप पर संकट पड़ेंगे तो स्वयं ईश्वर आपके दुश्मन की देह में आकर आपकी मदद करके आपकी जान बचाकर चले जायेंगे और दुश्मन ये सब देखता ही रह जायेगा

कि मेरी ही चूक से मेरा ही दुश्मन मुझसे जीत गया। इसलिये सही ही **कहा गया है कि—**

**"समस्या का समाधान इस बात पर निर्भर करता है,
कि आपका सलाहकार कौन है? ये बहुत ही महत्वपूर्ण है
क्योंकि दुर्योधन 'शकुनी' से सलाह लेता था, और अर्जुन 'श्रीकृष्ण' से"**

इस प्रकार से देखा जाए तो **दुर्योधन** का सलाहकार गलत होने से वह जीता हुआ युद्ध हार गया जबकि **अर्जुन** का सलाहकार सही होने से वह हारा हुआ युद्ध जीत गया। अतः परमात्मा के जिज्ञासु को अपनी मुसीबत के समय सिर्फ सच्चे इंसान का साथ लेना चाहिये भूलकर भी बुरे लोगों का नहीं।

प्रश्न—17→ कहते हैं कि अगर पुनर्जन्म कर्मों के **ट्रांसफर (स्थानान्तरण)** की हक़ीक़त है तो इसे किसी भी देश का कोई संविधान क्यों नहीं मानता? जबकि आयेदिन सैकड़ों उदाहरण विश्वभर में पुनर्जन्म के आते रहते हैं?

उत्तर—17→ इसमें दो (2) मत नहीं कि पुनर्जन्म की याददाश्त मनुष्य के कर्मों का साक्षात् प्रमाण है किन्तु अगर किसी के पुनर्जन्म का हिस्सा दिलाने के लिये कोई कानून बन जाये तो मानव समाज अस्त–व्यस्त और विकृत हो जायेगा क्योंकि किसी को क्या पता कि प्रभु ने उसके अनन्त जन्मों में से किस–किस जन्म के कर्मों का फल उसे मौजूदा जन्म में दे दिया है। तो ऐसे तो कोर्ट वर्तमान जन्म के मुकदमों से भरे पड़े हैं और एक ही जन्म के मुकदमे के फैसले तो हो नहीं पा रहे हैं और फिर कई जन्मों के कर्मों का पुनर्जन्म कानून बनाकर वर्तमान जन्म में फैसला कर पाना असंभव है।

प्रश्न—18→ अधिकांशतः देखने में आता है कि जो पूरी दुनिया के लिये प्रेरणास्त्रोत बने होते हैं उनका ही व्यक्तिगत जीवन अत्यंत कठिनाईयों से होकर गुजरता है–कभी उन्हैं अपने बीवी–बच्चों का घोर अपमान सहना पड़ता है, तो कभी उनके माँ–बाप उन्हैं अपने घर से बाहर निकाल देते है, तो कभी स्कूल उन्हैं पढ़ाने से इंकार कर देते हैं, तो कभी किसी निजी आरोप को लेकर उन्हैं अभियुक्त बनकर थाना–कचहरी–जेल जाना पड़ जाता है ऐसा क्यों?

उत्तर–18→ सिर्फ दो (2) ही कारण हो सकते हैं या तो उन्हैं अपने प्रारब्ध फल के कारण कष्ट उठाना पड़ता है या उनकी क़ाबिलीयत को अज्ञानी संसार वाले समझने में चूक कर जाने के कारण उन्हैं सताते हैं। इसीलिये महापुरुषों–विलक्षण प्रतिभाओं को कभी कोई क़ानून बाँध कर नहीं रख सकता है। वे सदा ईश्वर की मौज में रहकर आजादी से अपने काम करते हैं– सुकरात की बीवी ने सुकरात को बहुत सताया पर वे अपने दार्शनिक काम से नहीं रूके, रैदास के माँ–बाप ने रैदास को घर से अलग कर दिया पर उन्हैं अपने आध्यात्मिक कार्य से कोई नहीं रोक सका, थॉमस एडिसन को स्कूल प्रबंधन ने पढ़ाने से मना करके स्कूल से बाहर कर दिया पर वे अपना वैज्ञानिक काम करते ही रहे, महान् दार्शनिक चित्रकार लियोनार्दो द विंची पर कोर्ट **(COURT)** में केस **(CASE)** चलते रहे फिर भी वे अपने चमत्कारिक काम करने से रूके नहीं और आज ये सब पूरी दुनिया में अपना अलौकिक इतिहास बना कर चले गये।

प्रश्न–19→ क्या मनुष्य से नीचे दर्जे का कोई भी प्राणी क्या सम्पूर्ण मानव जाति को धरती से कभी नष्ट कर सकता है?

उत्तर–19→ विषाणु **(VIRUS–वायरस)**, जीवाणु **(BACTERIA– बैक्टीरिया)**, अमीबा **(AMOEBA)** से लेकर व्हेल और हाथी जैसे प्राणी इंसान को समय–समय पर मारते तो जरूर रहते हैं पर सम्पूर्ण मानव जाति को एक साथ नष्ट कर देने की इनकी कतई हैसियत नहीं है, इनके पास ईश्वर ने वो ताक़त और अक़्ल नहीं दी है जिसके बल पर यह कायनात की सर्वश्रेष्ठ रचना मनुष्य को **पूर्णतः परास्त** कर सकें। यदि इनके हमले से मनुष्य आतंकित होता है तो वह अपनी असीम बुद्धि से इनके हमले को एक दिन जरूर ध्वस्त करने में सफल हो जाता है। जिस ईश्वर ने सृष्टि की रचना की है सिर्फ उसे छोड़कर सम्पूर्ण मानव जाति को खत्म करने की शक्ति किसी और में नहीं हो सकती क्योंकि और प्राणियों के हमला करने पर मनुष्य को उनसे मुकाबला करने का भरपूर मौका मिलता है जबकि सृष्टि रचयिता परमपिता परमेश्वर बिना मोहलत दिये ही सेकंड़ों में धरती पलटकर सम्पूर्ण प्राणी जगत को संहार करने में **पूर्णतः** सक्षम हैं। इसीलिये ईश्वर के सिवाय दूसरा कोई समस्त मानव जाति का एक साथ सर्वनाश नहीं कर सकता है।

प्रश्न-20→ कभी-कभार देखने में आता है कि पूर्ण संत-महापुरूष भी मंदिरों-मस्जिदों-गिरजाघर-गुरूद्वारों में विशेष बुलावे पर पहुँच जाते हैं जबकि वे कण-कण में परमात्मा से सीधा जुड़े होते हैं-ऐसा क्यों ?

उत्तर-20→ देखो परमात्मा जर्रे-जर्रे में है और पूरी कायनात में कोई जगह उससे खाली नहीं है अगर कोई संत-महात्मा मंदिर-मस्जिद-गिरजाघर-गुरूद्वारे में जाता है तो इसमें संत-महापुरूष पर क्या ऐतराज करना वो तो प्रभु को हर जगह देखता है फिर चाहे उसके लिये वो मंदिर हो या उसका घर या जल-थल-वायु कुछ भी; ये तो हमारा भ्रम है कि हमें वो मंदिर-मस्जिद में ही दिखाई देता क्योंकि हमारे पास उसे देखने की वो आँख नहीं जिससे हम उसे हर जगह देख सकें। इसीलिये पूर्ण संत-सतगुरू जो भी करते हैं उसे हमारे द्वारा गलत ठहराना हमारी केवल नासमझी होगी।

प्रश्न-21→ किसी ने पूछा कि राह चलते माँगने वाले कोढ़ी-अपाहिज-गरीब-अंधे-बूढ़ों की दुआएं भी किसी काम आतीं हैं क्या?

उत्तर-21→ दुआएं तो सिर्फ सच्चे फकीरों-संतों महात्माओं-महापुरूषों आदि की ही लगतीं हैं बाकी के संसारियों की इन्हैं दुआएं न कहकर उनका अभिवादन या धन्यवाद् कहें तो ज्यादा ठीक होगा क्योंकि भिखारियों की दुआओं में यदि इतनी ही ताकत होती तो फिर वे किसी से भीख ही क्यों माँगते सबसे पहले अपना ही उद्धार करके सर्वश्रेष्ठ न बन जाते। सिर्फ आपके अच्छे कर्म ही आपकी असली ताकत होते हैं जिनके बल पर आप **'परमात्मा की ओर'** चलने के लायक बन सकते हैं।

प्रश्न-22→ यदा-कदा ऐसा देखने में आता है कि समाज के कुछ बेईमान-भ्रष्ट-कुकर्मी व्यक्ति अपने जिन कार्यों को मनमुताबिक करना चाह रहे हैं वहाँ वह लगभग सफल हो जाते हैं ऐसे उदाहरण समाज को क्या संदेश दे रहे हैं, इस पर आप क्या प्रकाश डालेंगे?

उत्तर–22→ देखिये इसे ऐसे समझिये जैसे किसी संभ्रांत नागरिक का बेटा किसी गलत संगत में पड़कर अपने पिता की समाज में जब बदनामी करने लगता है तब वह पिता अपने बेटे को सुधरने का मौका देता है कि कभी उसके द्वारा लिये गये कर्ज का भुगतान कर देता है, कि कभी उसके द्वारा सताये गये लोगों से माफी माँग लेता है आदि। किन्तु जब बेटे की करतूतें बर्दाश्त से बाहर होने लगतीं हैं तो वह पिता अपने कुकर्मी पुत्र को यह कहकर अपनी चल–अचल सम्पत्ति से बेदखल कर देता है कि समाज में अब वह जैसा करे इसके लिये वह खुद जिम्मेदार होगा, यहाँ तक कि अखबार में इश्तहार तक करवा देता है कि अब उसका ऐसे पुत्र से कोई संबंध न रहा। ठीक इसी प्रकार जब कोई समाज का बेईमान–भ्रष्ट–कुकर्मी व्यक्ति समाज में गलत कार्यों को अंजाम देते हुए भी अपनी निजी तरक्की की ओर बढ़ रहा हो जैसे उसका कोई व्यापार खूब फल–फूल रहा हो, उसके पद की ताकत आगे बढ़ती ही जा रही हो, उसके बच्चे पढ़–लिखकर डॉक्टर–इंजीनियर – कलेक्टर –जज आदि बन रहे हों तो समझ लेना कि परमात्मा उस कुकर्मी व्यक्ति को इस आशय से वे सब संसार की चीजें पकड़ाता जा रहा है जिन सब चीजों की चाहत संसार के हर इंसान की होती है ताकि वह ये सब पाकर भविष्य में बुरे काम न करे क्योंकि **परमात्मा इंसान** के **दो कामों** से बहुत ही **नाराज होता है– 'एक तो उसकी बदनीयती और दूसरा उसका अहंकार'** जब ये दो (2) अवगुण इंसान में आ जाते हैं तो वह परमपिता अपनी ऐसी निकृष्ट (नीच) संतानों को उनके किये पर इस आशय से छोड़ देता है कि अब तुम नहीं सुधार कर रहे हो तो फिर तुम जैसा करोगे सो वैसा भरोगे इस पर **कबीर साहेब कहते हैं कि -**

> **"कबीर माया बेसवा, दोनूं की इक जात ।**
> **आवंत को आदर करें, जात न बूझै बात।।"**

जो तुम काम–क्रोध–लोभ–मोह–अहंकार–ईर्ष्या कर रहे हो इस माया और वेश्या **(तवायफ)** दोनों की एक ही जाति होती है, जब तुम इनके पास जाओगे तो ये तुम्हारा स्वागत करेंगे, तुम्हैं सम्मोहित करेंगे। तुम इन पर आँख मूँद कर अपना सब कुछ लुटा दोगे और जब तुम पूरी तरह बर्बाद होगे तो ये तुम्हैं एक पल के लिए भी पूछने–देखने तक नहीं

आयेंगे। अतः परमात्मा तुम्हारे बुरे कर्मों पर भी तुम्हैं अच्छे–अच्छे मौका देते जाते हैं कि तुम अब सुधर जाओ–अब सुधर जाओ और जब तुम सब कुछ पाकर भी अच्छे आचरणों की तरफ प्रवृत्त नहीं होते तो फिर वह ईश्वर तुम्हारे किये कर्मों पर तुम्हैं छोड़कर समय आने पर तुम्हारे कुकर्मों के परिणामों को तुम्हैं सुपुर्द कर देता है।

प्रश्न–23→ अधिकतर देखने में आता है कि आध्यात्मिक समझ न रखने वाले लोग भी कभी–कभार अपने विलक्षण लेखन कार्य, चित्र कार्य, मूर्ति कार्य, शिल्प कार्य, गायन, वादन, नृत्य, अभिनय, भाषण आदि जैसे भौतिक हुनर का अविश्वसनीय प्रदर्शन करके पूरी दुनिया को अचंभित करते रहते हैं इसका क्या रहस्य है?

उत्तर–23→ देखिये हर इंसान अपने आप में परमात्मा का अंश होने के कारण परमात्मा की ही एक शक्ति है। जब परमात्मा के बनाये भौतिक संसार में मनुष्य अपनी भौतिक अनुभूतियों के आधार पर अपने ऐसे मनमोहक कार्य प्रदर्शित करके समाज में कुछ इस तरह का संदेश देता है कि मानव समाज उसके भौतिक अनुभवों का उपयोग करते हुये अपने–अपने कार्यक्षेत्र में अपने भौतिक विकास को आगे बढ़ाता रहे किन्तु समय बीतने पर प्राचीन भौतिक कार्यशैली निरंतर फीकी पड़ती चली जाती है और जीवंत नहीं रह पाती जबकि आध्यात्मिक महापुरूषों के अकाट्य कार्य वचन सदा जीवंत बने ही रहते हैं समय बदलने से उनके कार्य–वचनों पर लेशमात्र भी कोई प्रभाव नहीं पड़ता और सदा तरोताजा ही रहते है। अतः भौतिकवाद पर किये जाने वाले सारे कार्य–व्यवहार मनुष्य में भौतिक अभिरूचियाँ पैदा करते हैं जबकि आध्यात्मिक कार्य–विचार मनुष्य के जीवन में बदलाव उत्पन्न कर देते हैं।

प्रश्न–24→ बार–बार सवाल आता है कि किसी उच्च कोटि के सन्त– महापुरूष– तपस्वी को भी वही असाध्य बीमारियाँ हो जातीं हैं जो दुनियादारों में आमतौर पर देखीं जातीं हैं जबकि सिद्ध महापुरूष या साधक चाहे तो अपनी साधना की ताकत से ऐसी बीमारियाँ शरीर में आने तक नहीं दे सकता। इसका क्या कारण हो सकता है?

उत्तर–24 ➜ देखिये मानव शरीर वो कर्मस्थली है जिसमें प्रारब्ध कर्मों के बहीखाते का हिसाब–किताब एवं अच्छे–बुरे–भक्ति वाले वर्तमान कर्मों को करने का प्रावधान होता है जिसके अन्तर्गत प्रत्येक मनुष्य को इन कर्मों के विधान से होकर गुजरना पड़ता है। अब कोई व्यक्ति अच्छा है फिर भी वह बुरे हालातों से गुजर रहा है और कोई व्यक्ति बुरा है फिर भी वह सुख– सुविधाओं–सम्मान से जी रहा है। इन सब के पीछे कभी किसी समय उसके ही अपने किये हुए कर्मों का परिणाम है जिसके फल की प्राप्ति ईश्वरी गणित पर निर्भर करती है जो इंसानी दिमाग से परे की बात है। किसे– किस समय–क्या फल देना है ये वो विधाता तय करता है जो मनुष्य के अपने अनुभव के गणित से बिल्कुल भिन्न होता है। अब सवाल यहाँ ये पैदा होता है कि भक्ति करते समय जो विपत्तियाँ आतीं हैं उसका क्या कारण है? देखो भक्ति में बाधा नहीं आती है कोई, बाधा प्रारब्ध के कारण आती है और कुछ अपनी गलती से आती है, वो तो हमेशा आती रहती है, भक्ति करें तो–ना करें तो। भक्ति बाधा को समाप्त करती है, वो बाधा बुलाती नहीं है क्योंकि भक्ति जो है वो परमात्मा की होती है और परमात्मा भक्त की हेल्प **(HELP-मदद)** करता है उल्टा नहीं करता। लेकिन बाधा तो ये कर्म-संस्कार के कारण भी आती रहती है, बड़े सिद्ध महापुरूषों के ऊपर आती है। माया को तो भक्ति भगाती है, माया आती–वाती नहीं है, माया की हिम्मत है आने की, परमात्मा की भक्ति करने वालों से तो काँपती है माया, माया–वाया वहाँ नहीं आती है लेकिन प्रारब्ध भोग अगर है कोई खराब तो वो आता है, साधक पर भी आता है– सिद्ध पर भी आता है और ये सोचना एकदम गलत है कि भक्ति करने वाले के लिये बाधा–विघ्न आती है कि भक्ति न करें। अरे परमात्मा भक्ति कराना चाहते हैं तो वो क्यों रोकेंगे और उनके अधीनस्थ **(UNDER- अधीन)** माया उसकी हिम्मत है भक्ति के आगे तो माया खड़ी नहीं हो सकती उसकी हिम्मत नहीं। भक्त को तो प्रभु प्राण देने को तैयार होते हैं वहाँ माया–वाया क्या! हाँ साधक है अभी–अभी पूरा भक्त नहीं हुआ है तो भी विघ्न–बाधा भक्ति से हटती है, आती नहीं है ये कभी स्वप्न में भी न सोचना, कोई भी विघ्न आता भी है तो भक्ति उसका मुकाबला करती है। परमात्मा से आपका प्यार है और कोई नुकसान हा गया आपका धन का या कोई बीमार हो गया घर में, तो वो

भक्ति आपको इतनी शक्ति देती है कि उसकी फीलिंग **(FEELING - अहसास)** कम होती है, नहीं के बराबर होती है, उल्टा नहीं होता ऐसा कभी नहीं सोचना। प्रभु तो भक्त के साथ में होते हैं।

प्रश्न—25→ पूर्व के गुरूओं या बिना सच्चे जीवित गुरूओं के सहारों पर चलने वाले उन जिज्ञासुओं का क्या होगा जो भौतिक चीजें त्याग कर अपना सारा जीवन परमात्मा की खोज में लगा दिये फिर भी परमात्मा को पाने में असफल रहे?

उत्तर—25→ देखो परमात्मा की प्राप्ति कई जन्मों के भक्ति कर्मों का फल होता है। अगर जिज्ञासु के एक जन्म की भक्ति असफल रही तो परमात्मा ऐसे भक्तों को सँभाल कर अगले जन्मों में पुनः मनुष्य जन्म का अवसर देकर उसे सही आध्यात्मिक गुरू पकड़ा करके स्वयं मिलन करवा लेता है।

प्रश्न—26→ कुछ ऐसा उपाय बताईये कि कोई परमात्मा को पाने में कभी असफल न हो सके?

उत्तर—26→ संसार वाले संसार वालों से सारा जीवन स्वार्थ का जुआ खेल कर पछताते रहते हैं। इसीलिए अब तुम ऐसा जुआ खेलो कि जहाँ तुम्हें कभी पछताना ही ना पड़े यानि अब तुम **'राम'** **(रोम—रोम में रमने वाला परमात्मा)** से **'प्रेम—जुआ'** खेलो इसमें सदैव तुम्हारा फायदा ही फायदा होगा। मान लो अगर तुम **'राम'** से हार गये तो तुम सदा **'राम'** के हो जाओगे और अगर तुम **'राम'** से जीत गये तो **'राम'** सदा तुम्हारे हो जायेंगे।

प्रश्न—27→ लोग पूछते हैं कि संसार में कोई परमात्मा का जिज्ञासु घर—परिवार, रिश्तेदार, मित्र, समाज, दुकान, दफ्तर आदि में भ्रष्ट—बेईमानों के बीच रहकर भी कौन सा ऐसा सूत्र—फॉर्मूला अपनाये कि वह अपनी नेकी—ईमानदारी को कायम रखते हुये प्रभु भक्ति करके जीवन की यात्रा को आसानी से पार कर सके?

उत्तर–27 → देखिये मानव जीवन तो बहुत ही कठिनाईयों से भरी एक चुनौतीपूर्ण यात्रा है, इंसान के जन्म से लेकर मृत्यु तक की पूरी यात्रा में पग–पग पर काँटे ही काँटे बिछे हुये हैं। वास्तविक रूप से आज मनुष्य पूरी तरह विज्ञान की छत्रछाया के नीचे जी रहा है, वह चारों ओर से अपने शरीर को विज्ञान के बोझ से लादकर विज्ञान के ही ट्रैफिक **(TRAFFIC)** में फँसकर हर पल हादसों का शिकार होता रहता है। कहते हैं कि इंसान की सामान्य मौत हो जाना ये कोई बड़ी बात नहीं है किन्तु आश्चर्य की बात तो यह है कि वह तमाम मुसीबतों– संघर्षों–समस्याओं–कठिनाईयों के जाम में फँसकर भी अपने जीवन की पूरी यात्रा कर ले, ये बहुत **बड़ा चमत्कार** है, जिसे कुछ लोगों ने **कुछ इस तरह कहा है कि –**

"हर खंजर के निशाने पर रहा हूँ,
पर तकदीर ने साथ दिया है मेरा"

अब बात यहाँ से उठना शुरू होती है कि इन चुनौतीपूर्ण परिस्थितियों के रास्ते से गुजर कर अपने असली लक्ष्य **'परमात्मा की ओर'** कैसे पहुँचा जाये? जिस प्रकार से बत्तीस **(32)** दाँतों के बीच रहकर भी जीभ अपने नरमता के अस्तित्व को बनाये रखती है ठीक इसी प्रकार से **"अगर आप ईमानदार हैं और आपको देखकर कोई ईमानदार हो जाये तो ये कोई बड़ी बात नहीं है, बड़ी बात तो ये है कि आप बेईमानों के बीच रहकर भी ईमानदार बने रहें, ये बहुत बड़ी बात है"** तो ऐसे अदभुत कार्य को करने के लिये आपको कुछ महत्वपूर्ण बातें अपने जीवन में उतारनी पड़ेगी जिनके सहारे आप अत्यन्त कठिन मानसिक हालातों को पार करके अपने जीवन की यात्रा आसानी से पूरी कर सकते हैं। जैसे आपके परिवार में, आपके कारोबार में, आपके पेशे में, आपकी नौकरी में, आपके समाज में, आपसे जुड़े रिश्तेदार, आपके साथी– संगी कोई भी अनैतिक कार्य कर रहे हैं तो सबसे पहले आपका नैतिक फर्ज होना चाहिये कि यदि आप सामर्थ्य रखते हैं तो तत्काल उनके अनर्गल कार्यों पर रोक लगायें और यदि आपकी क्षमता उनके अनैतिक कार्यों पर रोक लगा पाने की नहीं है तो उन्हें पहली बार, फिर दूसरी बार और अन्त में फिर तीसरी बार तक समझाने

139

का अथक प्रयास करें कि जो तुम कर रहे हो इसके भविष्य में तुम्हैं बहुत दुःखद व घातक परिणाम भुगतने पड़ेंगे। इसके बाद भी वे न मानें तो उन्हैं उनके कर्मों पर वैसे ही छोड़ दें क्योंकि **"जो इंसान समय रहते सही निर्णय नही लेता है तो फिर समय उसका निर्णय लेता है"** जिसे **कबीर साहेब** कुछ इस तरह समझाते हैं कि –

"कबीरा तेरी झोपड़ी, गल कटियन के पास।
जैसी करनी–वैशी भरनी, तूँ क्यों भया उदास।।"

कबीर की झोपड़ी उस मुहल्ले से गुजरती थी जहाँ रोज बकरे–मुर्गे आदि कट रहे थे तो कबीर ने पहली बार उन कसाईयों को समझाया कि जुबान के स्वाद के लिये बेकसूरों के गले काटना अच्छी बात नहीं है, वे लोग नहीं माने। तो फिर कबीर ने अगले दिन दोबारा कहा कि भाई लोग गलियों की नालियाँ खून से बहीं जा रहीं हैं ये बहुत ही दर्दनाक वारदात है इसका खामियाजा तो जरूर भुगतना पड़ेगा लेकिन वे फिर कबीर को अनसुना कर दिये। तब फिर अन्त में तीसरी बार एक दिन कबीर से न सहा गया और वे बोले–जो बेजुबान(**मूक**) जीव अपना कुसूर न बता सकें, उनकी हत्यायें करना दुनिया की सबसे बड़ी सजा होगी किन्तु फिर भी उन जल्लादों के कार्य–व्यवहार में जरा सा भी अन्तर न हुआ। तब ऐसे लोगों पर कबीर साहेब अपनी बात समाप्त करते हुये कहते हैं कि जो इंसान बार– बार किसी के सत्विचारों के समझाने पर भी न समझे तब आगे फिर ऐसे लोगों को किसी भी प्रकार के उपदेश नहीं देने चाहिए और अपना दायित्व–कर्तव्य करके मुक्त होकर उन्हैं समय पर छोड़ दें और देखें आने वाला समय उन्हैं उनके किये की सज़ा देकर खुद ब खुद समझा देगा–**उदाहरणार्थ मान लो** एक परमात्मा का जिज्ञासु किसी सरकारी सेवा में किसी निम्न या उच्च पद पर कार्य करता है और वहाँ वह अपने कार्यक्षेत्र में पाता है कि यहाँ के ज्यादातर अधिकारी–कर्मचारी भ्रष्ट–बेईमान– कामचोर हैं और वे सब उसे भी ऐसे ही कुकर्मों को करने के लिये प्रेरित करते हुये कहते हैं कि तुम अपने कार्यस्थल पर एकदम समय से क्यों आ जाते हो, पूरी ईमानदारी और सत्यनिष्ठा से अपने कार्य को करने की क्या जरूरत है जैसा देश– वैसा भेष बनकर काम करो,

अधिक अच्छा काम करने से तुम्हैं कोई **'राष्ट्र रत्न या विश्व रत्न'** थोड़े ही मिल जायेगा। तब ऐसी परिस्थति में परमात्मा के जिज्ञासु को समझना होगा कि वह उनसे प्रेरणा न ले और सोचे कि इन कूड़ा–करकट लोगों से यदि प्रेरणा लेकर कार्य किया जाये तो संसार से सौ प्रतिशत **(100%)** कुकर्मों का कचरा लेकर जाना सुनिश्चित पड़ेगा। अतः जिज्ञासु को चाहिये कि वो दुनिया में आये भगवान राम, भगवान कृष्ण, भगवान महावीर, भगवान बुद्ध, जीसस क्राइस्ट, पैगबर जरथुस्त्र, मुहम्मद साहब, गुरूनानक देव आदि महापुरूषों ने क्या कहा उनसे प्रेरणा लेकर अपने भौतिक एवं आध्यात्मिक कर्मों को करने का प्रयास करे, हो सकता है कि शायद जिज्ञासु इन महापुरूषों से प्रेरणा लेकर इन्हीं जैसा न बन सके किन्तु उसे संसार से जो **100%** कुकर्मों का कचरा ले जाना पड़ता वो इन महापुरूषों की प्रेरणा से अच्छे कार्य करके दस प्रतिशत **(10%)** कुकर्मों का कचरा इसी संसार में जलाकर केवल नब्बे प्रतिशत **(90%)** ही ले जाने का वह भागीदार बन सकता है, फिर इन अराजक तत्वों से लड़ने–झगड़ने– उलझने की वजह जिज्ञासु को शान्तिपूर्वक अपने विवेक से अपने कर्तव्य– दायित्वों की निष्ठापूर्वक रक्षा करके अपने आप को बचाकर अपने कार्यों को जहाँ तक श्रेष्ठ बन सके करना चाहिये बाकि जो जैसा करेंगे उन्हैं आज नहीं तो कल भुगतना ही पड़ेगा यह विचार रखकर निश्चिंत होकर अपने कार्य में तल्लीन बने रहना चाहिये जिसके लिये **कबीर साहेब परमात्मा** के जिज्ञासु को इन सब दुनियादारों से परेशान होने की बजाय संसार में कुछ इस तरह **जीवन जीने** का **तरीका समझाते हुये कहते है कि –**

"उड़ूगण और सुधाकरा, बसत नीर के संग।
साधु यूँ संसार में कबीर पड़त न फंद।।"

जिस प्रकार से तारे और चन्द्रमा की परछाई नदी–तालाब–सरोवर में रहने वालीं मछलियों के साथ–साथ रहती है और जब शिकारी या मछुवारे उस पानी में अपना जाल बिछाते हैं तो मछलियाँ तो उनके जाल में फँस जाती हैं पर तारे–चन्द्रमा कभी नहीं फसँते ठीक इसी प्रकार से इस जगत् रूपी सरोवर में साधु भी संसारी लोगों के बीच ही रहते हैं किन्तु संसारी जन तो शिकारी माया के जाल में फँस जाते

हैं पर सच्चे साधु कभी नहीं फँसते। तो ऐसे ही परमात्मा के जिज्ञासु को भी दुनियादारों के साथ रहते हुये भी उनके निरर्थक कार्यों में न पड़कर अपने जीवन को **'परमात्मा की ओर'** मोड़ना चाहिये।

प्रश्न–28➔ किसी ने पूछा कि आध्यात्म क्या है?

उत्तर–28➔ देखो जहाँ पर विज्ञान का अन्त होता है वहाँ से आध्यात्म की शुरूआत होती है। जब विज्ञान के अनुसार ये आदमी नहीं बचेगा तब सब भगवान को याद करना शुरू कर देते हैं अर्थात् आध्यात्म भक्ति कर्मों यानि प्रभु प्राप्ति की तड़प पर आधारित किसी सच्चे सन्त के मार्गदर्शन में जीते जी परमात्मा की यात्रा पर जाने का मानवीय प्रयोग है जिससे मनुष्य इस अस्थायी सुखों के मायावी देश से पलायन करके अपने स्थायी परम सुखों के धाम परमात्मा में वापस लौट सकता है।

प्रश्न–29➔ लोगों का कहना है कि जब माँ–बाप तो मिले हैं, धर्म–शास्त्र तो रखे हैं तो फिर गुरू को खोजने की क्या जरूरत?

उत्तर–29➔ देखो तुम स्थायी सुखों के उस पार से माँ के गर्भ रूपी सेतु या पुल से अस्थायी सुखों के इस पार संसार में आकर फँस गये। अब अपने स्थायी सुखों के घर माँ के गर्भ रूपी सेतु या पुल से तो वापस लौट नहीं सकोगे। तो फिर तुम्हैं अस्थायी सुखों के इस पार से अपने स्थायी सुखों के देश जाने के लिये एक गुरू रूपी नये पुल या गर्भ को बनाना ही होगा अन्यथा बिना सच्चे गुरू के तुम्हारे माँ–बाप, धर्म–शास्त्र तुम्हैं कभी स्थायी सुख दिला ही नहीं सकते। इसीलिये **कहा गया है –**

"जन्म के दाता मात–पिता हैं, गुरू मुक्ति के दाता हैं"

प्रश्न–30➔ जैसा कि आपका कहना है कि **'परमात्मा तर्क और बहस का विषय नहीं है, वो तो सिर्फ तड़प का विषय है'** जबकि आपकी पूरी की पूरी **'परमात्मा की ओर'** किताब तर्क और बहस पर ही छिड़ी है इस बारे में आप क्या कहना चाहेंगे?

उत्तर—30 → देखो परमात्मा की तड़प रखने वाले जिज्ञासुओं के लिये हरि–गुरू की चौखट **(सीमा)** तक के पते पर पहुँचने से पहले तर्क–बहस सिर्फ एक पूछताछ मात्र है पर भौतिकवादी लोग इसे तर्क– बहस मानकर ही स्थायी सुखों यानि भौतिक जगत–माया के गलत पते पर पहुँच जाते हैं।

प्रश्न—31 → जब सारे धर्म–शास्त्रों में आपस में ही इतना ज्यादा कन्फ्यूज़न **(CONFUSION–भ्रम)** है कि फिर किसे सही–किसे गलत माना जाये, तब यह तथ्य कैसे समझना चाहिये?

उत्तर—31 → देखिय दुनिया में ऐसे बहुत से लोग हैं जिन्हैं पूरी रामायण याद है, पूरी गीता याद है, पूरी बाइबिल याद है, पूरी कुरान याद है, पूरा गुरूग्रन्थ याद है पर ये ज्ञान नहीं है जो उलझनें हैं शास्त्र–वेद में, विरोधाभास **(CONTRADICTION–कंट्राडिक्शन)** है, वो सब हल हो जाये, समाधान कहते हैं उसको, कोई डाउट **(DOUBT– शंका)** न रहे, तब श्रद्धा पक्की होगी–दृढ़ विश्वास होगा, जो किसी गुरू के माध्यम से ही सम्भव हो सकेगा, पढ़कर नहीं हो सकता, करोड़ों कल्प कोई पढ़े, जितना पढ़ेगा शास्त्र–वेदों को, उतना ही भ्रम होगा उसको, पागल हो जायेगा, नास्तिक हो जायेगा, इतना परस्पर विरोध है शास्त्रों–वेदों में भी सर्वत्र कि गीता में एक जगह यह लिखा है, फिर एक जगह यह भी लिखा है। दोनों जगह अलग–अलग अर्थ निकल रहे हैं। कुरान में ये लिखा है और हदीस में ये लिखा है और इंजील में कुछ और लिखा है फिर सही किसको मानें? फिर बाइबिल के पूर्वविधान में एक स्थान पर यह लिखा है और **बाइबिल** के नवविधान में एक स्थान पर कुछ दूसरा लिखा है, किसको सही–किसको गलत मानें? फिर **गुरूग्रन्थ साहिब** में एक जगह यह लिखा है तो दूसरी जगह कुछ और लिखा है तब क्या सही है–क्या गलत है? सब सही है तो कैसे सही है? ये तत्त्वज्ञान **(आत्मा परमात्मा का सच्चा ज्ञान)** है। तो इस प्रकार से बिना तत्त्वज्ञान के सिर्फ रट्टू बनकर तर्क–वितर्क करके तुम सदा सत्य से वंचित होते रहोगे और फिर ऐसे ही **'परमात्मा की ओर'** जैसीं **पुस्तकें** भी तुम्हारे लिये बहस का मुद्दा बनतीं जायेंगीं। अतः तुम किसी की कुछ बात न मानो पर **'असल सत्य'** को तो प्रैक्टिकल **(PRACTICAL–**

प्रयोग) करके स्वीकार कर ही सकते हो जहाँ जाकर तर्क–बहस सब खत्म होकर परम सत्य की अनुभूति होने लगती है।

प्रश्न–32→ जैसा कि संतजन बराबर कहते आये हैं कि आत्मज्ञानी महापुरूष तो जीतेजी शरीर को छोड़कर परमानन्द से शरीर में निरंतर आता–जाता रहता है, जिसे जीते–जी मरने की अवस्था कहते हैं। तो फिर वह स्थायी परम आनन्द परमात्मा पाने के बाद फिर क्यों इस अस्थायी मायावी जगत में लौटता रहता है?

उत्तर–32→ ब्रह्मज्ञानी महापुरूष के **परम स्थायी आनन्द अर्थात् परमात्मा** प्राप्ति के बाद भी जीते–जी मायावी जगत में बार–बार लौटने के सिर्फ दो (2) ही **कारण** होते हैं– पहला उसकी देह के प्रारब्ध कर्मों के बचे हिसाब को **पूर्णतः** समाप्त करने के लिये उसे शरीर में कुछ वक्त के लिये आना होता है या फिर दूसरा उसकी जिम्मेदारी में सौंपीं गईं परमात्मा मिलन के लिये तड़प रहीं आत्माओं की मुक्ति के संदर्भ में उसको दिया गया निर्धारित समय पूरा करने के लिये उसे शरीर में कुछ समय के लिये वापस लौटना पड़ जाता है।

प्रश्न–33→ विज्ञान पूछता है कि जब मृत्यु के बाद आत्मा का अस्तित्व शरीर से **पूर्णतः** समाप्त हो जाता है। तब उस मृतक शरीर के दान किये जाने वाले विभिन्न अंग उस मृतक शरीर में किस शक्ति के भरोसे पर जिन्दा बने रहते हैं फिर?

उत्तर–33→ शरीर से **आत्मा रूपी महाशक्ति** निकलने के बाद भी एक निर्धारित समय तक मृतक शरीर के विभिन्न अंग उस मुक्त आत्मा की शक्ति के कारण चार्ज (CHARGE) बने रहते हैं जो कि डिस्चार्ज होने से पहले किसी जीवित शरीर की आत्मा से पुनः जुड़कर सुचारू रूप से काम करने लगते हैं।

प्रश्न–34→ शरीर के जीवित रहने की खुराक आत्मा है या भोजन?

उत्तर–34→ जैसे बैटरी (BATTERY) एक **मटेरियल (MATERIAL)** की बनी होती है पर चार्ज (CHARGE) होने के लिये उसे करंट (CURRENT) धारा या शक्ति चाहिये। ऐसे ही **शरीर पंचतत्व** (पृथ्वी– अग्नि–आकाश –जल–वायु) रूपी भौतिक मटेरियल से बना होता है पर उस **शरीर** को **सुचारू रूप** से चलाने के लिये उसे **आत्मा रूपी शक्ति प्रवाह** की

आवश्यकता होती है लेकिन भौतिक शरीर के भौतिक अस्तित्व को कायम रखने के लिये उसे भौतिक मटेरियल भोजन **(पोषण तत्व)** रूपी खुराक की जरूरत होती है। किन्तु शरीर की चेतना की खुराक उसकी आत्मा ही है। अतः यदि आत्मा है पर शरीर रूपी बैटरी मटेरियल खराब है तो वह शरीर आत्मा रूपी करंट से चार्ज नहीं होगा और अगर शरीर रूपी बैटरी मटेरियल सही **(स्वस्थ)** है तो बिना आत्मा रूपी विद्युत करंट के वह जाग्रत नहीं हो सकेगा। अतएव शरीर को जीवित रखने के लिये आत्मा प्रमुख है। इसीलिये आत्मा निकलने के बाद स्वस्थ शरीर भी धीरे–धीरे नष्ट हो जाता है।

प्रश्न–35→ नर–मादा जीवों के अण्ड–बीज के युग्मन की शक्ति **(चार्ज)** से बना अण्डाणु अपनी स्वयं की आत्मा या रूह कब प्राप्त करता है?

उत्तर–35→ आज का विज्ञान टेस्ट–ट्यूब विधि से नर–मादा से चार्ज हुये अण्ड–बीज को शरीर से बाहर निकाल कर उन्हैं आपस में निषेचित **(FERTILIZATION – फर्टिलाइजेशन)** कर उस अण्डाणु को मादा शरीर की रूह या आत्मा से जोड़कर उसे पुनः चार्ज में लगा देता हैं पर इसी दौरान माँ की आत्मा के चार्ज में लगा वह पनपता भ्रूण एक उचित वक्त अवस्था आने पर अपनी स्वयं की परमात्मा से प्राप्त आत्मा ग्रहण कर लेता है। ऐसा ही सारे वनस्पति–जन्तु प्राणियों के बीज–अण्डों में एक विशेष परिस्थिति में पहुँचने पर ईश्वर उसमें रूह या आत्मा डाल देते हैं और फिर वह नई जीव रूपी बैटरी अपनी खुद की आत्मा से चार्ज होना शुरु होकर जीवन–पर्यन्त सुचारू रूप से संचालित होने लगती है।

प्रश्न–36→ वैज्ञानिक सवाल है कि जीवाणु **(BACTERIA–बैक्टीरिया),** अमीबा **(AMOEBA),** विषाणु **(VIRUS–वायरस)** आदि जैसे अति **सूक्ष्म जीव** अपनी **रूह या आत्मा** के वजूद में कैसे आते हैं?

उत्तर–36→ देखिये **बैक्टीरिया–अमीबा** आदि जैसे एक कोशकीय **अति सूक्ष्म जीव** भी **कोशकीय विभाजन** में अपनी **मातृ कोशिका** से तभी अलग होता है जब उस एक कोशिका को अपना स्वतंत्र जीवन चलाने के लिये अपनी खुद की आत्मा या रूह हासिल हो जाती है जबकि **वायरस जैसे अकोशकीय कण जीवित कोशिका के वातावरण** में जाकर

अपना सक्रिय प्रदर्शन करके ऐसी ही विभाजन प्रक्रिया अपनाकर अपने जैसे बहुतायत नये वायरस कणों का प्रचुर मात्रा में निर्माण करके आत्मा से चार्ज होकर जीवित कोशिका से बाहर निकलने के बाद सैकड़ों वर्षों अक्रिय अवस्था में पड़े रहते हैं।

प्रश्न—37➜ परमात्मा तक पहुँचने का सबसे सरल रास्ता क्या है?

उत्तर—37➜ वैसे तो ईश्वर प्राप्ति के नाना प्रकार के धार्मिक रास्ते, कई प्रकार की साधनायें **(जैसे—योग साधना, तंत्र साधना, नाम—मंत्र साधना)** फिर कर्म मार्ग, ज्ञान मार्ग, भक्ति मार्ग आदि जैसे रास्तों से ठीक उसी प्रकार परमात्मा के सागर में पहुँचा जा सकता है जिस प्रकार से तमाम नदियाँ समुद्र में मिलकर एक हो जातीं हैं। परन्तु भक्ति या तड़प मार्ग इन सब रास्तों में परमात्मा प्राप्ति का सर्वश्रेष्ठ रास्ता है। क्योंकि भक्ति मार्ग में किसी प्रकार की न तो कोई साधना करना, न कोई मंत्र जाप करना, न कोई योगासन करना, न कोई सांसारिक कार्य— व्यवहार करना, न कोई किताबी ज्ञान हासिल करना, न किसी धर्म — विशेष में बंधना, इसमें तो सिर्फ अपने आप को परमात्मा में समर्पित करके हर वक़्त परमात्मा की तड़प रखना, उसे रो—रोकर पुकारना कि—

यूँह जिंदगी गुजार रहा हूँ तेरे बगैर,
जैसे कोई गुनाह किये जा रहा हूँ मैं,
नाजुक तेरा मरीजे मुहब्बत का हाल है,
दिन कट चुका है रात का कटना मुहाल है।

मेरा इस दुनिया में आपके सिवाय और कोई नहीं। अब मुझे आपके बिना रहना मुश्किल लग रहा है। तो इस तरह से भक्ति मार्ग पर चलने वाला व्यक्ति अन्य मार्गों की अपेक्षा जल्द ईश्वर को प्राप्त होता है। जबकि दूसरे मार्गों में अक्सर लोग ईश्वर के करीब पहुँचते—पहुँचते संसार के मान—अपमान में पड़कर परमात्मा प्राप्ति से वंचित रह जाते हैं।

प्रश्न—38➜ परमात्मा की यात्रा पर चलने वाले साधक के मार्ग में क्या—क्या खतरे हो सकते हैं?

उत्तर–38→ देखो परमात्मा की यात्रा पर चलने वाले साधकों के रास्ते के दो (2) सबसे बड़े शत्रु या दुश्मन हैं। जिसमें पहला दुश्मन है साधक का मान अर्थात पैर छूने वाले, मालायें पहनाने वाले, पैसा चढ़ाने वाले, जयकारे लगाने वाले, जुलूस निकालने वाले दुनियादार अपने सांसारिक स्वार्थ सिद्धि के लिये साधकों की रूहानी कमाई को बर्बाद करके परमात्मा के लक्ष्य तक पहुँचने से पहले ही उन्हैं लूट लेते हैं। जिससे साधक अपनी रूहानी दौलत खर्च करते–करते खाली होकर संसार में गिर जाता है। तो दूसरी ओर साधक का दूसरा दुश्मन है उसका अपमान अर्थात दुनियादार साधक को तर्क–वितर्क में फँसा कर या उसको किसी प्रकार से अपमानित कर उसके क्रोध से उपजे श्राप पर उसकी आध्यात्मिक कमाई खर्च होने से वह परमात्मा तक पहुँचने से पहले ही संसारियों से प्रतिशोध में पड़कर अपनी सारी सिद्धियाँ खो देता है और संसार में गिर जाता है तो इस प्रकार से इन दो शत्रुओं का सामना करने के कारण अधिकांश साधक अपनी रूहानी सिद्धियों का संसार में प्रयोग करके अपने मूल लक्ष्य परमात्मा की प्राप्ति से भटक जाते हैं।

प्रश्न–39→ कुछ लोग बुरे वक्त, खराब परिस्थिति व गंदे माहौल में रहकर भी सत्यनिष्ठा, ईमानदारी, वफादारी जैसे कठिन सिद्धांतों का पालन कैसे कर लेते है?

उत्तर–39→ सद्गुण–सदाचार–सद्भाव भगवान की दिव्य सम्पत्ति है। जो प्रारब्ध भक्ति व अच्छे कर्मों के कारण इंसान को प्राप्त हो पाती है। अतः ऐसे दिव्यगुणी मनुष्यों पर जगत माया का असर नहीं होता और इस प्रकार से वे ईमानदारी, वफादारी, सुचरित्र व सत्यनिष्ठा से सांसारिक कार्यों को करने में सफल हो जाते हैं।

प्रश्न–40→ कृपया बतायें अवतारी महापुरुष व सन्त में क्या फर्क होता है?

उत्तर–40→ प्रारब्ध भक्ति कर्मों के फलस्वरूप **हरि–गुरु कृपा** से इंसान की आध्यात्मिक नियति जागृत होती है, प्रत्येक जीव की नियति

ईश्वर से मिलन ही है और मनुष्य को इस प्रारब्ध को प्राप्त करने में जन्म–जन्मान्तर लग जाते हैं। मानव जन्म से पूर्व अनेकों योनियों से गुजरते हुये मनुष्य रूप पाकर लाखों बार पुनर्जन्म की प्रक्रिया से गुजरने के बाद ही ईश्वर से मिलन होता है। आत्मा का ईश्वर चेतना से अलग होना और फिर सम्पूर्ण यात्रा पूरी कर पुनः ईश्वर चेतना से मिलन की यह सम्पूर्ण यात्रा वास्तव में सिर्फ एक भ्रम ही है, इसका वास्तव में कोई अस्तित्व नहीं है, वास्तव में मात्र ईश्वर ही का अस्तित्व है और वह अखण्ड नियत व अनन्त है, न उसकी रचना की जा सकती है और न ही उसका कोई आदि है और न ही अन्त है। ईश्वरीय चेतना का यह दिखावटी अलगाव, यह अनगिनत रूपों में होता है व बहुत ही जरूरी है ताकि वे अपना असीम प्यार और दया प्रकट कर सकें जो कि उनका वास्तविक स्वभाव है। इस प्रत्यक्ष अलगाव के बिना न प्रेमी, न प्रियतम के बीच प्रेम की कोई सम्भावना हो ही नहीं सकती। इस विरह से उत्पन्न चाह–प्रेम इतना गहरा होता है कि ईश्वर भी स्वयं को मनुष्य रूप में पैदा होने से नहीं रोक पाता। हर बार जब ईश्वर अवतरित होते हैं तो वे सृष्टि की समस्त आत्माओं को ईश्वर मिलन की उनकी वापिसी यात्रा में उनकी एक भारी ठेल मिलती है। ईश्वर जब मानव रूप में धरती पर जन्म लेता है और मानवता के समक्ष अपने दैवीय स्वरूप को प्रकट करता है। तब उसे अवतार, मसीहा या पैगम्बर या महापुरूष के रूप में जाना जाता है और इसी प्रकार से ईश्वर मानव रूप में हमारे बीच में आते हैं। जो पहले भी राम–कृष्ण–जरथुस्थ–बुद्ध– महावीर–ईसा मसीह–मोहम्मद साहब के नाम से हमारे बीच समय–समय पर अवतरित हो चुके हैं। इसलिये अवतारी अकर्मा और सन्त प्रारब्ध कर्मबद्ध होता है।

प्रश्न–41➜ परमात्मा के जिज्ञासु को संसार के प्रति कैसा व्यवहार रखना चाहिये?

उत्तर–41➜ अशुद्ध शुद्ध से मिलकर शुद्ध हो जाता है। जैसे शास्त्रों में कहा गया है कि माँ–बाप की आज्ञा मानो नहीं तो पाप लगेगा। अब भगवान की शरण में जो जायेगा वो कैसे माँ–बाप की आज्ञा मानेगा ? तो वहाँ तो केवल भगवान से ही प्यार करने की शर्त है। **गंदी पर्सनालिटी (PERSONALITY –व्यक्तित्व)** से प्यार करोगे, तो **अन्तःकरण**

गंदा होगा और ये माँ–बाप–बेटा– स्त्री–पति संसार के हैं, माया बद्ध हैं, ये सब डर्टी **(DIRTY – गन्दे)** हैं, इनका अन्तःकरण सब गन्दा है, तो इनमें अटैचमेंट **(ATTACHMENT – आसक्ति)** होगा। तो तुम्हारा अन्तःकरण और गन्दा होगा। तो भगवान के निमित्त किया हुआ पाप धर्म हो जाता है। तो इसलिये लक्ष्य देखा जाता है कि किस लक्ष्य से कौन सा काम हो रहा है। लक्ष्य गलत है तो काम सही भी है तो गलत है। भगवान को माइनस **(MINUS)** करके कोई भी धर्म,वो भी पाप है। जनसाधारण समझ सकता है इस तथ्य को कि सच बोलना धर्म है–पुण्य है, झूठ बोलना पाप है। लेकिन शास्त्र में लिखा है– कहाँ–कहाँ झूठ बोलना पाप नहीं है और कहाँ–कहाँ सच बोलना पाप है। एक सेठ जा रहा था उसके पीछे एक डाकू लग गया, तो वो सेठ एक महात्मा की कुटिया के पीछे छिप गया, तो वो डाकू आया, उसने महात्मा से पूछा- इधर से कोई आदमी आया है। उसने कहा हाँ–हाँ वो शायद इसके पीछे होगा और उसका मर्डर करके उसका धन व जेवरात छीन लिया, तो उस महात्मा को नरक भोगना पड़ा। इसमें भगवान के निमित्त अगर वो कर रहा है तो वो सही ही है और अगर भगवान के निमित्त नहीं है और अपने स्वार्थ के लिये कर रहा है तो सिद्धांत गलत हो गया नरक भोगेगा फिर। अब संसार में कोई अपनी माँ से प्यार करता है, कोई बेटी से प्यार करता है, तो क्या उसे चरित्रहीन कहेगा कोई, कौन खराब कहेगा उसे, अरे उसे तो चरित्रवान कहा जायेगा। लेकिन शास्त्र–वेद के अनुसार ये गलत है। क्योंकि **भगवान की शर्त है "त्वमेव माता च त्वमेव"** वहाँ **'ऐव'** लगा। ये जितने भी सदाचार हैं, ये भक्ति के बिना रह ही नहीं सकते सब धोखा है, पाखण्ड है। तो जो **हरि–गुरू** के निमित्त कुछ न करे, वो पाप ही पाप है।

प्रश्न–42→ कहते हैं जब ईश्वर कण–कण में व्याप्त है तो फिर वह क्यों नहीं देखता जब कोई किसी बेकसूर की हत्या करता है अर्थात उसका कैसा कानून है कि वो पापी को पाप करने से भी नहीं रोकता?

उत्तर–42→ अगर आपको कोई **सौ (100) रूपये** देकर यह खुली आजादी दे दे कि तुम इन दिये गये रूपयों को जैसा चाहो वैसे खर्च कर सकते हो किन्तु **शर्त** यह है कि **खर्च** किये गये इन **सौ (100) रूपयों** की पाई – पाई का **हिसाब** लिया जायेगा। कुछ इसी **तरीके से**

मनुष्य को ईश्वर ने गिनती की साँसों की पूँजी सौंपकर उसे कर्म करने की पूरी खुली आजादी दी है। अब कोई उन साँसों को पाप कर्म करने में खर्च करे अथवा पुण्य कर्म करने में खर्च करे अथवा भगवान की भक्ति का कर्म करने में खर्च करे। ये इंसान का अपना स्वतंत्र अधिकार है जिसके लिये ईश्वर अपने बनाये कानून के मुताबिक उसके कर्म करने में अपना हस्तक्षेप बिल्कुल भी नहीं करता पर मनुष्य को दी गई प्रत्येक साँस के कर्म का परिणाम उसे आज नहीं तो कल अवश्य देकर हिसाब पूरा करता है भगवान। चूँकि कर्म विभाग स्वतंत्र रूप से मनुष्य के हाथों में है और फल या परिणाम विभाग भगवान के पास है। अब मान लो कोई व्यक्ति दिये गये सौ (100) रूपये की शराब पी ले तो उसकी देह को शराब का परिणाम मिलेगा या कोई व्यक्ति सौ (100) रूपये का दूध पी ले तो उसके शरीर को दूध का फल मिलेगा। इसी तरह अब कोई अपनी मिली स्वतंत्र साँसों का उपयोग चोरी–बेईमानी–आत्महत्या–हत्या आदि बुरे कामों को करने में खर्च कर दे या ईमानदारी–वफादारी–मदद–दान आदि अच्छे कार्यों को करने में खर्च करे या फिर परमात्मा की भक्ति करने में खर्च करे। इसके लिये भगवान इंसान को खुली छूट दिया है कि वह अपनी मिली साँसों की सम्पदा को जैसा चाहे वैसा कर्म करके खर्च करे। ईश्वर उसे बिल्कुल भी नहीं रोकता परन्तु उसके किये एक–एक कर्म का हिसाब एक न एक दिन वह पूरा वसूलेगा फिर चाहे मौजूदा जन्म में ले ले या अगले जन्मों में ले, वो छोड़ेगा नहीं। इसीलिये आपको रोज दुनिया में देखने को उदाहरण मिलते रहते हैं कि पापी लगातार पाप करता ही चला जा रहा है और शरीफ नेकी करता जा रहा है लेकिन पापी दण्ड से बच जा रहा है और शरीफ पर दुःखों के पहाड़ टूट रहे हैं। वश यही मनुष्य के अनन्त जन्मों के कर्मों का हिसाब लेने का परमात्मा का वो अनोखा तरीका है जिसे संसारी जन परमात्मा की बेईमानी समझ बैठते हैं।

प्रश्न–43 → आत्मा का स्वरूप क्या है, वह किस प्रकार से परमात्मा की सीमा से अलग है अर्थात् खोजी पूछता है कि जब परमात्मा अजर –अखण्ड–अमर है तो जीवात्मा उसका खण्ड यानि टुकड़ा या अंश कैसे हो सकती है जबकि परमात्मा के तो टुकड़े ही नहीं हो सकते हैं?

उत्तर–43→जिस प्रकार से **'चलित या चालू मोबाईल'** नेटवर्क (संचार) का एक टुकड़ा जरूर लगता है पर वह सदा नेटवर्क **(NETWORK)** से जुड़ा रहता है इसी प्रकार से आत्मा शरीर में आकर एक टुकड़ा जरूर लगती है पर वह सदा परमात्मा के नेटवर्क से संचालित बनी रहती है। तो आत्मा वास्तव में परमात्मा का ही एक रूप या अंश है जो कि स्वयं परमात्मा के बनाये एक विधान के तहत जीवात्मा तीन(3) कवचों या कोशों के अन्दर बंद या कैद है–उसका पहला कवच **'स्थूल या भौतिक या शकल या जड या अन्नमय शरीर'** के रूप में है,दूसरा कवच **'सूक्ष्म शरीर या मनोमय शरीर'** के रूप में है तथा तीसरा

| जड शरीर | सूक्ष्म शरीर | कारण शरीर |

—जो कवच **'अतिसूक्ष्म शरीर या कारण शरीर या आनन्दमय शरीर'** के रूप होता है

काल भगवान सत्ता की के अधिकार क्षेत्र में आते हैं अतः मनुष्य के तीन (3) शरीरों की अंतर व्याप्ति उसकी त्रिविद प्रकृति के माध्यम से अनेकों प्रकारों से अभिव्यक्ति होती है, पृथ्वी पर जागृत अवस्था में मनुष्य को अपनी इन तीन माध्यमों का थोड़ा बहुत बोध रहता है। जब वह **'शब्द–स्पर्श–रस–गंध–दृश्य'** की इन्द्रिय सुखों की प्राप्ति का प्रयास करता रहता है तब वो मुख्यतः अपने **'जड या स्थूल या भौतिक या शकल शरीर'** के माध्यम से कार्य कर रहा होता है। कल्पना करते समय या इच्छा करते समय वह मुख्यतः अपनी **'सूक्ष्म शरीर या मनोमय शरीर'** के माध्यम से कार्य कर रहा होता है। जब वह आत्म चिंतन या ध्यान की गहराईयों में डुबकी लगाता है तो वह अपने **'अति सूक्ष्म या आनंदमय या कारण शरीर'** के माध्यम से कार्य कर रहा होता है। जो मनुष्य बार–बार अपने **'अति सूक्ष्म या आनंदमय या कारण शरीर'** से सम्पर्क करने का अभ्यस्त होता है उसी के मन में दिव्य प्रतिभा के विराट विचार आते हैं। इस अर्थ में मोटेतौर पर किसी व्यक्ति को भौतिकवादी मनुष्य, स्फूर्तिवान मनुष्य या प्रतिभाशाली मनुष्य के रूप में वर्गीकृत किया जा सकता है। मनुष्य प्रतिदिन लगभग **16** से **18** घण्टे तक अपने **'जड़ या भौतिक या स्थूल या अन्नमय या शकल शरीर'** के माध्यम के साथ एक रूप होकर रहता है फिर वह सोता है और इसमें यदि वह स्वप्न देखता है तो वह अपने

'**सूक्ष्म शरीर या मनोमय शरीर**'के साथ एक रूप रहता है और सूक्ष्म जगत वासियों की भाँति बिना किसी प्रयास के किसी भी वस्तु की सृष्टि करता है। यदि मनुष्य की नींद गहरी और स्वप्न रहित हो तो वह कई घण्टों तक के लिये अपनी चेतना को,अपने अहम भाव को अपने '**कारण शरीर या आनंदमय शरीर**' में स्थानान्तरित कर सकता है। ऐसी नींद मनुष्य में नवशक्ति का संचार कर देती है। स्वप्न दृष्टा अपने '**कारण शरीर या आनंदमय शरीर**' से नहीं बल्कि '**सूक्ष्म शरीर या मनोमय शरीर**' से ही सम्पर्क कर सकता है उसकी नींद पूर्णतः नवशक्ति का संचार नहीं करा सकती।

प्रश्न—44→एक जीवात्मा का परमात्मा में विलय अर्थात जगत माया से मुक्त होने के पहले मृत्यु की प्रक्रिया किस प्रकार से घटित होती है?

उत्तर—44→एक जीवात्मा का परमात्मा में विलय अर्थात जगत माया से मुक्त होने के पहले जीवात्मा तीन (3) कवचों में कैद या बंद रहती है जो एक दूसरे से आपस में माँ के गर्भनाल की तरह जुड़े होते हैं। पहला कवच **भौतिक शरीर या अन्नमय शरीर या जड़ शरीर या शकल शरीर या स्थूल शरीर** जिसके नष्ट हो जाने पर अर्थात शरीर की मृत्यु पर आत्मा अपने दूसरे कवच यानि '**सूक्ष्म शरीर या मनोमय शरीर**' में शिफ्ट (SIFT) हो जाती है और जब मनोमय शरीर से आत्मा अलग होती है तो वह अपने तीसरे कवच यानि '**अतिसूक्ष्म शरीर या कारण शरीर या आनन्दमय शरीर**' में अपनेउच्च भक्ति कर्मों की शक्ति से पहुँच पाती है। यहाँ तक काल भगवान का '**जगत माया क्षेत्र**' कहलाता है और जैसे ही आत्मा हरि—गुरु कृपा से इस क्षेत्र को तोड़ देती है तब वह परमात्मा में जाकर उसी तरह एक हा जाती है जिस तरह गुब्बारे में भरी हवा गुब्बारा फट जाने पर पूरे अस्तित्व में एक हो जाती है। इस घटना को ही **जीवात्मा** की **मुक्ति** या **लिबरेशन** (LIBERATION) कहते हैं। जिसे **निम्न चित्र से आसानी से समझा जा सकता है**—

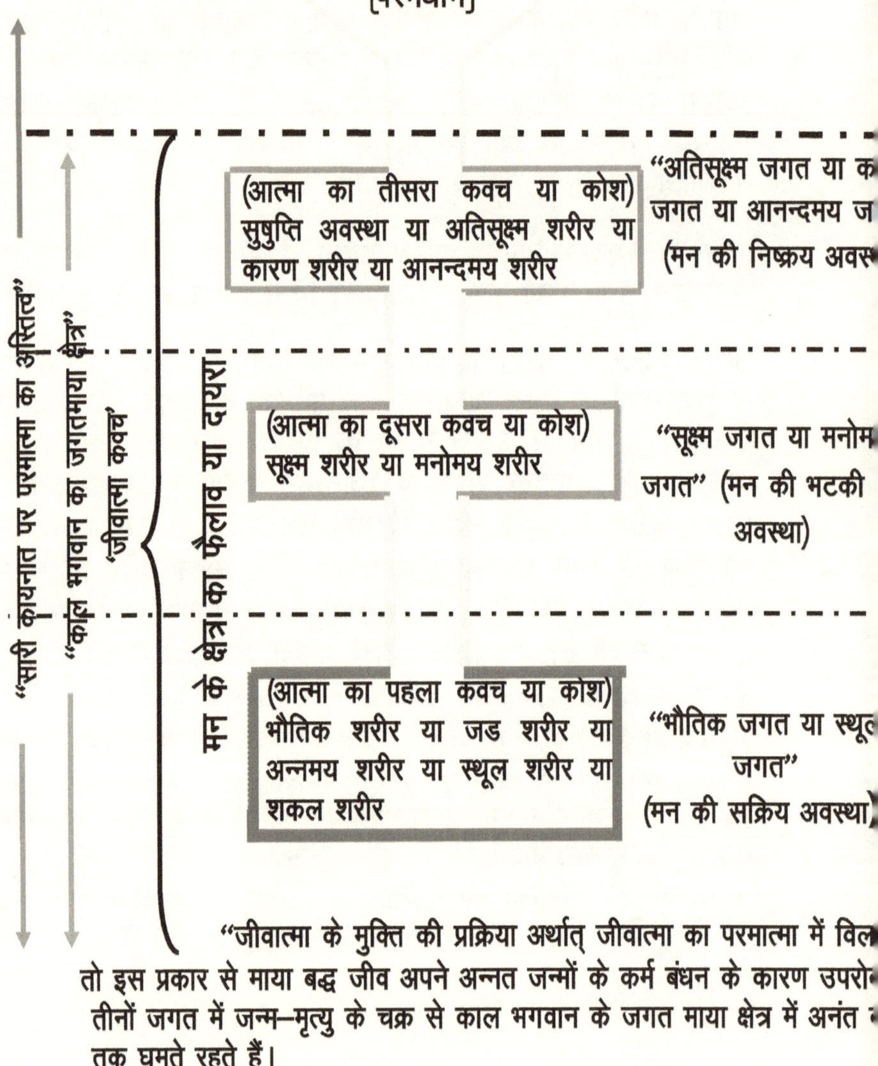

तो इस प्रकार से माया बद्ध जीव अपने अनन्त जन्मों के कर्म बंधन के कारण उपरो...
तीनों जगत में जन्म—मृत्यु के चक्र से काल भगवान के जगत माया क्षेत्र में अनंत...
तक घूमते रहते हैं।

* देहान्तर की प्राप्ति होने पर **'भौतिक शरीर'** या **'स्थूल शरीर'** या **'जड़ शरीर'** या **'अन्नमय शरीर'** या **'शकल शरीर'** या **'पंचतत्व शरीर'** जो आत्मा का पहला कवच है तो छूट जाता है पर मुक्ति से पहले आत्मा का दूसरा कवच **'सूक्ष्म शरीर'** या **'मनोमय शरीर'** और आत्मा का तीसरा कवच **'अति सूक्ष्म शरीर'** या **'कारण शरीर'** या **'आनन्दमय शरीर'** या **'सुषुप्ति शरीर'** नहीं छूटते। जब तक मुक्ति न हो तब तक आत्मा का सूक्ष्म और कारण शरीर से सम्बन्ध बना ही रहता है।

* अगर मन के क्षेत्र का दायरा देखा जाये तो मन सुषुप्ति में निष्क्रिय हो जाता है तब वह कुछ नहीं जानता। फिर जाग्रत होने पर मन पुनः सक्रिय हो जाता है। अतः जन्म–मृत्यु, सुख–दुःख संक्षेप में सारा जगत तथा अहंकार मन में ही स्थित हैं। यदि मन का नाश कर दिया जाये तो इन सबका भी नाश हो जाता है। ये ध्यान देने योग्य है कि मन को केवल सुषुप्त नहीं करना है अपितु उसे नष्ट कर देना है। जब मन नष्ट हो जाता है तब जगत– माया का कोई आधार नहीं रह जाता और जगत–माया मन के साथ लुप्त हो जाती है और इस तरह से चेतना **(आत्मा)** जीवात्मा के कवच को तोड़कर मुक्ति प्राप्त कर लेती है।

* सुषुप्ति अवस्था या गाढ़ निद्रा जीवात्मा के लिये **"परमपिता परमात्मा अर्थात् परम आनन्द अवस्था"** की छाया मात्र है। अगर इस पर गौर किया जाये तो जगत् में सबसे ज्यादा सुख या आनन्द इंसान को गाढ़ निद्रा या सुषुप्ति अवस्था में ही मिलना महसूस होता है। इसीलिये आमतौर पर लोगों से सुना होगा कि गहरी नींद जैसा सुख तो दुनिया में कहीं नहीं है। अगर ऐसा सुख या आनन्द हर समय इंसान के पास बना रहे तो भला कौन ऐसा इंसान न होगा जो इसे न लेना चाहेगा। किन्तु आध्यात्मिक दृष्टिकोण से यह सुख या आनन्द परमपिता परमात्मा यानि परम आनन्द की परछाई या झलक जैसा मात्र नकली अस्थाई सुख है। तो कभी–कभी ऐसे सुख या आनन्द की अनुभूति सहज रूप से गहरी नींद के समय सुषुप्ति अवस्था में मन के मूर्छित हो जाने से भौतिक व सूक्ष्म जगत से सम्पर्क ओझिल हो जाने के कारण मनुष्य को होने लगती है परन्तु

कुछ मूढ़ लोग इस प्रकार के सुख या आनन्द तक एक गलत तरीके से नशे के रास्ते का अस्थायी सहारा लेकर पहुँचने लगते हैं और फिर नशा खत्म होने पर उन्हैं बार—बार उस आनन्दमयी अवस्था तक पहुँचने की तड़प उठने लगती है और इस तरह स्वस्थ शरीर का नशीले पदार्थों का सेवन के कारण नाश होना शुरू हो जाता है। अन्तोगत्वा नशेड़ी अपनी अज्ञानता के कारण उस अस्थाई सुख या आनन्द को प्राप्त करने के पीछे अपना शरीर, परिवार, जायजाद, प्रतिष्ठा, समाज आदि सब कुछ मिटा देते हैं।

*अब तो उपरोक्त **"जीवात्मा के मुक्ति की प्रक्रिया अर्थात् जीवात्मा का परमात्मा में विलय"** के नक्शे से बहुत ही सरल ढ़ंग से आप समझ सकते हैं कि सारा का सारा खेल आत्मा का मन ने बिगाड़ रखा है और जब तक आत्मा इस बिगड़ैल मन का खेल खत्म नहीं कर देती तब तक आत्मा कभी भी चौरासी के चक्कर से नहीं छूट सकती और अपने परमपिता परमात्मा यानि अपनी परम आनन्द अवस्था में स्थायी तौर पर नहीं पहुँच सकती। जैसा कि मृत्यु के क्षण तक मन आत्मा को शरीर में रखता है, जब शरीर मर जाता है तो मन आत्मा को कर्मों में बाँधकर ले जाता है। अतः हमें यह बात बहुत ही अच्छे से समझना चाहिये कि हमारी आत्मा की सत्ता अलग है और मन की सत्ता अलग है। इसीलिये हमें इस धोखेबाज मन की बुद्धि से न चलकर आत्मा के विवेक से चलना चाहिये ताकि हम मनुष्य शरीर में रहकर अपने परम लक्ष्य परमपिता परमात्मा अर्थात् परमानन्द को प्राप्त कर सकें अन्यथा आत्मा की मुक्ति इस मन के क्षेत्र जगतमाया के जेलखाने से कभी नहीं हो पायेगी। केवल आत्मा की तड़प व हरि—गुरू की कृपा से आत्मा मुक्ति पाती है।

प्रश्न—45→पूरे आध्यात्म पर सवाल खड़ा करते हुये जिज्ञासु का एक बहुत ही महत्वपूर्ण प्रश्न है कि जब ब्रह्माण्ड के कण—कण में परमात्मा ही है तो फिर आत्मा को मुक्ति या आजादी किससे प्राप्त करना है?

उत्तर—45→ मुक्ति परमात्मा के बनाये एक विधान से लेने का नाम है। जब तक कोई जीवात्मा कर्म विधान में रहती है। तब तक वह अपराधी के रूप में कैद रहती है। जबकि एक मुक्त आत्मा निरपराधी होकर

स्वतंत्र ईश्वरीय अस्तित्व में आकर कार्य करने लगती है। जैसे संसारी मायाबद्ध जीव को सुख-दुःख, लाभ-हानि, मान-अपमान, जन्म-मृत्यु आदि का सदा भान होता है जबकि ज्ञानी या संत या महापुरूष उस दिन मुक्त हो जाता है जिस दिन उसे आत्म-ज्ञान होता है। रह गया उसका शरीर और मन तो मृत्यु के दिन खत्म हो जाता है। इसीलिये उसको निर्वाण **(मोक्ष या मुक्ति)** बोलते हैं। जो पहले मुक्त हो गया था वो फिर मुक्त होता है, किस दिन-जिस दिन वो मरता है। पहले मुक्त हो गया जिस दिन ज्ञान हो गया और जो देह आदि बच गये वो मृत्यु के दिन खत्म हो जाते हैं। इसलिये मुक्त व्यक्ति फिर मुक्त हो जाता है। ज्ञानियों का शरीरांत होना उत्सव है जो थोड़ा बच गया था शरीर आदि ज्ञान होने के बाद भी, क्योंकि ऐसा कोई ज्ञान नहीं हैं कि ज्ञान होने के बाद भी शरीर कुछ भी परेशान न करे। जैसे भूख-प्यास, सर्दी-गर्मी । इसलिये शरीरांत का मतलब जो थोड़ा रह गया था वो भी गया। लेकिन जब तक देह रहेगा और मन रहेगा तो ज्ञान होने के साथ-साथ कुछ न कुछ समस्या बनी ही रहेगी। कब ये छूटे और बचा हुआ बन्धन भी जाये। अतः मायामुक्त अवतारी महापुरूष, संतजनों की आत्मायें परमात्मा के सीधे अस्तित्व में आकर इन सब परिस्थितियों के रहते भी सदा परमानन्द अवस्था में बने रहते हैं।

प्रश्न-46→ जिज्ञासु पूछता है कि जब मन काल भगवान के अधीन है और काल भगवान की आज्ञा का पालन या ड्यूटि करता है तो फिर वह परमात्मा की भक्ति करने के लिये किसका आदेश मानेगा अर्थात् परमात्मा की भक्ति करने का कर्म वास्तव में आत्मा का काम है या मन का?

उत्तर-46→ देखो मन तो सिर्फ अच्छे-बुरे बन्धन वाले कर्म करता है ताकि आत्मा सदा जगत माया के देश में बनी रहे जबकि भक्ति आत्मा के करने का काम है ताकि आत्मा जगत माया से मुक्त होकर परमात्मा को प्राप्त कर सके। अब इसे और ठीक से समझें मानव शरीर में दो **(2)** सत्तायें काम करतीं हैं- पहला परमात्मा की सत्ता **'आत्मा'** और दूसरा काल भगवान की सत्ता **'मन'**। अब एक विधान के तहत काल ने मानव शरीर रूपी रथ पर आत्मा को बिठाकर अपने मन रूपी चालक **(ड्राईवर-DRIVER)** के जरिये जगत माया से परमात्मा की भक्ति का कर्म करके निकलने का अवसर दिया है। अतः आत्मा का

परमात्मा की भक्ति करने की जागृति के आदेश पर मन को फिर आत्मा की आज्ञा का ही पालन करते हुये परमात्मा की भक्ति की ओर मुड़ना पड़ता है। अतः जब आत्मा परमात्मा के मिलन के लिये आतुर हो जाती है तब मन को आत्मा के हुक्म को मान करके आत्मा के साथ परमात्मा की भक्ति की सेवा में लग जाना पड़ता है। तो इस प्रकार से मन को आत्मा की भक्ति करने की मदद में काम करना होता है।

प्रश्न–47➜ हर किसी का सबसे बड़ा सवाल **'परमात्मा है'** या **'परमात्मा नहीं है'**?

उत्तर–47➜ देखिये दुनिया में दो (2) ढ़ंग के लोग हैं–एक को कहते हैं **'आस्तिक'** यानि परमात्मा को मानने वाले लोग और दूसरे को कहते है **'नास्तिक'** यानि परमात्मा को न मानने वाले लोग। अब अगर किसी आस्तिक से पूछा जाये कि क्या तुमने परमात्मा की खोज की है? क्या तुम्हारे पास उसके अस्तित्व के प्रमाण हैं या सिर्फ ये तुम्हारी मान्यता मात्र है? फिर अगर किसी नास्तिक से पूछा जाये कि क्या तुमने परमात्मा के न होने की खोज की है? क्या तुम्हारे पास परमात्मा के मौजूद न होने के कोई प्रमाण हैं या सिर्फ ये तुम्हारी मान्यता भर है कि ईश्वर है ही नहीं? तो निष्कर्ष ये होगा कि बिना परमात्मा की खोज के आस्तिक व नास्तिक दोनों ही कोरी मान्यता के आधार पर टिके हैं। जबकि प्रमाणिक ये है कि वास्तव में ईश्वर है। जिसको खोज करके आप स्वयं उसे प्रमाणित कर सकते हैं। जिसके लिये परमात्मा की मौजूदगी के तमाम पुख्ता सबूत इस प्रकार से पुष्टि करते हैं–

पहला सबूत – हमारे आध्यात्मिक महापुरूषों ने परमात्मा का साक्षात् अनुभव करके परमात्मा के बारे में धर्म–शास्त्रों में विश्वसनीय वर्णन किया।

दूसरा सबूत – अगर हमारे सन्त–महापुरूषों के धर्मशास्त्र व उपदेश गलत हैं तो सारा विश्व किसी न किसी धर्म को तो मानता ही है वरना दुनिया धर्म–शास्त्रों के पाखण्ड में पड़कर अपना बेशकीमती वक्त प्रार्थनाओं, दुआओं, धर्म –सभाओं, संवैधानिक शपथों आदि में क्यों बर्बाद करता?

तीसरा सबूत – कई बार डॉक्टर द्वारा मृत घोषित व्यक्तियों में पुनः वापस लौटे प्राण आने से हुये जिन्दा व्यक्ति द्वारा बतलाये गये वो रहस्य जिनका वर्णन हमारे धर्म–शास्त्रों में आध्यात्मिक सन्तों-महापुरुषों द्वारा किया गया है।

चौथा सबूत – आयेदिन पुनर्जन्म की होने वाली घटनायें इस बात की पुष्टि करतीं हैं कि जीवात्मा जन्म–मरण के चक्र में फँसी है।

पाँचवा सबूत – बहुत बार लम्बे अर्से के बाद कोमा **(बेहोशी या संपूर्ण अचेतनता)** से लौटकर होश में आये इंसानों द्वारा बताई गई आध्यात्मिक महापुरुषों से मिलती-जुलतीं बातें।

छटँवा सबूत – कभी–कभार स्वयं द्वारा भविष्य देख लेने का अनुभव प्रकट होने लगता है कि जैसे आज जो अमुक घटना घट रही है इसे तो मैं कुछ दिन पहले देख चुका हूँ।

सातवाँ सबूत – कभी–कभी असाध्य रोगों का आध्यात्मिक शक्तियों से पूरी तरह ठीक हो जाना विज्ञान को चुनौती देता है।

आठवाँ सबूत – भौतिक,स्वप्न व सुषुप्ति **(गहरी नींद)** में स्वयं 'मैं' को हर अवस्था में दृष्टा के रूप में अनुभव करना या साधना के माध्यम से जागृत अवस्था में रहकर परमात्मा को हर जगह प्रत्यक्ष देखना परमात्मा की मौजूदगी का सबसे बड़ा प्रमाण है।

नवाँ सबूत– बिना अन्न–जल ग्रहण किये वर्षों तक स्वस्थ शरीर के रूप में जीवित रहने वाले आश्चर्यजनक लोग जैसे– योगिनी गिरीबाला, प्रहलाद जानी आदि।

दसवाँ सबूत– बहुतेरे इंसान बिना **भौतिक शिक्षा ग्रहण** किये या **पढ़ाई – लिखाई** में बहुत ही कमजोर लोगों द्वारा इतने विलक्षण आविष्कार कर दिये जाते हैं कि जिसका फायदा पूरे जनमानस को अनन्त काल के लिये हो जाता है जैसे-**लियोनार्दो द विन्ची, थॉमस एडीसन, जेम्स वॉट, रामानुजन आदि** द्वारा तो इस प्रकार से तमाम आश्चर्यजनक **उदाहरण**

मनुष्य को इस बात पर विचार करने के लिये विवश करते हैं कि **सम्पूर्ण ब्रह्माण्ड, प्रकृति व जीवों** का **प्रबन्धन इंसान** से परे किसी **'परमात्मा'** जैसी **महाशक्ति** के **हाथों** में ही है।

प्रश्न–48→ ऐसा कोई जीवन का प्रयोगात्मक अनुभव करायें जिससे दुनिया का हर एक इंसान इस बात को विश्वास के साथ स्वीकार कर सके कि **'परमात्मा'** वास्तव में हर जगह है और परमात्मा का ही विधान पूरे ब्रह्माण्ड को संचालित करता है।

उत्तर–48→ देखिये परमात्मा की झलक का आभास आपको रोज होता है पर आप इस विषय पर बिल्कुल भी ध्यान नहीं देते हैं। अब जरा अपने आप के विषय में आप स्वयं प्रयोगात्मक अनुभव कुछ इस प्रकार से करें–जब आप **16 से 18 घण्टे** जागृत अवस्था में रहते हैं, तब आप अपने आप को भौतिक शरीर या शकल शरीर के रूप में समझते हैं, फिर जब आप नींद में खो जाते हैं, तब आपको अपने भौतिक संसार की बिल्कुल भी याददाश्त नहीं रहती, जहाँ आप नींद के स्वप्न में एक सूक्ष्म शरीर के रूप में एक नये सूक्ष्म जगत में पहुँच जाते हैं और उसे ही असलियत समझने लगते हैं। फिर जब आप और गहरी नींद में चले जाते हैं, जहाँ स्वप्न भी नहीं रहते उसे सुषुप्ति **(शून्य)** या आनन्दमय अवस्था कहते हैं जो अति सूक्ष्म जगत के रूप में होता है, तब आपको न तो भौतिक जगत की और न ही स्वप्न के सूक्ष्म जगत की कोई खबर रहती है अब इसे और भी ठीक से समझें जब आप नींद के स्वप्न में सूक्ष्म शरीर के रूप में थे तब उस समय आपका भौतिक शरीर सो रहा था तो फिर नींद में स्वप्न को देखा किसने हैं? जिसे आपने हकीकत समझा था। फिर जब आप और भी गहरी स्वप्नरहित नींद में थे तब यह घटना किसने देखी? जबकि उस वक्त आपको न तो अपने भौतिक शरीर काख्याल था और न ही अपने स्वप्न के सूक्ष्म शरीर का कोई होश था अर्थात् आपको देखने वाला वह **'दृष्टा'** कौन था? जो तीनों अवस्थाओं में आपको बराबर देखता रहा। जिसमें आप हर जगह मौजूद रहे अर्थात् आप वही हैं जो **'परमात्मा'** है। परमात्मा ही हर जगह की खबर रखते हुये दृष्टा के रूप में, हर जगह आपके **'मैं'** के **रूप** में विद्यमान रहता है। जिसका आभास आपको अनायस ही होता रहता है। पर अपनी अज्ञानता के कारण

आप उसके अस्तित्व को नहीं पकड़ पाते हैं और ज्ञानी या साधक अपनी भक्ति साधना के बल पर जागृत अवस्था में परमात्मा के वजूद को प्रत्येक जगह देखता रहता है। आपका उपरोक्त यही अनुभव आपके 'मैं' का साक्षात् प्रमाण है कि आपका 'मैं' कौन है?

प्रश्न–49➜ भौतिक जगत में सबसे बड़े पाप या अपराध क्या माने जाते हैं?

उत्तर–49➜ **'आत्महत्या'** करना भौतिक जगत का पहला सबसे बड़ा महाअपराध है। क्योंकि इंसान को ईश्वर ने जीने की पूरी स्वतंत्रता इस बात को लेकर दी है कि वह मानव देह में रहकर श्रेष्ठ कर्म करके खुद–ब–खुद सत्य की खोज यानि परमात्मा को प्राप्त कर सकता है। परन्तु परमात्मा द्वारा बनाया गया सृष्टि का सर्वश्रेष्ठ मानव मंदिर को यदि इंसान स्वयं ही नष्ट कर दे, जिसके जरिये परमात्मा ने अपने तक पहुँचने का रास्ता इसमें खोल रखा था, जिस पर चलकर मनुष्य आसानी से परमात्मा तक पहुँच सकता था, अगर उस रास्ते को ही इंसान अपनी ही इच्छा से मिटा देता है, तो यह सीधा **'परमात्मा के प्रति अपराध'** होगा जो परमात्मा की अदालत में माफी काबिल नहीं रहता और इसकी सजा अन्नतकाल तक उस आत्मदाह करने वाले व्यक्ति को भुगतना ही पड़ता है। फिर दूसरा इरादतन बदनीयती से किसी भी इंसान की **'हत्या करना'** परमात्मा के बनाये सर्वश्रेष्ठ मानव मंदिर को नष्ट करने का दुनिया का दूसरा सबसे बड़ा अपराध माना जाता है। जिसकी सजा हत्यारे को अनन्त काल तक भोगना पड़ता है। और तीसरा **'नशा'** परमात्मा के बनाये सर्वश्रेष्ठ मानव मन्दिर को धीरे–धीरे खत्म करने की सामग्री है अर्थात नशा करने वाले लोग भगवान के बनाये स्वस्थ शरीर को खराब करने का जो पाप करते हैं, इसकी भी भयंकर सजा इंसान को लोक–परलोक तक भुगतना होता है। तो इसके अलावा अत्याचार, भ्रष्टाचार, बलात्कार, चोरी, बेईमानी, ईष्या–द्वेष–धोखा–झूठ आदि भी अपराध के दायरे में ही आते हैं। किन्तु सारे अपराधों में **'आत्महत्या, हत्या व नशा'** इसलिये सबसे बड़े अपराध हैं क्योंकि जिस मानव तन के माध्यम से जीवात्मा जगतमाया से मुक्त होकर साक्षात् परमपिता परमात्मा से मिलकर एक हो सकती है और फिर भी मानव काया की आजादी पर यदि इंसान जानबूझ कर उसे खत्म कर दे तब इसकी सजा फिर माफी काबिल नहीं रहती है।

प्रश्न—50 → शैलेश आपके व्यक्तिगत जीवन में ऐसा कोई एक उदाहरण है जिसके जरिये आप परमात्मा का एहसास भौतिक जगत के सामने प्रकट कर सकते हों?

उत्तर—50 → इसका उत्तर शैलेश ने 'पांडुलिपि' में दिया है।

प्रश्न—51 → कौन से ऐसे संकेत हैं जो किसी इंसान को परमात्मा की ओर बढ़ाते हैं?

उत्तर—51 → जिनकी भगवान में रूचि हो गयी है, फिर वह रूचि चाहे किसी पूर्व पुण्य से हो गई हो, चाहे आफत के समय दूसरों का सहारा छूट जाने से हो गयी हो, चाहे किसी विश्वसनीय मनुष्य के द्वारा समय पर धोखा देने से हो गयी हो, चाहे सत्संग, स्वाध्याय अथवा विचार आदि से हो गयी हो, किसी भी कारण से भगवान में रूचि होने से वे सभी मनुष्य भाग्यशाली हैं, वे ही श्रेष्ठ हैं और वास्तव में वे ही मनुष्य कहलाने योग्य हैं। जब भगवान की तरफ रूचि हो जाये, वही पवित्र दिन है, वही निर्मल समय है और वही इंसान की असल सम्पत्ति है। जब भगवान की तरफ रूचि नहीं होती, वही काला दिन है, वही विपत्ति है। अतः परमात्मा की जिज्ञासा रखने वाले मनुष्य संसार में केवल भगवत् सम्बन्धी ही कर्म करते हैं।

प्रश्न—52 → एक बात गले नहीं उतरती कि परमात्मा को निराकार रूप में माना जाये या तस्वीर—मूर्ति के रूप में, फिर इसमें भी राम को माना जाये या कृष्ण को या ब्रह्मा—विष्णु—शंकर को माना जाये या फिर किसी देवी—देवता को माना जाये अथवा दूसरे शब्दों में खुदा को माना जाये या फिर वाहेगुरू —गॉड को या फिर किसी जीवित संत— सतगुरू को माना जाये?

उत्तर—52 → देखो चाहे मानो जिस किसी आराध्य को पर उन्हीं आराध्य में सिर्फ एक ही परमात्मा का स्मरण करो तो कोई भेद नहीं होगा। फिर चाहे इंसान खुद मिट्टी या गोबर आदि के बनाये गणेश आदि विग्रह की ही पूजा क्यों न करने लगे क्योंकि सारी कायनात में

तो सिर्फ एक ही परमात्मा का जलवा है। जहाँ तक इंसान आराध्यों में बटवारा करके उन्हैं अलग-अलग रूप में मानने लगते हैं। तो उनका फल भी फिर उन्हैं अलग-अलग ही प्राप्त होने लगता है। यदि मनुष्य का एक ही परमात्मा को प्राप्त करने का उद्देश्य हो जाये, तो पारमार्थिक और सांसारिक सभी द्वन्द्व मिट जाते हैं। पारमार्थिक उद्देश्य वाले साधक अपनी-अपनी रूचि, योग्यता और श्रद्धा-विश्वास के अनुसार अपने-अपने इष्ट को सगुण मानें, साकार मानें, निर्गुण मानें, निराकार मानें, द्विभुज मानें, चतुर्भुज मानें अथवा सहस्त्रभुज आदि कैसे ही मानें, पर संसार की विमुखता में और परमात्मा की सम्मुखता में वे सभी एक हैं। उपासना की पद्धतियाँ भिन्न-भिन्न होने पर भी लक्ष्य सबका एक होने से कोई भी पद्धति छोटी-बड़ी नहीं है। जिस साधक का जिस पद्धति में श्रद्धा-विश्वास होता है, उसके लिये वही पद्धति श्रेष्ठ है और उसको फिर उसी पद्धति का अनुसरण करना चाहिये। परन्तु दूसरों की पद्धति या निष्ठा की निन्दा करना, उसको दो नम्बर का मानना दोष है। जब तक यह साधन विषयक लड़ाई रहती है और साधन में अपने पक्ष का आग्रह और दूसरों का निरादर रहता है। तब तक साधक को परमात्मा के समग्र रूप का अनुभव नहीं होता। इसलिये आदर तो सब पद्धतियों और निष्ठाओं का करें, पर अनुसरण अपनी पद्धति और निष्ठा का ही करें; तो इससे साधन विषयक द्वन्द्व मिट जाता है।

प्रश्न-53 ➜ स्वर्ग-नरक, देवी-देवता, भूत-प्रेत आदि ये सब होते भी हैं या ये सिर्फ कोरी कल्पना मात्र है?

उत्तर-53 ➜ स्वर्ग-नरक, देवी-देवता, भूत-प्रेत आदि ये सब जगत-माया क्षेत्र के दायरे में आते हैं और इन क्षेत्रों में देवी-देवता, भूत-प्रेत आदि सब सूक्ष्म शरीरों के रूप में रहते हैं। जिन्हैं भौतिक आँखों से नहीं देखा जा सकता है। इन्हैं या तो भौतिक रूप से सिर्फ महसूस किया जा सकता है या फिर आध्यात्म के रास्ते पर चलकर प्रत्यक्ष देखा भी जा सकता है। इसलिये इनके अस्तित्व के होने को कोरी कल्पना समझना अज्ञानता है।

प्रश्न—54 → कभी—कभी बड़ा कन्फ्यूजन (CONFUSION—उलझन) पैदा हो जाता है कि कोई संत तो सम्पूर्ण ब्रह्माण्ड के कण—कण में सिर्फ एक ही परमात्मा की सत्ता होने की बात करते हैं। तो दूसरी ओर कोई संत परमात्मा और माया **(काल—भगवान)** में अन्तर बताने लगते हैं?

उत्तर—54 → देखिये दो क्षेत्र हैं—परमात्मा का क्षेत्र और काल—भगवान का जगत माया क्षेत्र, जब कोई संत परमात्मा के स्तर की बात करते हैं **(जैसा कि प्रश्न क्रं0 44 में उपरोक्त दोनों क्षेत्र के नक्शे को दर्शाया गया है)** तो वे पूरे ब्रह्माण्ड में सिर्फ परमात्मा के रूप में एक ही सत्ता के होने का अस्तित्व बताते हैं। और जब वे जगत माया के स्तर की बात करते हैं, तो नियम बदल जाता है, जिसमें जीवों के **कर्म —विधान** के अनुसार संतों को परमात्मा से अलग होने के रहस्य को उजागर करना पड़ता है। ताकि वह **काल—भगवान** के **जगत —माया** क्षेत्र से जीवों को निकाल कर परमात्मा के स्तर पर ले जा सकें। और इस तरह **जीव जगत—माया** से **मुक्ति** पाकर **परमात्मा** से एकीकार होकर **सम्पूर्ण ब्रह्माण्ड** के कण—कण में **परमात्मा** के **अस्तित्व** को **ग्रहण** कर सके।

प्रश्न—55 → कृपया बतायें कि पुनर्जन्म क्या है और किसी जीव को पुनर्जन्म से छुटकारा लेने की क्या जरूरत है?

उत्तर—55 → पुनर्जन्म का अर्थ है फिर शरीर का धारण करना। वह शरीर चाहे मनुष्य का हो, चाहे पशु—पक्षी आदि किसी प्राणी का हो, पर उसे धारण करने में दुःख ही दुःख है। इसलिये पुनर्जन्म को दुःखालय अर्थात् दुःखों का घर कहा गया है। मरने के बाद यह प्राणी अपने कर्मों के अनुसार जिस योनि में जन्म लेता है, वहाँ जन्म—काल में जेर से बाहर आते समय उसको वैसा कष्ट होता है, जैसा कष्ट मनुष्य को शरीर की चमड़ी उतारते समय होता है। परन्तु उस समय वह अपना कष्ट, दुःख किसी को बता नहीं सकता, क्योंकि वह उस अवस्था में महान् असमर्थ होता है। जन्म के बाद बालक सर्वथा परतन्त्र होता है। कोई भी कष्ट होने पर वह रोता रहता है, पर बता नहीं सकता। थोड़ा बड़ा होने पर उसको खाने—पीने की चीजें, खिलौने आदिकी इच्छा होती है और उनकी

पूर्ति न होने पर बड़ा दुःख होता है। पढ़ाई के समय अनुशासन में रहना पड़ता है। रातों जागकर अभ्यास करना पड़ता है तो कष्ट होता है। विद्या भूल जाती है तथा पूछने पर उत्तर नहीं आता तो दुःख होता है। परीक्षा में फेल हो जाये तो मूर्खता के कारण उसका इतना दुःख होता है कि कई तो आत्महत्या तक कर लेते हैं। जवान होने पर अपनी इच्छा के अनुसार विवाह आदि न होने से दुःख होता है। विवाह हो जाता है तो पत्नी अथवा पति अनुकूल न मिलने से दुःख होता है। बाल–बच्चे हो जाते है तो उनका पालन–पोषण करने में कष्ट होता है। लड़कियाँ बड़ी हो जाती हैं तो उनका जल्द विवाह न होने पर माँ–बाप की नींद उड़ जाती है। ठीक से काम–धन्धा न चलने पर हरदम बेचैनी बनी रहती है। वृद्धावस्था आने पर शरीर में असमर्थता आ जाती है। अनेक प्रकार के रोगों का आक्रमण होने लगता है। सुख से उठना–बैठना, चलना–फिरना, खाना– पीना आदि भी कठिन हो जाता है। घरवालों के द्वारा तिरस्कार होने लगता है। उनके अप शब्द सुनने पड़ते हैं। रात में खाँसी आती है। नींद नहीं आती। मरने के समय भी बड़े भयंकर कष्ट होते हैं। ऐसे दुःख कहाँ तक कहें? उनका कोई अन्त नहीं। मनुष्य जैसा ही कष्ट पशु–पक्षी आदि को भी होता है। उन्हैं शीत–घाम, वर्षा–हवा आदि से कष्ट होता है। बहुत से जंगली जानवर उनके छोटे बच्चों को खा जाते हैं। तो उनको बड़ा भारी दुःख होता है। इस प्रकार सभी योनियों में अनेक तरह के दुःख होते हैं। ऐसे ही नरकों में और चौरासी लाख योनियों में भी दुःख भोगने पड़ते हैं। इसलिये पुनर्जन्म को 'दुःखालय' कहते हैं। अतः पुनर्जन्म से छुटकारा के लिये जीव को परमात्मा की प्राप्ति करनी होगी ताकि फिर कभी जीव संसार में लौटकर न आ सके। क्योंकि जीव साक्षात् परमात्मा का अंश है तथा परमात्मा का धाम ही जीव का वास्तविक घर है। जहाँ पहुँचने के बाद फिर जीव को कभी काल भगवान के जगत–माया क्षेत्र मृत्युलोक में वापस नहीं आना पड़ता अन्यथा ब्रह्मलोक आदि सभी लोक पुनरावर्ती हैं जो जीव का घर नहीं है, इसलिये यह सब काल के अन्तर्गत है किन्तु परमात्मा काल से परे है।

प्रश्न–56➜ कृपया बतायें **'अभय–दान'** किसे कहते हैं ?

उत्तर—56 दुनिया में कोई कितना भी बड़ा दानवीर क्यों न हो, फिर चाहे वह पूरे संसार में हजारों अस्पताल खुलवाकर बेहतरीन ईलाज की निः शुल्क सुविधा दे दे, चाहे पूरी दुनिया को रोज पेटभर खाना खिलाये किन्तु फिर भी वह परमात्मा तक नहीं पहुँच सकता क्योंकि भगवान ऐसे दानवीरों को कर्म—फल के रूप में लोहे के जेलखाने से ट्रान्सफर करके सुख—सुविधा युक्त सोने के जेलखाने मे शिफ्ट कर देते हैं पर फिर भी जेलखाने के बन्धन से उनको आजाद नहीं करते । इसलिये जो सिर्फ भगवान के निमित्त सत्कर्म करते हुए भगवान के रास्ते पर चलने वाले लोगों की मदद करने का जो कर्म—दान करते हैं उसे **'अभय—दान'** कहते हैं और यही दान सीधा परमात्मा तक पहुँचता है जो इंसान को चौरासी के जेलखाने से सदा—सदा के लिये मुक्त कराता है।

प्रश्न—57 सात्विक—राजस व तामस गुण क्या हैं ?

उत्तर—57 हर मनुष्य इन तीनों गुणों के मिश्रण से बना होता है और इन तीनों गुणों की कम—ज्यादा मात्रा के अनुसार ही वह अपने जीवन की यात्रा पर चलता है। सात्विक गुणी व्यक्ति सदगुणों से सम्पन्न, राजसी व्यक्ति धन— धान्य से सम्पन्न और तामसी व्यक्ति दुर्गुणों से सम्पन्न होता है। अतः राजसी व तामसी में सिर्फ दस गज का फ़ासला होता है जबकि सात्विक इन दोनों से सौ गज के फ़ासले पर होता है। इसीलिये सात्विक व्यक्ति यदि भगवान के खोज में लग जाये तो वह अतिशीघ्र ईश्वर को प्राप्त कर सकता है।

प्रश्न—58 'यातना —शरीर' क्या है कृपया इसके बारे में बतायें ?

उत्तर—58 जब कोई मनुष्य अपने किय पाप—कर्मो की सजा जीते—जी भौतिक शरीर से पूरी तरह नहीं भोग पाता तब उसे अपने बचे हुए पाप—कर्म दण्ड भुगतने के लिये मृत्यु के बाद नरक योनियों में सूक्ष्म शरीर के रूप में **'यातना—शरीर'** दिया जाता है जहाँ शरीर को काटने—पीटने— मारने—जलाने आदि पर तड़प— तड़प कर घोर कष्ट होता है पर फिर भी वहाँ शरीर नहीं मरता है।

प्रश्न–59→ नकली गुरूओं के भ्रमजाल से बचने के लिये यदि सच्चे गुरू की पहचान करने का कोई सटीक पैमाना हो तो कृपया बतायें?

उत्तर–59→ यदि संसार पर नजर डालें तो देखने में आता है कि सदा एक–दूसरे के साथ जिंदगीभर रहने वाले लोग आपस में ही एक–दूसरे को सही से पहचान करने में चूक जाते हैं। तो फिर गुरू जैसी महान् सत्ता को समझ पाना तो इंसान के वस की बात है ही नहीं। किन्तु जिन्हैं ईश्वर को प्राप्त करने की वास्तविक तड़प है या जिनके प्रारब्ध भक्ति कर्मों के फल मिलने का समय पूरा हो चला है तो ऐसी जीवात्माओं को मन–माया से मुक्त कराने की एक ईश्वरीय व्यवस्था का नाम **'गुरू'** है। जिनके माध्यम से ईश्वर प्राप्ति का लक्ष्य पूरा होता है।

प्रश्न–60→ कृपया बतायें **"परमात्मा की ओर "** पुस्तक का वास्तविक धर्म क्या है?

उत्तर–60→ 'ईश्वर एक है और इंसान ईश्वर की खोज करके स्वयं ईश्वर को प्राप्त कर सकता है' यही **"परमात्मा की ओर"** पुस्तक का **मूल धर्म** है अतः **"परमात्मा की ओर"** पुस्तक परमात्मा की **'दिव्य–सम्पत्ति'** है जिसे परमात्मा ने अपनी **मौज़ (इच्छा)** में आकर अपने बनाये **'शैलेश'** नाम के पुतले से मानव के **'पारमार्थिक–कल्याण'** हेतु **"परमात्मा की ओर"** पुस्तक का **लेखन–कार्य स्वयं सम्पन्न** किया ।

शैलेश अकाट्य वचन

1. परमात्मा तर्क और बहस का नहीं, बल्कि वा तो सिर्फ तड़प का विषय है।

✍️ शैलेश

2. स्थायी सुख यानि ईश्वर प्राप्ति भी एक प्रकार का स्वार्थ है पर संसार और ईश्वर के स्वार्थ में फर्क सिर्फ इतना है कि संसार का स्वार्थ इच्छायें पैदा करता है और ईश्वर के स्वार्थ की प्राप्ति के बाद कोई इच्छा उत्पन्न नहीं होती।

✍️ शैलेश

3. डॉक्टर–इंजीनियर–कलेक्टर– कमिश्नर– जज–उद्योगपति– नेता– अभिनेता आदि बनना सफलता नहीं है, ये तो सिर्फ सुविधा और सम्मान है, सफलता तो वो है जो परमात्मा को प्राप्त कर ले।

✍️ शैलेश

4. जीव है फिर उसे जीने की जीविका तो चाहिये और जीविका ही नहीं तो, फिर जीव कैसे जीना चाहिये?

✍️ शैलेश

5. संसार का कोई भी धर्म आज तक ये दावा नहीं किया, कि ईश्वर **एक (1)** नहीं–**दो (2)** हैं, तो फिर क्यों न सारे धर्म तर्क–बहस के झगड़े – फसाद में न पड़कर उस एक ईश्वर की खोज करें?

✍️ शैलेश

6. जो मन के परे का ज्ञान करा दे, उसे ही **'सच्चा–गुरु'** समझो।

✍️ शैलेश

7. परमात्मा प्राप्ति का सिर्फ एक ही उपाय है या तो परमात्मा में मन लगा दो, तो संसार स्वतः छूट जायेगा या फिर संसार से मन हटा दो, तो परमात्मा स्वतः मिल जायेगा।

✍️ शैलेश

आत्म-दैहिक : परिचय-संदेश

हर जीव की तरह मैं भी एक जीवात्मा होने के कारण परमपिता परमात्मा का ही अंश हूँ। अतः मेरा दैहिक जन्म मूल रूप से कस्बा–मोंठ, जिला – झाँसी, उत्तर–प्रदेश, भारत में हुआ । मैं इस वक्त सरकार के एक प्रतिष्ठान में जिला– सिंगरौली, मध्य–प्रदेश की कर्मभूमि पर कार्य करके अपना जीविकोपार्जन कर रहा हूँ।

जैसा कि परमात्मा के विषय में सन्तों–सूफियों–पीर–पैगम्बर–सदगुरू– मुनि– महात्मा– महापुरूषों आदि के हीरा– पन्ना– रत्न रूपी संतवचनों की अमूल्य धरोहर को **"परमात्मा की ओर"** पुस्तक में सृजन करने का प्रभु द्वारा इस संसार में **'शैलेश'** नाम की इस देह का चयन करके जनकल्याण के लिये जो यह अद्भुत कार्य करने का मुझे सौभाग्य प्राप्त हुआ है, काश यदि इस **"परमात्मा की ओर"** पुस्तक को पढ़ने – देखने-सुनने वाले सैकड़ों–हजारों–लाखों–करोड़ों दुनियावी लोगों में से अगर एक भी मनुष्य के जीवन में सत्य का उदय होता है तो मेरा इस संसार में आना मेरे लिये शायद सौभाग्यजनक होगा अन्यथा फिर मुझे लगता है कि मेरा बहुमूल्य मानव जीवन व्यर्थ की आपाधापी में भौतिकता के रूप में समय गुजार करके **(टाइमपास)** निकल गया।

मेरा मकसद **"परमात्मा की ओर"** पुस्तक के माध्यम से किसी प्रकार का कोई व्यवसाय करके अपनी निजी आय बढ़ाने का हरगिज नहीं है। बल्कि अपने वेतन के गुजारे में से बचत आमदनी के कुछ हिस्से को पुस्तक प्रकाशन में खर्च करके पुस्तक बिक्री से प्राप्त रॉयल्टी के पैसों को देश – दुनिया में मनुष्य पर आने वालीं असाध्य बीमारियों, प्राकृतिक आपदाओं और महामारियों पर राहत राशि के रूप में देने के लिये **पूर्णतः** समर्पित व वचनबद्ध हूँ –

शैलेश

प्रिय पाठकों

"**परमात्मा की ओर**" पुस्तक पढ़ने के बाद आपके अपने व्यक्तिगत जीवन में पुस्तक से क्या लाभ हुआ। हमें हमारे **Online Platforms (Amazon and Flipkart)** पर अपने **Review**, सुझाव **(Suggestion)** व टिप्पणी **(Comment)** जरूर लिखकर भेजें तथा पुस्तक खरीदने या **Bulk Order** के लिये निम्न **ई-मेल पते** पर **संपर्क करें**–

E-MAIL- lekhakshailesh@gmail.com

कॉपीराइट कानून लाँघने की ग्लानि

कॉपीराइट कानून **(COPYRIGHT ACT-1957)** के उल्लंघन के बाबत् **"परमात्मा की ओर"** पुस्तक के लेखक में गूगल **(GOOGLE)**, यू–ट्यूब **(YOU TUBE)** द्वारा तमाम संतों–सूफियों –सतगुरूओं– पीरों– पैगंबरों –महापुरूषों आदि के उपदेशों को पढ़कर–सुनकर खासतौर पर कबीर पंथ, सूफीमत, राधा स्वामी सत्संग, रमण महर्षि, परमहंस योगानन्द, मेहर बाबा, स्वामी रामसुखदास, जगतगुरू कृपालु जी महाराज, रजनीश ओशो, स्वामी परमानन्द जी महाराज, दूसरी राधा कृष्णाप्रिया कृष्णानन्द देवेन्द्र किशोर पण्डा, सरश्री के सैकड़ों अमृतमय प्रवचनों को सुनकर मैं यही कहना चाहूँगा कि सम्पूर्ण पुस्तक में मेरे खुद के द्वारा सधुक्कड़ी भाषा शैली **(आध्यात्मिक भाव से उतरने वाली असाहित्यिक भाषा)** में लगभग **60% (साठ प्रतिशत)** लेखन कार्य जिसमें ज्यादातर **आध्यात्मिक प्रश्नोत्तर, कर्मसूत्र (पेज नं0–100), परब्रह्म– सूत्र (पेज नं0–153), सात (7) शैलेश अकाट्य वचन (पेज नं0–167)** एवम् मुख्य कवर पृष्ठ **"परमात्मा की ओर"** चित्र नक्शा मेरे अन्दर के रूहानी भाव से स्वतः उत्पन्न हुआ है और साथ–साथ जिसमें **40% (चालीस प्रतिशत)** प्रायः संतों–महापुरूषों की पवित्र वाणी जोड़कर हरि कृपा से पूर्ण पुस्तक कार्य सम्पन्न हो सका।

मैंने अपनी बाल्यावस्था से आज तक न जाने कितने साधु–संतों–मुनि–महात्माओं–फकीरों–महापुरूषों आदि के उपदेशों की जहाँ–कहीं कोई आध्यात्मिक–दार्शनिक–धार्मिक किताब देखने मिली, जहाँ कहीं कोई सत्संग सुनने का मौका मिला, यात्रा के दौरान कभी किसी की कोई भक्तिमय पोथी को पढ़ने का अवसर मिला और मन में आ रहे तत्वज्ञान (आत्मा परमात्मा सम्बन्धी ज्ञान) के विविध प्रश्नों के उनमें से मिले जवाबों को मस्तिष्क में याद रखकर कब यह **"परमात्मा की ओर"** पुस्तक बन गयी मुझे पता भी न चला। पर अभी इस समय मुझे यह साफ तौर पर कतई याद नहीं आ रहा है कि बचपन से आज तक किस समय, कौन सी पुस्तक पढ़कर, किसके प्रवचन सुनकर, किन–किन किताबों से लिखकर मुझे मेरे आध्यात्मिक सवालों के उत्तर

मिलते रहे, सटीकता से यह कह पाना मेरे लिये आज बिल्कुल भी मुमकिन नहीं है कि मैं कॉपीराइट कानून को इसका क्या जवाब दूँ ? लेकिन **कॉपीराइट कानून** मेरी इस हरकत–भूल को अपना उल्लंघन मानता है। तो जरूर मैं अपनी इस शरारत के लिये **क़सूरवार हूँ** कि आज मैं उन महानुभावों को जबाव नहीं दे सकता। जिनके बेशकीमती उपदेशों, प्रवचनों एवं किताबों के कुछ अंश मैंने इस **"परमात्मा की ओर"** पुस्तक में प्रायः **40% (चालीस प्रतिशत)** हिस्से के रूप में शामिल कर लिये हैं। बांकी **60% (साठ प्रतिशत)** करीब– करीब मेरे आंतरिक भावों से उतरे लेखन को छोड़कर यदि कोई **40% (चालीस प्रतिशत)** हिस्से पर अपना दावा पेश करता है कि यह वाणी या लेखन मेरे अमुक प्रवचन या किताब से ली गयी है तो मैं इसे सहज स्वीकार करते हुये दण्डवत क्षमा माँगकर उनका अभिवादन–आभार प्रकट करता हूँ कि उनकी महान वाणी ने अथवा उनकी अद्भुत लेखनी ने **"परमात्मा की ओर"** पुस्तक में अपना अहम योगदान स्थापित करके चार चाँद लगा दिये जिसका मैं सदैव ऋणी रहूँगा–

शैलेश

www.ingramcontent.com/pod-product-compliance
Lightning Source LLC
Chambersburg PA
CBHW020923160726

47993CB00005B/2111